WORT UND WISSEN

Alma von Stockhausen

Mythos – Logos – Evolution

Dialektische Verknüpfung von
Geist und Materie

Hänssler-Verlag
Neuhausen-Stuttgart

Herausgeber:

Horst W. Beck, Dr.-Ing., Dr. theol. habil.,
Lehrbefugnis für Systematische und Interdisziplinäre Theologie
an der Universität Basel; Lehrauftrag an der Universität (TH)
Karlsruhe
Langgasse 22, D-7290 Freudenstadt

Theodor Ellinger, Prof. Dr.-Ing., Dr. rer. pol.,
Direktor des Industrieseminars der Universität Köln
Am Waldhang 15, D-5064 Rösrath 1

Heiko Hörnicke, Prof. Dr. med. vet.,
Institut für Zoophysiologie der Universität Hohenheim
Kanalstraße 12, D-7024 Filderstadt 4

Hermann Schneider, Prof. Dr. rer. nat.,
Institut für Hochenergiephysik der Universität Heidelberg
Rainweg 1/1, D-6900 Heidelberg 1

VERÖFFENTLICHUNG der Studiengemeinschaft WORT UND
WISSEN e. V., Schriftleitung: H. W. Beck, Freudenstadt

CIP-Kurztitelaufnahme
der Deutschen Bibliothek:

Stockhausen, Alma von:
Mythos – Logos – Evolution: dialekt. Verknüpfung
von Geist und Materie / Alma von Stockhausen.
Neuhausen-Stuttgart: Hänssler, 1981
  (Wort und Wissen; Bd. 10)
NE: GT

ISBN 3-7751-0585-9
Bestell-Nr. 82910
© Copyright 1981 by Hänssler-Verlag,
Neuhausen-Stuttgart
Gesamtherstellung: Ebner Ulm

Inhalt

Vorwort 9

Einleitung 10

I. KAPITEL: *Mythologische Betrachtung der Weltentstehung, Dialektische Verspannung von Geist und Materie* 12
1. Kosmogonische Mythen. 2. Die symbolische Darstellung der Entwicklungsgeschichte des Geistes aus der Natur. 3. Der Widerspruch – das Wesen mythischer Realität.

II. KAPITEL: *Logische Grundsätze als Reflektionskriterien für die Entstehungsgeschichte der Welt. Materie als Widerspruch zum Geist* 25
1. Gott – die causa sui des Seins. 2. Gott als Urgrund der Wesensform aller Dinge. 3. Die Perfektion der Wesensform als ontologische Grundlage des Satzes der Identität. 4. Die Wesensform als Grund der Substantialität der Dinge. 5. Die gestaltlose Materie als Prinzip der Vereinzelung der allgemeinen Wesensform. 6. Materie als Prinzip kosmischer Grenzziehung. 7. Der Mensch als Widerspruch von Geist und Materie.

III. KAPITEL: *Die Botschaft des Alten Testamentes: Schöpfung von Geist und Materie. Das Phänomen der Schuld* 41
1. Die Sterblichkeit der Materie als Kriterium der Unterscheidung von Geist und Materie. 2. Der Schöpfungsbericht nach Genesis 1, ff. 3. Gott schafft in Gegensätzen. 4. Die Welt – der Begegnungsraum von Gott und Mensch. 5. Im Anfang schafft Gott Geist und Materie. 6. Schöpfung als Selbsttranszendierung Gottes. 7. Der Widerspruch von Geist und Materie als Ausdruck der Sünde. 8. Der Tod als Folge der Schuld. 9. Erlösung durch die Inkarnation des Logos.

IV. KAPITEL: *Die Botschaft des Neuen Testamentes: Inkarnation des Logos als Angelpunkt der Weltgeschichte* 64
1. Der Satz vom Widerspruch und die christliche Offenbarungsbotschaft. 2. Die dogmatischen Lehrentschei-

dungen zur Personalität Christi. 3. Der Satz vom Widerspruch und der Geist der Häresie. 4. Die Kenosis Gottes als Ermöglichung der hypostatischen Einigung von göttlicher und menschlicher Natur in Christus. 5. Die Selbsthingabe der menschlichen Natur als Ermöglichung der Menschwerdung Gottes. 6. Die Kenosis Gottes in der Kreuzigung Christi. 7. Konsequenzen der Christologie für die Begriffsbestimmung der menschlichen Person.

V. KAPITEL I: *Die Inkarnation des Geistes und die kopernikanische Wende. Kant als Interpret der Newton'schen Physik* 87
1. Inkarnation des Logos und die Überwindung des ptolemäischen Weltbildes. 2. Kants Versuch, »den mechanischen Ursprung des ganzen Weltgebäudes nach Newton'schen Grundsätzen abzuhandeln«. 3. Der absolute Raum als erstes Prinzip der Zusammensetzung der Materie. 4. Die menschlichen Anschauungsformen von Raum und Zeit als Bedingung der Möglichkeit der Erfahrung von Gegenständen. 5. Naturgesetze als Grundsätze möglicher Erfahrung. 6. Anschauung und Begriff als Funktionen der Einheit des Bewußtseins. 7. Natur als »Inbegriff aller Gegensätze der Erfahrung«. 8. Die Antinomie der Vernunft, die das absolute Ganze der Erfahrung denkt. 9. Die »theologische Idee«. 10. Die Physik und die Ontotheologie.

V. KAPITEL II: *Personsein als Sein in der Zeit* . . . 125
1. Die Frage nach der Unsterblichkeit der Seele. 2. Die Spannung von transzendentalem und empirischem Ich. 3. Die Zeit als Form der Selbstanschauung. 4. Das Sittengesetz als Weise der Gegenwart Gottes in uns. 5. Verwandlung der Naturzeit.

V. KAPITEL III: *Biologie als Wissenschaft* 140
1. Die Bildungsgeschichte der Organismen läßt sich nicht durch mechanische Ursachen erklären. 2. Die Zusammenknüpfung von Wirk- und Zielursache durch Gott. 3. »Natureinheit« als regulatives Prinzip aller Naturerklärung. 4. Evolutionstheorie als heuristisches Prinzip der Naturerklärung. 5. Der von Gott gegebene Bildungstrieb des Einzelorganismus. 6. Der Endzweck der Natur. 7. Kants Entwurf einer Metaphysik der Natur als Antwort auf die Inkarnation des Logos.

VI. KAPITEL I: *Die Inkarnation des Geistes als Produktionsgeschichte des Geistes. Dialektische Verknüpfung von Geist und Materie durch Hegel* . . 160
1. Inkarnation des Geistes als Angelpunkt der Weltgeschichte. 2. Natur – als Weise der Selbstobjektivation des Geistes. 3. Naturwissenschaft, der Prozeß der Selbstorganisation des göttlichen Geistes. 4. Der Geist als Wahrheit der sterblichen Materie. 5. Der Geist entwickelt seine Freiheit im Kampf auf Leben und Tod. 6. Das Privateigentum als Mittel zur Selbstverwirklichung der Freiheit. 7. Die Familie als »Prinzip der absoluten Besonderung«. 8. Die bürgerliche Gesellschaft – »das System allseitiger Abhängigkeit«. 9. Der Staat – »sittlicher Geist« oder die ungeheure Macht des Negativen?

VI. KAPITEL II: *Entwicklung – der letzte große Gedanke* 187
1. Entwicklung des Formprinzips durch Aufhebung der Einzelelemente. 2. Das Böse – ein notwendiges Konstitutionsprinzip der Entwicklung. 3. Identität der Nichtidentität als Grundprinzip der Triebdialektik: »Ihr werdet sein wie Gott«. 4. Die Negativität als das bewegende und erzeugende Prinzip der Selbstproduktion. 5. Das »wunderbare Prinzip des Widerspruchs« – die Wurzel aller Entwicklung? 6. Die Welt als Region des Widerspruchs. 7. Ist der Widerspruch notwendige Triebkraft der Selbstentwicklung oder Ausdruck freier Selbstverschenkung? 8. Verknüpfung von Geist und Materie – Ausdruck dialektischer Selbstproduktion oder entäußernde Selbstmitteilung? 9. Der Mensch von Natur aus böse? Einzelheit und Allgemeinheit – Momente der entwickelten Gegensatzeinheit oder Formen schenkender Liebe? 10. Die Aggression als Wesen des Widerspruchs. 11. Evolution – der Schlüssel zur Selbstorganisation des Lebens.

VII. KAPITEL: *Darwins dialektischer Naturbegriff* . . 208
1. Goethes pantheistische Naturbetrachtung. 2. Okens idealistische Stufenleiter der Organismen. 3. Lamarcks mechanistische Entwicklungsvorstellungen. 4. Charles Darwins Selektionstheorie. 5. Gibt es eine Entwicklungsgeschichte des Artlogos? 6. Kann durch die Aufhebung der Teile, durch Aggression das Ganze, das Leben entwickelt werden? 7. Haeckels Biogenetisches Grundgesetz als »wichtigster und unwiderleglichster

Beweis der Deszendenstheorie«. 8. Die Widerlegung des Biogenetischen Grundgesetzes durch Erich Blechschmidt. 9. Karl Poppers methodische Betrachtung des Darwinismus.

VIII. KAPITEL I: *Karl Marx: Evolution und Revolution. Gesellschaftliche Reproduktion der Evolution* . . 244

1. Die Götter sollen das Zentrum der Erde werden. 2. Der Geist ohne Aug, ohne Zahn, ohne Ohr. 3. Der Geist der Natur. 4. Die Frage nach dem Ursprung der Natur. 5. Das göttliche Wesen der Natur. 6. Die Menschwerdung der Natur. 7. Arbeit als Inkarnation des Absoluten. 8. Der Anteil der Arbeit an der Menschwerdung des Affen. 9. Großindustrielle Reproduktion der Evolution. 10. Der Mensch als Arbeitsorgan am Gesamtarbeiter Natur. 11. Demonstration der Natur als causa sui durch gesellschaftliche Arbeit.

VIII. KAPITEL II: *Die geschichtliche Stunde der Reproduktion der Evolution* 274

1. Die Produktionsverhältnisse haben zwieschlächtigen Charakter. 2. Geschichte als Ausdruck Darwinscher Naturgesetze. 3. Revolution – das Gebot der Stunde. 4. Revolution – erweist sich nicht als Resurrectio, sondern als Vernichtung der Natur. 5. Materie als Prinzip der Selbstherstellung oder Selbstverschenkung?

Schlußbetrachtung 294

Glossar 299

Vorwort

Die Studie *Mythos–Logos–Evolution* versucht in groben Strichen die geistesgeschichtlichen Voraussetzungen für die Entstehung der Evolutionstheorie zu zeigen. Die umfassende Bedeutung dieser Theorie bleibt unverständlich, solange nicht erkannt wird, daß die dialektische Verknüpfung von Geist und Materie im Sinne der Evolutionstheorie, die Entwicklungsgeschichte des Geistes aus der Natur, als vernünftige Reflexion der Inkarnation des göttlichen Geistes verstanden wird. Wenn der Angelpunkt der Weltgeschichte die Fleischwerdung des Logos ist, wird von der Stellungnahme zu diesem Eckstein der Geschichte alles abhängen. Der Absolutheitsanspruch der Evolutionisten, mit ihren Entwicklungsprinzipien *»das Allerklärungsprinzip«* (Horst W. Beck) zu besitzen, wird sofort einsichtig, wenn erkannt wird, daß es sich dabei um die Perversion der Inkarnation des göttlichen Geistes handelt.

Es kann in einer solchen beschränkten geschichtsphilosophischen Betrachtung nicht um Vollständigkeit gehen. Wenn durch die kurze Vergegenwärtigung entscheidende Schritte unserer Geistesgeschichte die Alternative unserer Entscheidung deutlich wird, ist das Ziel dieser Zeilen erreicht.

Bedanken möchte ich mich vor allem bei Doz. Dr. Dr. Horst W. Beck, der mit seinem Baseler Universitäts-Kolloquium *»Schöpfungszeugnis und Naturwissenschaft«* im Sommersemester 1980 den Anstoß zu diesen Betrachtungen gab und mich ermunterte, das Bändchen als Ausarbeitung des dort zum selben Thema gehaltenen Vortrags zu schreiben.

Danken möchte ich auch für die technische Herstellung des Manuskripts dem Kloster der Augustiner Chorherren Maria Bronnen. Auch bei meinem Freiburger Kollegen Dr. Georg Thamm möchte ich mich für die kritische Durchsicht des Textes bedanken.

Einleitung

Schöpfung oder Evolution – wie sollen wir uns den Beginn dessen vorstellen, was ist? Dem Beginn des Seins sollen wir nachfragen! Das ist paradox – so paradox wie die Wirklichkeit, die offenbar beides ist: Sein und Werden.

Ist Sein das Resultat des Werdens – wo liegt dann die Kraftquelle des Werdens? Oder ist das Sein der Träger des Werdens? Was soll dann aber das Werden, wenn schon alles ist? Was ist Werden – Entwicklung – Höherentwicklung – Evolution? Wo liegt der zureichende Grund für diese Bewegung? Oder ist Werden Verschenkung von Sein und Schöpfung des perfekten göttlichen Seins der zureichende Grund von Bewegung?

Was war am Anfang – der »*Wasserstoff*« und die »*Tat*« als der zureichende Grund oder das *Wort* und seine Fleischwerdung als Offenbarung der Liebe?

Sind formierbares Material und Produktivkraft die Prinzipien der Weltgeschichte? Wozu sind Stoff und Energie aber zu gebrauchen?

Oder schuf Gott im »*Anfang*«, d. h. in seinem ihm wesensgleichen Sohn, sich selbst aussprechend, den Menschen nach seinem Ebenbilde? Sind wir geworden aus der Selbsthingabe des Höchsten oder durch Selbstorganisation des Untersten, durch Evolution?

Sollen wir das vorgefundene Material als Baustein der Selbstverwirklichung oder als Gabe der schenkenden Selbstmitteilung an den anderen begreifen?

Die Wesensbestimmung des Menschen erfolgt in der Rückführung auf seine Ursache. Muß der Mensch als Zwischen- oder Endprodukt der Evolution betrachtet werden? Haben wir es mit der Geschichte vom Unbewußten zum Geist zu tun – mit dem Akt der »*Menschwerdung der Natur*« (Karl Marx) oder muß die Natur umgekehrt als die Entäußerung des Geistes verstanden werden?

Ist der Angelpunkt der Weltgeschichte die Inkarnation des Geistes – oder die Entwicklungsgeschichte des Geistes aus der Natur? Die Alternative erweist sich als dialektische Umkehrposition. Artikuliert dieser Widerspruch den Prozeß der Selbstobjektivation der Natur oder drückt er das Paradox der freien Selbstentäußerung des Geistes aus?

Schöpfung oder Evolution – ist die Entscheidung, vor die die Weltgeschichte insgesamt und jeder einzelne gestellt ist. Versuchen wir uns einen Augenblick auf die getroffenen Entscheidungen zu besinnen, um aus ihnen für unsere eigene zu lernen. Entscheiden müssen wir. Die dialektische Versöhnung: Schöpfung durch Evolution erweist sich so lange als Trugschluß, als das Gute nicht mit dem »*sogenannten Bösen*« verwechselt wird.

I. Kapitel
Mythologische Betrachtung der Weltentstehung. Dialektische Verspannung von Geist und Materie

»Verwindung der Metaphysik« – *»Rückschritt«* in den der Geschichte des logischen Denkens vorausliegenden Mythos wird uns von Existenzialphilosophie und negativer Dialektik gleichermaßen geboten.

Was ist mythisches Denken im Widerspruch zu dem sich Metaphysik und Offenbarung ereigneten? Wie ist die mythische Realität zu verstehen, zu der wir nach den Abenteuern von Vernunft und christlichen Glaubensvorstellungen heimkehren sollen?

Mit Ausnahme des einzigartigen Aufbruches von Metaphysik und christlicher Offenbarung dachte anfänglich die Welt einheitlich mythologisch. Zeugnisse mythischen Denkens finden wir in den entlegensten Räumen und unterschiedlichsten Zeiten. Grundsätzlich wird über den Anfang, über die die Weltgeschichte bestimmenden Ursachen in den Hochkulturen Asiens und im alten Orient im 2. und 3. Jahrhundert v. Chr., genauso gedacht, wie in den viel jüngeren griechischen (800 v. Chr.) oder germanischen Mythensammlungen (wie Edda 900 n. Chr.).

Was ist aber nun das Charakteristikum des mythischen Denkens, das landschaftlich, zeitlich und völkisch so ungeheuer differenziert erscheint? Wo liegt bei aller Unterschiedlichkeit des Ausdrucks die Gemeinsamkeit des mythischen Denkens? Was heißt mythische Erfahrung der Realität? Entscheidend für die Frage nach der Entstehung der Welt ist der kosmogonische Mythos. Zwei der besterhaltenen und für unsere Geschichte unmittelbar bedeutsam gewordenen Kosmogonien seien kurz aufgeführt.

1. Kosmogonische Mythen

Das babylonische Weltschöpfungsepos aus der Bibliothek des assyrischen Königs Assurbanipal aus dem 7. Jh. v. Chr.

>*»Als droben der Himmel nicht genannt war,*
>*Drunten die Feste einen Namen nicht trug,*
>*Apsû, der Uranfängliche, ihr Erzeuger,*
>*Mummu und Tiâmat, die Gebärerin von ihnen allen,*
>*Ihre Wasser in eins vermischten,*
>*Das Strauchwerk sich nicht untereinander verknüpfte,*
>*Rohrdickicht nicht zu sehen war,*
>*Als die Götter nicht existierten, niemand,*
>*Als sie mit Namen nicht genannt,*
>*Geschicke ihnen nicht bestimmt waren –*
>*Da wurden die Götter in ihrer Mitte geschaffen.*
>*Lahmu und Lahamu traten ins Dasein,*
>*Wurden mit Namen benannt.*
>*Äonen durchlebend wurden sie groß, wuchsen empor,*
>*Da wurden Anšár und Kišár geschaffen,*
>*Sie überragten jene;*
>*Sie ließen die Tage lang werden, fügten Jahre hinzu.*
>*Da ward Anu, ihr Sohn, seinen Vätern ebenbürtig.*
>*Anšár machte Anu seinen Erstgeborenen sich gleich,*
>*Und Anu erzeugte als sein Ebenbild Nudimmud.*
>*Nudimmud, seiner Väter Beherrscher war er,*
>*Umfassend an Wissen, klug, an Kräften gewaltig,*
>*Stark, mehr als der Erzeuger seines Vaters, als Anšar,*
>*Nicht hatte er seinesgleichen unter den Göttern, seinen Vätern«*[1].

Apsû spricht zu Tiâmat:
>*»Ihr Wandel mißfällt mir,*
>*Am Tage habe ich nicht Ruhe, nachts schlafe ich nicht.*
>*Ich will sie verderben, ihre Wege will ich zerstreuen,*
>*Stille soll hergestellt werden, wir wollen schlafen«*[2].

---

[1] v. Weizsäcker, Carl F.: Die Tragweite der Wissenschaft I, Stuttgart 1964, 21–22.
[2] ebd. 22.

Aber die jüngeren Götter gewinnen die erste Schlacht. Ea, der junge Gott, »*der Gewaltige an Weisheit, der alles versteht*«, verzaubert den Apsû und erschlägt ihn im Schlaf. Und nun schlägt Ea »*auf Apsû seine Wohnung auf*«. Der erschlagene Apsû wird zum Palast seines Töters. Apsû ist ja das Meer und Ea der Herr des Meeres[3].

Jetzt erst tritt der Held des ganzen Gedichtes ins Leben, Marduk, der Gott des Frühlings, der Sonne und des Gewitters, der Stadtgott Babylons. Er ist Eas Sohn,
>»*der Weiseste der Weisen, der Kluge der Götter,*
>*Was für ein Kind? Was für ein Kind?*
>*Ein Sonnenkind! Das Götter-Sonnenkind!*[4]«

Tiâmat aber rüstet sich, ihren erschlagenen Buhlen zu rächen. Nun erscheint sie, die Mutter der Tiefe, als der Urweltdrache. Sie gebiert Riesenschlangen, mit Gift statt mit Blut füllt sie ihren Leib. Wütende Meerdrachen bekleidet sie mit Schreckenglanz, Hunde, Skorpionmenschen, Stürme, Fischmenschen und Widder.

In tiefem Schrecken übertragen die jüngeren Götter dem Marduk, der allein sie retten kann, die Herrschaft. Mit Blitzen bewehrt, zieht er zum Kampf.

>»*Er machte ein Netz, Tiâmat darin zu fangen.*
>*Die vier Winde ließ er anfassen, damit nichts von ihr entgehe . . .*
>*Er schuf einen bösen Sturm, einen Wirbelwind, einen Orkan,*
>*Den Vier-Wind, den Sieben-Wind, den verwirrenden Wind, den*
>*Unheilwind*«[5].

In gewaltiger Schlacht fängt er die brüllende Tiâmat. Die Stürme fahren in ihren Leib.

---

[3] ebd. 23.
[4] ebd. 23.
[5] ebd. 23.

> *»Er schoß den Pfeil ab, zerspaltete ihren Bauch,*
> *Ihr Inneres zerschnitt er, zerriß das Herz«*[6].

Nun erst, da der Götterkampf zu Ende ist, schafft Marduk aus dem Leichnam des Feindes – der Mutter – die Welt.

> *»Es ruhte der Herr, Tiâmats Leichnam zu betrachten,*
> *Den Rumpf zu teilen, Kunstvolles zu schaffen.*
> *Er hälftete sie wie eine Muschel in zwei Teile,*
> *Und setzte ihre Hälfte hin, den Himmel deckte er damit«*[7].

Zuallerletzt wird der Mensch geschaffen. Vielleicht hat ein verlorenes Stück des Gedichtes berichtet, daß den Göttern ein Dienst zu schwer geworden sei. Nun wird ein Gott, Kingu, der der Feldherr der Tiâmat und ihr Anstifter zum Krieg gewesen war, getötet.

> *»Aus seinem Blut mischte Ea die Menschen,*
> *Legte ihnen auf die Dienste der Götter,*
> *Die Götter ließ er frei«*.

Die Menschen aber bauen eine Stadt, Marduk zum Wohnort, sie bauen Babylon[8].

Der Text stammt aus der Bibliothek des assyrischen Königs Assurbanipal, aus dem 7. Jh. v. Chr.

Ein Beispiel griechischer Kosmogonie:

> *»Wahrlich zuerst entstand das Chaos. Und später die Erde,*
> *Breitgebrüstet, ein Sitz von ewiger Dauer für alle Götter,*
> *Die des Olymps beschneite Gipfel bewohnen,*
> *Und des Tartaros Dunkel im Abgrund der wegsamen Erde;*
> *Eros zugleich, er ist der schönste der ewigen Götter,*
> *Lösend bezwingt er den Sinn bei allen Göttern und Menschen*

---

[6] ebd. 23.
[7] ebd. 23–24
[8] ebd. 24.

> *Tief in der Brust*
> *Und bändigt den wohlerwogenen Ratschluß.*
> *Aus dem Chaos entstanden die Nacht und des Erebos Dunkel,*
> *Aber der Nacht entstammen der leuchtende Tag und der Äther,*
> *Schwanger gebar sie beide, von Erebos Liebe befruchtet.*
> *Gaia, die Erde, erzeugte zuerst den sternigen Himmel*
> *Gleich sich selber, damit er sie dann völlig umhülle,*
> *Unverrückbar für immer als Sitz der ewigen Götter«*[9].

Von Uranos, dem Himmel, befruchtet, gebiert die Erde viele gewaltige und schreckliche Gottheiten. Aber

> *». . . sobald von ihnen einer geboren,*
> *Barg er sie alle und ließ sie nicht zum Lichte gelangen,*
> *Tief im Schoße der Erde, sich freuend der eigenen Untat,*
> *Uranos. Aber es stöhnte im Inneren die riesige Erde,*
> *Grambedrückt und sann auf böse, listige Abwehr . . .«*[10].

Der Text stammt aus einer mythischen Sammlung Hesiods aus dem 7. Jh. v. Chr.

Was wird uns in den kosmogonischen Mythen über den Werdegang der Welt berichtet? So landschaftlich verschieden die Mythen entstanden sind und so große Zeiträume sie voneinander trennen, sagen sie im Grunde doch mit anderen Worten und Bildern dasselbe aus: Am Anfang war nichts. Das Nichts selber wird nicht benannt. Vielmehr wird negiert, was inzwischen geworden ist. *»Als der Himmel noch nicht benannt war, als die Erde noch keinen festen Namen trug, da mischten Apsû und Tiâmat ihre Wasser in eins«.* (Apsû verkörpert das Süßwasser, Tiâmat Salzwasser.) Auf das Nichts folgen naturhafte Gewalt, Wasser, Erde, Eis, ungezähmte dunkle Naturmächte. Aus ihnen gehen helle himmlische Gestalten hervor, Götter, die menschenähnliche Züge tragen. Apsû und Tiâmat zeugen eine junge Göttergeneration, die ihnen überlegen ist. Aus dem Chaos geht Gaia, die Erde, hervor. Die Zeugung, die Unter-

---

[9] Hesiod: Theogonie V. 116–128.
[10] ebd. V. 156–160.

scheidung, die Setzung eines anderen geschieht unter Naturnotwendigkeit. Nicht sie selbst, nicht Apsû und Tiâmat oder das Chaos setzen kraft ihres eigenen freien Selbstbesitzes Ebenbürtiges. Vielmehr ist es das Walten der Natur, das sie über sich hinausreißt und größere, ihnen überlegene Wesen aus ihnen werden läßt. Die durch Naturnotwendigkeit hervorgegangene jüngere Göttergeneration gerät deshalb notwendig in Streit mit den Alten. Die jungen Götter stören den Schlaf der Alten, das ruhige Walten der Natur. Diese beschließen infolgedessen, die Jungen, die sie selbst unter dem Druck der Naturnotwendigkeit hervorgebracht haben, zu töten. Kronos verschlingt seine Kinder aus Angst, sie könnten mächtiger sein als er selbst. Aber die jungen Götter sind den alten überlegen. Sie erschlagen ihre Eltern bzw. machen sie zeugungsunfähig.

Die Kraft der jungen Göttergeneration ist Klugheit, Weisheit und List. Sie sind nicht mehr einfache, rohe Naturgewalten wie ihre Eltern. Sie durchschauen die Naturkräfte, aus denen sie hervorgegangen sind, und können sie deshalb im Kampf gegen ihre Eltern einsetzen, um diese sich untertan zu machen.

Marduk knüpft aus den Winden das Netz, mit dem er seine Mutter Tiâmat fängt, und zerspaltet sie mit dem Blitz. Die Herrschaft der jungen Göttergeneration beruht auf der Vernichtung der älteren Generation. Die Jungen dienen nicht etwa den Alten, den ehrwürdig Höheren, vielmehr machen sie sich das Vorausgegangene als das Niedere, als die bloße Gewalt, kraft ihrer Weisheit untertan. Die junge Göttergeneration ist besser als die eigentliche Göttergeneration. Sie sind die Herren des Meeres, der Erde und des Himmels. Sie beherrschen diese Elemente und sind nicht einfach identisch mit ihnen wie die Urväter. Vielmehr bauen sie auf den Leib des erschlagenen Vaters bzw. der gehälfteten Mutter ihren Wohnsitz auf. Diese Götter können bauen. Sie zeugen nicht mehr mit Naturnotwendigkeit. Sie bauen planmäßig und gestalten und richten die Welt ein, nachdem sie die Urkräfte, aus denen sie gemacht werden soll, sich unterworfen haben.

Die Einrichtung der Welt ist vornehmlich der Bau von Himmel und Erde und die Erschaffung des Menschen. Himmel und

Erde werden aus den beiden Teilen der gehälfteten Urmutter gemacht. Beide gehören in dieser Scheidung, die durch Erschlagen der Urmächte zustande kam, zusammen.

Dasselbe Material, das den Göttern zum Wohnsitz dient, wird nun auch zur Herstellung des Menschen verwendet. Aus dem toten Material, dem erschlagenen Leib der Urmutter, wird der sterbliche Mensch zum Dienste der Götter geformt. Die Götter, die der Hort der Klugheit, Weisheit und der schönen Künste sind, sollen entlastet werden vom handwerklichen Dienste. Die unsterblichen Götter durchschauen das Material der Welt, die Naturgewalten, durch die sie herrschen. Der Mensch verarbeitet dieses Material für sie. Das Leben der Götter – ihre Freiheit – ist durch einen doppelten Akt der Unterwerfung – der Tötung der Elterngeneration wie der zum Sklaven geschaffenen sterblichen Menschen – gesichert. Die griechische Mythologie begnügt sich nicht mit dieser nackten, jeder Gabe beraubten Gestalt des Menschen. Prometheus stiehlt das Feuer, das Zeichen göttlicher Herrschergewalt, und bringt es den Menschen.

Was soll dieser Mythos? Warum wird er erzählt?

Der Mythos ist präsent im Kult. Das babylonische Schöpfungsepos wird jedes Jahr zum Neujahrsfest zu Beginn des Frühlings feierlich aufgeführt. *»Jedes neue Jahr ist eine Wiederaufnahme der Zeit an ihrem Beginn, also eine Wiederholung der Kosmogonie . . . Man reaktualisierte auf diese Weise den Kampf zwischen Marduk und dem Meerungeheuer Tiâmat. Dieser Kampf hatte in illo tempore stattgefunden und durch den endgültigen Sieg des Gottes dem Chaos ein Ende gemacht«*[11]. Aufgabe des Menschen ist es, im Kult zu wiederholen, was zuvor durch die Götter geschehen ist. In der Kraft des Anfanges, in der Teilnahme am Sieg der Götter muß der Mensch seinen täglichen Kampf aufnehmen. Jeder Arbeitsakt wiederholt den kosmogonischen Akt, die Erschaffung der Welt, den Übergang vom Chaos zum Kosmos. Zum Beispiel berichtet Eliade aus der indischen Mythologie über die Zeremonie bei der Grundstein-

---

[11] Eliade, Mircea: Kosmos und Geschichte, Hamburg: Rowohlt o. J., 49.

legung eines Hausbaues. Der Schlange, dem Symbol für das Ungestaltige und Chaotische, muß der Kopf durch den Pfahl, der den Grundstein tragen soll, festgebunden werden.». . . *den Pfahl in den Kopf der Schlange stoßen und sie zu ›binden‹, das bedeutet nichts anderes, als die promordiale Handlung Somas oder Indras, die Unterwerfung des Bösen, zu wiederholen*«[12]. Die Grundsteinlegung eines Hauses bedeutet Ortsbestimmung im Mittelpunkt der Welt, sofern sie zusammenfällt mit dem kosmoshervorbringenden und erhaltenden Akt der Tötung der Schlange.

Durch kultische Wiederholung des Schöpfungsaktes gewinnt menschliches Handeln nicht nur Realität; kultisches Geschehen bedeutet, um mit Eliade zu sprechen, nicht nur die Erneuerung der eigentlich anfänglichen Zeit, sondern zugleich Vernichtung und Überwindung der profanen Zeit. Persönliche Geschichte des Menschen gibt es nicht. Der archaische Mensch weigert sich, sich in einer konkreten historischen Zeit anzusiedeln. Sein eigentlich geschichtlicher Akt ist gerade Aufhebung der persönlichen Einzelexistenz, Aufhebung der bestehenden Situation, Vernichtung der profanen Zeit und Identifikation mit dem urbildlichen allgemeinen Akt des Weltgeschehens, dem Kampf der Götter.

Die Götter selbst brauchen die aufopfernde Tätigkeit der Menschen. Sie verbrauchen ihre eigene Substanz in der dauernden Anstrengung, die Welt vor dem Übergriff des chaotisch Bösen zu bewahren. Gibt es eine Hoffnung, diesem Zyklus der Wiederkehr des Gleichen, der Übermacht des Chaos, die alle persönliche Existenz mit sich fortreißt und jede Freiheit in der Anstrengung der notwendigen Erneuerung erstickt, zu entrinnen?

»Die Mythen zahlreicher Völker machen wirklich Andeutungen über eine sehr weit zurückliegende Epoche, in der die Menschen weder Tod noch Arbeit oder Leid kannten . . . In illo tempore stiegen die Götter aus dem Himmel herab und vermischten sich mit den Menschen . . . Infolge eines rituellen Fehlers wurden die

[12] ebd. 22.

Verbindungen zwischen Himmel und Erde unterbrochen«[13]. Seitdem kommt es darauf an, die persönliche Existenz des Menschen durch Arbeit und Kult aufzuwiegen, um sie mit dem Kampf der Götter gegen das Böse zu identifizieren. Unterschieden vom Dasein der Götter, auf sich gestellt, hat der Mensch keine Hoffnung, der Übermacht des Bösen entgehen zu können. Bleibendes, was dem Tode nicht unmittelbar ausgesetzt ist, können nur die Götter in übermenschlicher Anstrengung erstreiten.

Fassen wir zusammen, wie die Realität durch den Mythos verstanden wird:

Der Mythos erzählt eine Geschichte. Die Geschichte beschreibt das, was ist, indem sie erzählt, wie es geworden ist. Einmal ist es so geschehen, daß die Finsternis vom Licht übermächtigt wurde. Deshalb ist es immer noch so, daß die Sonne aufgehen kann. Warum einmal das Ereignis, z. B. die Unterwerfung des Chaos, so stattgefunden hat, warum es das Chaos überhaupt geben kann, wird nicht erklärt. Alles hätte auch anders sein können. Aber da es nun einmal so war, ist es kraft dieses gesetzten Anfanges immer noch so. Die zeitliche Reihenfolge, die der Mythos berichtet, bedeutet keine kausale Verknüpfung. Die Allgemeingültigkeit beruht nicht auf Gesetzmäßigkeit, sondern auf der Einmaligkeit des Geschehnisses. Das, was der Mythos als einmal geschehen berichtet, entzieht sich jeder logischen Notwendigkeit.

2. Die symbolische Darstellung der Entwicklungsgeschichte des Geistes aus der Natur

Wie soll man die Kosmogonie – logisch orientiert am Satz vom Widerspruch – nun verstehen?

Die Geschichte beginnt mit der Erzählung eines auf das Nichtsein folgenden Chaos. Aus der ungeordneten Naturgewalt geht

[13] ebd. 78–79.

alles hervor. Der dunkle Drang, die Triebkraft naturhafter Notwendigkeit, reißt die Elterngeneration über sich hinaus und läßt höhere, ordnende, lichte Gestalten aus ihnen hervorgehen, die die ungebändigte rohe Natur, die eigenen Ahnen, in Besitz nehmen. Der Geist der jüngeren Göttergeneration entwickelt sich in dem Maße, als es gelingt, die unterworfene Natur der Eltern zum Selbstbesitz zu erheben. Unterwerfung der Natur durch den Geist bedeutet Tötung des eigenwilligen Naturdranges. Der Geist überwindet die ihm widerstreitende, eigenmächtige Natur und macht sie zum Material, das seinem Willen dient.

Aber die Natur, die sich der Geist unterordnet, ist selbst Ursprung des Geistes. Die Götter gehen aus den Elementen hervor, die sie sich unterwerfen. Sie bleiben gebannt an diese dunkle chaotische Herkunft. Ständige Unterwerfung tut not. Die Götter haben zwar einmal gesiegt, aber die Verteidigung des Sieges, die einzelne Bearbeitung, die Sklavenarbeit des sterblichen Menschen steht aus. Das Leben des Geistes der Götter kann nur durch einen doppelten Tötungsakt – Unterwerfung der aufbegehrenden Natur von Ahnen und Nachkommen – erstritten werden.

Erzählt der Mythos primär die Geschichte von Göttern und Menschen oder vielleicht grundsätzlicher die Entwicklungsgeschichte der Natur zum Geist? Dann wäre das Schicksal von Göttern und Menschen unbedeutend. Sie würden von vornherein nur bestimmte Phasen im Prozeß der Selbstherstellung von Natur symbolisieren und wären nur vorübergehend – nicht aber in Wahrheit – für sich seiende Personen, deren Tötung nur rechtmäßige Unterordnung der Teile unter die Gesetzmäßigkeit des höheren Ganzen bedeutete.

Den Gang vom Chaos zum Kosmos kann man auch als den Akt der Selbstobjektivierung der Natur betrachten, durch den sie ihre eigene Triebnatur zur Freiheit des ordnenden Geistes läutert. Die Natur, die zum Zweck der Bewußtwerdung sich in ihre Elemente unterscheidet, tritt sich selbst gegenüber und erhebt sich über ihr anfängliches, dumpfes, ungeschiedenes Für-sich-Sein. Sie überwindet sich selbst zur allesversammelnden Tatkraft des Geistes.

Erzählt der Mythos also die Naturgeschichte der Gottheit, den Akt der Selbstherstellung dessen, was ist? Ist Gott jener Geist, der in der Überwindung seiner Natur, nämlich den entzweiten kosmogonischen Potenzen Götter und Menschen, zur Einheit seiner selbst kommt?

Wenn der Mythos wirklich die Entwicklungsgeschichte der Natur zum göttlichen Geist berichten sollte, müßte alle Paradieseshoffnung auf ein beständiges Zusammenleben von Göttern und Menschen in den Prozeß der Selbsterarbeitung des Geistes aus der Natur aufgehoben werden. Selbst wenn die Natur im Akt ihrer Selbsterhebung zum Geist nur sich selbst entgegentritt und Götter und Menschen als Potenzen der Selbstentfremdung überwindet, erobert sie sich auf diese Weise eine Absolutheit, die nicht einmal in der Einsamkeit des Selbst befriedigt ist. Die einmal unterworfenen eigenwilligen Naturmächte widerstreiten ständig neu dem Selbstbesitz des Geistes. Die errungene Freiheit eröffnet dem Geiste nur die Einsicht in die Notwendigkeit der ständigen Unterwerfung der eigenmächtigen Natur.

Die Geschichte, die der Mythos erzählt, ist ein äußerst dialektischer Prozeß. Das, was die spätere Metaphysik radikal scheidet, Sein und Nichtsein, Ordnung und Unordnung, Einheit und Vielheit, Geist und Natur, Freiheit und Notwendigkeit, Götter und Menschen, ist hier in dem unterscheidenden Werdegang der Natur zum Geist in eins gesetzt.

Die selbständigen Subjekte der Metaphysik, Götter und Menschen, werden vom Mythos nur als vorübergehende Momente der Selbstentgegensetzung der Natur betrachtet, die diese Widersprüche im Akt ihrer Selbstherstellung überwindet. Im Widerspruch zur eigenen Natur erhebt sich der Geist. Die Natur drängt ihrerseits über sich selbst hinaus. Die menschliche Natur lehnt sich zwar auf gegen den von ihr geforderten sterblichen Dienst, aber vom Geist unterworfen, gehorcht sie als getötetes Material dem Selbstbesitz des Geistes.

Natur und Geist, Götter und Menschen, begegnen einander nicht in freier Selbständigkeit. Geschichte ist nicht der Ausdruck schenkender Übergabe freier Subjekte, sondern im Gegenteil der Prozeß der einsamen Selbsteroberung des Geistes durch Unterwerfung der Natur des anderen.

3. Der Widerspruch – das Wesen mythischer Realität

Was ist das für eine Realität, die uns hier beschrieben wird? Ist diese Geschichte, die der Mythos erzählt, der Bericht eines furchtbaren Geschehens, des Aufstandes der Sünde als schuldhafter Verstrickung der Freiheit?

Oder wird uns hier der Vorgang einer naturgesetzlichen Notwendigkeit in Bildern geschildert? Sind die mythischen Zeugnisse Dokumente der Entwicklungsgeschichte jener Gottheit, die in Überwindung ihrer unbewußten, in vielfältige Einzelelemente auseinanderfallenden Natur sich zum Ganzen ihrer Teile, zum Selbstbewußtsein erhebt? Oder berichtet der Mythos umgekehrt vom Aufstand der eigenmächtigen Natur des Menschen gegen den sich schenkenden göttlichen Geist?

Ist der Widerspruch notwendiger Akt der Selbstobjektivation, oder ist er Ausdruck schuldhafter Empörung? Wie sollen wir den Versuch des mythischen Menschen interpretieren, durch kultische Wiederholung am Geschehen der Götter teilzuhaben? Handelt es sich hier um Suche nach Befreiung vom Schrecken der Zeit? Oder bedeutet kultische Repräsentation im Gegenteil gesetzmäßige Festlegung des einmal Gewordenen?

Das Selbstverständnis des mythischen Bewußtseins scheint die kultische Wiederholung des Götterkampfes als Weise der Erlösung von der Übermacht des Bösen zu betrachten. Aber die Eingliederung menschlicher Handlung in den göttlichen Akt der Unterwerfung des Bösen – als einziger Ausweg vor der Überwältigung fremder Mächte – bedeutet zugleich völlige Preisgabe eigener Handlungsmöglichkeit und macht den Menschen eo ipso zum sterblichen Instrument der Götter. Allein die Hoffnung auf den endgültigen Sieg der Götter über das Böse, als Ermöglichung eines unsterblichen Lebens von Göttern und Menschen, bleibt entscheidend für den Sterblichen.

Die den Mythos transzendierende Geschichte von Metaphysik und Offenbarung hat beides getan: Sie hat einmal den Grund offenbar gemacht, von dem aus die Hoffnung auf Überwindung des mythischen Kampfes mit dem Bösen ihre Berechtigung erfährt; sie hat aber auch – im Widerspruch dazu – das, was der Mythos als Geschichte erzählt, zum Gesetz erhoben.

Carl Friedrich von Weizsäcker macht darauf aufmerksam, daß wir heute das, was für den Mythos Allgemeingültigkeit auf Grund eines einmaligen schicksalhaften Geschehens besitzt, naturgesetzlich zu erklären suchen. *»Für uns konnte jenes erste Ereignis geschehen, weil schon damals die allgemeinen Gesetze galten. Für den Mythos kann sich das Geschehen jedes Jahr wiederholen, weil es einmal stattgefunden hat«*[14].

Ist Geschichte gesetzhaft notwendig Entwicklungsgeschichte der Aggression? Muß ich den Götterkampf, den Streit der Natur gegen den Geist, als jenes bildhafte Geschehen begreifen, das der Darwinismus kurz auf die Formel der Aggression als des selektiven Prinzips der Evolution bringt?

Oder kann ich die Realität der Weltgeschichte, die uns der Mythos als die Widerspruchseinheit entgegengesetzter Potenzen, Chaos – Kosmos, Geist – Natur, Leben – Tod, schildert, als pervertierte Verspannung an sich freier Seinsweisen verstehen?

Was ist das Material der Weltgeschichte? Der geschlachtete Gott, die gesetzmäßig beherrschte Materie oder die freie Entäußerungsgeschichte der verschenkten Natur Gottes?

Soll mythisches Geschehen im Sinne naturwissenschaftlicher Gesetzmäßigkeit festgelegt werden – oder kann der Götterkampf durch den endgültigen Sieg über das Böse überwunden werden? Soll das Böse – die Tötung als Entwicklungsprinzip – sanktioniert werden, oder soll die Tötung durch schenkende Liebe transzendiert werden?

[14] v. Weizsäcker, Carl F.: op. cit. 36–37.

II. Kapitel
Logische Grundsätze als Reflektionskriterien für die Entstehungsgeschichte der Welt. Materie als Widerspruch zum Geist

1. Gott – die causa sui des Seins

Die Grundsätze des aristotelischen Denkens lösen unmittelbar die vom Mythos geschilderte dialektische Verspannung von Geist und Materie, von Freiheit und Notwendigkeit, Einheit und Vielheit. Sein, metaphysisch gedacht, wird nicht entwickelt aus dem Beinahnichts der chaotischen Naturgewalt. Die griechische Ontologie erklärt das Sein als aus sich selbst seiend. Allein der göttliche Geist kann als der zureichende Grund für die Entstehung von Sein gedacht werden. Der göttliche Geist erringt dieses sein Selbstbewußtsein aber nicht durch Unterwerfung der ihm widerstreitenden eigenwilligen Naturmächte. Im Gegenteil – kraft der Unmittelbarkeit seines Selbstbewußtseins bringt der Geist sich zielbewußt selbst als die Vollendung des Seins im Sinne der höchsten Wahrheit, Güte und Schönheit hervor. Gott ist nicht Entwicklungsprodukt aller vorgängigen Einzelelemente, umfassendes Produkt, sondern aus sich selbst die Vollendung des Seins, die auch allein die Selbsthervorbringung erklärt. Gott ist das höchste Sein in der Höchstform des geistigen Selbstbesitzes. Er denkt sich selbst als das Sein schlechthin. Gott denkt nicht die Vielheit welthaften Seins als den Urgrund seiner eigenen Existenz, sondern umgekehrt, er ist die unteilbare einfache Einheit des absoluten Seins, das nur sich selbst zum Gegenstand der Betrachtung hat.

»Was denkt der göttliche Geist?«, fragt Aristoteles im 12. Buch der Metaphysik[1]. Er denkt sich selbst. Sein Leben ist die noesis

---

[1] Aristoteles: Metaphysik 1074b 22.

noeseos, das Denken, das sich selbst denkt. Dieser sich selbst denkende göttliche Geist entbehrt nicht der konkreten Natur welthaften Seins. Er ist an und durch sich bei sich selbst die unteilbare Gestalt des Seins selbst, ohne die die Unmittelbarkeit seines Selbstbewußtseins nicht vorstellbar wäre. Der Akt der Selbstobjektivation des absoluten Geistes ist nicht durch anfängliche Selbstentgegensetzung und nachträgliche Identifikation mit der vorausgesetzten unbewußten Natur zu verstehen.

»Bei einem Geist, der durch keine stoffliche Potenz eingeschränkt ist, sind Denken und Gedachtes dasselbe. Das Denken ist mit dem Gedachten unmittelbar eines«, sagt Aristoteles[2].

Gott ist das Sein, das sich selbst bestimmend eine Gestalt gibt, sich selbst als die Wahrheit, Güte und Schönheit des Seins zusammenfaßt. Von außen kann dieses sich selbst hervorbringende Sein nicht eingeschränkt oder geteilt werden. Außer dem absoluten, unmittelbar durch sich selbst seienden Sein gibt es nur noch das reine Nichtsein. Gott ist dieses unzerlegbare, unveränderliche Sein, weil es nichts gäbe, das zur reinen Perfektion des sich unmittelbar selbst als die Fülle des Seins bestimmenden Absoluten noch hinzukommen könnte. Aller Mangel, alle Unbestimmtheit sind ausgeschlossen von einem Sein, das sich selbst absolut durch Unmittelbarkeit seiner Selbstverursachung besitzt.
Gott ist einfaches, mit sich identisches Sein, nicht nur im Sinne des unmittelbaren Selbstbewußtseins. Gott muß auch als jener Geist verstanden werden, der zu sich als dem Erkannten in der Weise Stellung genommen hat, daß er sich für sich als den absolut Guten, Wahren und Schönen entschlossen hat. Für die griechische Metaphysik des Platon und Aristoteles ist Gott das Agathon – der höchste, unwandelbare Gott. Gott ist das Gutsein schlechthin, die Idee des Guten, insofern er die in sich und durch sich abgeschlossene Gestalt des Seins ist, die mit sich als absolute Wahrheit, Schönheit und Güte unteilbar identisch ist. Dieses, in der Weise dreifacher Perfektion, in sich abgeschlossene göttliche Sein wird von der griechischen Metaphysik

[2] ebd. 1075a 3–5

als der Urgrund allen Seins gedacht. Außer dieser unergründlichen Perfektion Gottes muß es nicht anderes geben.

2. Gott als Urgrund der Wesensform der Dinge

Wenn es die Welt trotzdem gibt, dann als Ausdruck der Abspiegelung der reinen Wahrheit und Schönheit. Das Paradoxon der welthaften Wirklichkeit zeigt bei allem Kommen und Gehen der Dinge das typisch Bleibende, die unveränderliche Grundgestalt der Dinge – den »*Artlogos*« als Abbild der Idee des Guten.

Das eidos, als typische Wesensgestalt der Dinge, macht für die griechische Logik zwingend, daß es für die Wirkung der unveränderlichen Perfektion der artgemäßen Form der Dinge Gott als den Urgrund dieser spezifischen Seinsordnung geben muß.

Wenn es in allem Wechsel der irdischen Erscheinungen den Bestand des unerschütterbaren Seins gibt – die ousia, die selbst nicht nur unveränderbar, weil schon absolut perfekt, sondern auch als der eigentliche Träger des Werdens gedacht wird, dann muß es als Ursache für diese von allem Todesgeschehen untangierbare Wesensform der Dinge einen Gott geben, der kraft seines absoluten Aus-sich-selber-Seins alle Weisen des Nichtseins, jeden Mangel, jede notwendige Veränderung, letztlich den Tod von sich weist.

Die Frage nach Gott erweist sich für die griechische Metaphysik als Frage nach dem bleibenden Wesensbestand der welthaften Dinge. Gibt es hier etwas, was nicht als Produkt einer zufälligen Weiter- oder Höherentwicklung so wieder verfällt, wie es geworden ist? Gibt es trotz aller Nichtigkeiten des Elends doch etwas unverlierbar Bleibendes – etwas, das so, wie es ist, perfekt ist und deshalb seine Herkunft nicht aus einem endlichen Mangel, sondern nur aus einer höchsten Perfektion ableiten kann?

> »*Vom Seienden spricht man in mehreren Bedeutungen, aber immer im Bezug auf eines und einer Natur – immer in Beziehung zu einem Prinzip. So wird seiend genannt: Einiges, weil es Sein ist, anderes, weil es Übergang zum Sein ist, oder Privation des Seins ist. Das erste, wovon alles abhängt und wonach alles benannt wird, ist aber das Sein*«[3].

Das prinzipielle Sein der Dinge, die Wesensnatur der Dinge, wird unterschieden vom Werden der jeweiligen Seienden. Das wesenhafte Sein der Dinge, das eidos, ist nicht Produkt des materiellen Werdens, sondern bildet umgekehrt die bleibende Substanz, zu der das Werden akzidentell hinzukommt. Dieses Exemplar von Schneeglöckchen, Tulpe, Hase oder Bär, selbst dieser Mensch stirbt. Aber der Typos Mensch, Tulpe, Hase, Bär ist beständig. Was wechselt, ist die materielle Erscheinungsform. Der zugrundeliegende Artlogos bleibt, unberührt von allem Kommen und Gehen, der gleiche!

Die Unveränderbarkeit des Artlogos, der wesenhaften Seinsgestalt der Dinge, wird begründet mit der prinzipiellen Vertauschbarkeit von Sein und Eines-Sein. »*Nun sind aber das Sein und das Eine derselben Natur, insofern nämlich, als sie einander wechselseitig wie Prinzip und Ursache voraussetzen*«[4].

Die wesenhafte Seinsgestalt der Dinge, das »*to ti en einai*«, das an den Dingen, was immer schon Abbild der ewigen Wahrheit Gottes war, ist somit ein unteilbares Eines wie das Urbild selbst. Die Wesensform der Dinge ist nicht aus einzelnen Bausteinen aufgebaut, die entsprechend ihrer Zusammensetzung auch wieder auflösbar wären. Vor allem und im Gegensatz zur materiellen Erscheinungsweise der Dinge, die gerade in der Weise der Synthesis von Einzelelementen in Bewegung ist, erweist sich das eidos der Dinge als jener unteilbare Gedanke Gottes, der die einfache Totalität seines Wesens in spezifischer Form ausdrückt. Als ungewordene, unveränderbare Graduierung des mit sich identischen göttlichen Seins nehmen die eide

---

[3] ebd. 1003a 33 ff.
[4] ebd. 1003b 22 ff.

teil an der Umfassendheit des göttlichen Geistes. Sie drücken alle auf ihrer Stufe der Abbildlichkeit das Selbstbewußtsein Gottes als das Wissen um das Sein schlechthin aus. Durch die eide gewinnen die Dinge ihren Selbststand. Jedes einzelne Ding vermag als Substanz bei sich selbst zu sein, ist mit sich eines, weil es selbst nicht als Teilstück, als Phasenabschnitt einer Entwicklungsreihe seine Funktion erfüllt, vielmehr selbst auf seine Weise, in ungeteilter Ganzheit, einen Gedanken Gottes darstellt, der das Wissen Gottes um sich selbst auf einzigartige Weise beinhaltet.

3. Die Perfektion der Wesensform als ontologische Grundlage des Satzes der Identität

Die Wesensart der Rose oder des Veilchens wird als eine unmittelbare Perfektion betrachtet, die so, wie sie ist, und nicht erst durch Hinzufügung weiterer Bausteine, etwa durch ihren Anteil an der »*Menschwerdung der Natur*« (Karl Marx), sinnvoll erscheint. Es gibt zur Gestalt des Veilchens an Wahrheit, Schönheit und Güte nichts hinzuzufügen. Auf dieser Perfektion des eidos gründet der Satz der Identität als erstes Prinzip des logischen Denkens:

»*Es ist unmöglich, daß dasselbe demselben zugleich und in derselben Hinsicht zukommt und nicht zukommt*«[5].

Demselben, z. B. dem Menschen, kann nicht zugleich etwas von ihm Verschiedenes zukommen. Auf Grund seines Artlogos ist der Mensch ganz Mensch. Er ist nicht als ein Teilstück der Entwicklungsgeschichte der Natur zu betrachten. Der Mensch ist Mensch von Anfang an und durchläuft nicht in seiner Ontogenese die wesentlichen Stadien der Phylogenese. Sein Menschsein schließt jede andere noch hinzukommende Wesensform aus. Als Abbild der unteilbaren Einheit des göttlichen Geistes können die Wesensformen der Dinge weder als Potenzen, noch als aus Teilstücken zusammengesetzt, vorgestellt werden. Die

---

[5] ebd. 1005b 19–20.

Wesensformen der Dinge stellen nicht einen jeweiligen, durch einzelne Bausteine zusammengetragenen Entwicklungsabschnitt dar. Im Gegenteil: Sie bilden auf Grund ihrer Unteilbarkeit eigenständige Substanzen, die ihr Ziel in sich selbst haben, sofern sie auf ihre Weise einzigartig die Perfektion des ganzen göttlichen Seins repräsentieren.

4. Die Wesensform als Grund der Substantialität der Dinge

Als Substanzen vermögen sich die Dinge als sie selbst in Beziehung zu setzen zu anderen Substanzen. Einigung von Substanzen ist der Ausdruck eigenständiger Relationen im Unterschied zur angenommenen Kraft des Naturtriebes, der bestenfalls an sich eigenständige Wesenheiten als Teile seiner Selbstherstellung verrechnen könnte.

Die freien Beziehungen, die die Substanz zu anderen Substanzen aufnimmt, etwa als Erkenntnis oder Willensakte, müssen als Akzidenzien verstanden werden, die zur Substanz hinzukommen, aber sie gerade nicht konstituieren. Der Substanz verleihende Artlogos – als Abbild des göttlichen Geistes – vermag in seiner ersten Stufe der Abbildlichkeit beim Menschen, auf Grund seiner Selbsterkenntnis, das Wissen um anderes bei sich entgegenzunehmen. Gäbe es die Substanz der Einzeldinge nicht, müßten alle Dinge mythologisch als Teilstücke einer erst herzustellenden Ganzheit betrachtet werden.

»Würde alles nur als Hinzugekommenes, als Akzidenz ausgesagt, so gäbe es kein erstes Worüber, keine Substanz, auf die die Aussage bezogen werden könnte, denn das Hinzugekommene bezeichnet immer eine Aussage über ein bestimmtes Substrat«[6].

Wenn nun vom Seienden in so vielen Bedeutungen gesprochen wird, so ist doch offenbar die erste Bedeutung diejenige, in der man unter den Seienden das Was-Sein oder die ousia versteht,

---

[6] ebd. 1007a 33 ff.

die das Wesen einer Sache bezeichnet. Wenn wir aber das Was bzw. die ousia angeben, so nennen wir das nicht »weiß« oder »dreiellenlang«, sondern »Mensch« oder »Gott«. Das andere aber wird seiend genannt, weil es Affektion eines Wesens ist oder Quantität bzw. Qualität eines Wesens[7].

Ohne die Unterscheidung von Substanz und Akzidenz müßte es ein Fortschreiten von lauter einzelnen Eigenschaften ohne ihre Träger ins Unbegrenzte geben. Das aber ist unmöglich[8]. Aus der Zusammensetzung von lauter Akzidenzien gewinne ich auch am Ende keine Substanz! Wenn also deutlich ist, daß es Träger der Eigenschaften bzw. der Aussage geben muß, dann wird auch einsichtig, daß der Substanz, die primär von ihrer bestimmenden Wesensgestalt her verstanden wird, nicht zugleich, d. h. zur gleichen Zeit Widersprechendes zukommen kann. *»Wenn aber widersprechende Aussagen über ein Identisches gleichzeitig wahr wären, so würde offenbar alles eines sein. Also würde Schiff – wie Maus – wie Mensch dasselbe sein, wenn man von jedem Ding etwas ebensogut bejahen wie verneinen könnte«*[9].

»Die Rede ginge dann hier um nichts. Es wird ja nichts gesagt, weder daß etwas sich so verhalte, noch daß es sich nicht so verhalte, sondern daß es sich so und nicht so verhalte«[10].

Das erste Axiom selbst, das das Sein als Einheit mit sich selbst im Sinne der Einzelsubstanz aussagt, läßt sich nur negativ beweisen: Die Leugnung dieses Prinzips macht unterscheidende Rede, die sich auf an sich verschiedene Dinge bezieht, unmöglich.

So grundlegend das substantielle Eines-Sein der Dinge mit sich selbst für die Unmittelbarkeit des Ichbewußtseins als Voraussetzung für die freie Beziehung zum andern im Sinne der Rede, der willentlichen Einigung der Operationen schlechthin auch ist, so fragwürdig bleibt diese starre Identität der Dinge mit sich

[7] ebd. 1003a 33 ff.
[8] ebd. 1007b 1 ff.
[9] ebd. 1007b 19 ff.
[10] Aristoteles: Physik 219b 1.

selbst angesichts dessen, daß nichts in der Welt einfach an und für sich existiert, sondern alle Arten von Substanz in materieller Existenzform erscheinen und damit in Bewegung, d. h. in Veränderung, sind.

5. Die gestaltlose Materie als Prinzip der Vereinzelung der allgemeinen Wesensform

Der Substantialität verleihende Artlogos besteht nicht nur einmal, vielmehr als Wesensbestimmung ungezählter Exemplare. Warum gibt es nicht nur die eine perfekte Rose? Nicht nur den einen Menschen als höchstes Abbild des göttlichen Geistes, sondern so unendlich viele und verschiedene?

Das Prinzip der Vereinzelung bzw. Vervielfältigung ist die Materie. Die allgemeine Wesensform der Dinge wird vereinzelt, erscheint hier und jetzt, wird *»dieses da«* durch dieses Stück Materie, in dem sie erscheint. An sich kennt die ousia keine Form der Besonderung, sie ist gerade in ihrer Allgemeinheit die Weise des Seins, das mit sich identisch ist. Einzelheit, Besonderheit, Vielfältigkeit, Individualität kann also nicht mehr zur Perfektion des an sich schon vollkommenen Seins der Wesensform hinzukommen. Die Allgemeinheit der Wesensgestalt als Abbild des höchsten göttlichen Seins hat für Aristoteles nichts mit Abstraktion zu tun, zu der die Materie als Konkretion ergänzend hinzukommen könnte.

Im Gegenteil: Höchste Allgemeinheit eines sich selbst besitzenden Geistes stellt für die Griechen die ursprüngliche Wirklichkeit des unmittelbar aus sich selbst seienden Seins dar. Wenn materielles Sein also zu der grundlegenden geistigen Wirklichkeit der welthaften Dinge hinzukommt, konnte das von den Griechen nur als Modus der Einschränkung verstanden werden.

Das stimmt auch mit der unmittelbaren Erfahrung überein: Materiell Seiendes kennen wir nur als Kommen und Gehen. Alles Gewordene vergeht. Sterblichkeit der Materie kann zum geistigen Sein, das sich selbst besitzt, nichts hinzufügen, kann es höchstens beeinträchtigen.

Gott ist deshalb als reiner Geist vollkommen jenseits dieses einschränkenden Prinzips zu denken. Gott kann auch die Materie nicht gemacht haben nach griechischer Auffassung. Er hätte sich als höchste Vollkommenheit mit etwas ihm nicht Adäquaten, nämlich mit Mangelhaftem befaßt.

Materie ist für die Griechen grenzenloser, nicht zur Gestalt gefaßter Stoff und deshalb auflösbar und vergänglich. Im Gegensatz zur Unteilbarkeit, der mit sich selbst geeinten Gestalt des geistigen Seins, ist die gestaltlose Materie beliebig teilbar und dadurch Prinzip der Vervielfältigung. Materie als Prinzip der Vereinzelung, der Veränderung, des Werdens und Vergehens ist weder ein zweites Prinzip neben dem geistigen Sein der Dinge noch ein reines Nichts, sondern für Aristoteles Möglichkeit als Mitte von Sein und Nichts. Wenn Vereinzelung, Werden und Individualität Einschränkung der schon gegebenen Perfektion des geistigen Seins bedeutet, kann Materie als Prinzip der Vereinzelung nicht Sein im vollsten Sinne sein, sonst würde das Sein sich selbst beschränken und nicht nur seine Allgemeinheit preisgeben, sondern sogar sich selbst aufheben und damit sich selbst widersprechen, was der Satz vom Widerspruch ausschließt.

Materie an sich ist also für die Griechen durch Mangel charakterisiert. Als Möglichkeit strebt sie nach der Wesensform der Dinge, welche eigentlich eine jenseits aller Sterblichkeit liegende Wirklichkeit ist.

Wenn die Materie also gestaltlose Möglichkeit ist, dann ist sie von sich her nichts, was einer beliebigen Teilung widerspricht. Vereinzelung, Vervielfältigung der allgemeinen Form geschieht also dadurch, daß dasselbe eidos von numerisch verschiedenen Teilen der Materie aufgenommen wird. Auf diese Weise können unzählige Exemplare derselben Art in beliebig vielen Stücken von Materie zur Erscheinung kommen, ohne daß die Form selbst in ihrer Gestalt verändert würde. Die gestaltlose und daher an sich seinslose Materie ist für Aristoteles die Bedingung dafür, daß bei aller Vereinzelung bzw. Vervielfältigung das eidos selbst untangiert dasselbe bleibt.

Was soll aber Besonderheit, Individualität, wenn sie nur Vervielfältigung bzw. Einschränkung der allgemeinen Form bedeutet, die an sich schon ist, was ist?

Der Unterschied zwischen dem Callias und dem Sokrates beruht für Aristoteles darauf, daß der Artbegriff Mensch hier von dieser und dort von jener Fleisch- und Knochensubstanz eingeschränkt wird. Sokrates und Callias unterscheiden sich lediglich auf Grund ihres verschiedenen Knochenmaterials. Der Geist der Menschen bleibt, untangiert von seiner Inkorporation, immer der gleiche.

Wenn Sein einfachhin als Identität mit sich selbst erklärt wird, kann Einzelheit, Verschiedenheit nur Mangel an diesem Sein bedeuten. Solange Gott als das Urbild aller Seinsidentität, als Bei-sich-sein im Sinne des geistigen Selbstbesitzes verstanden wird, können auch die dieses Sein abbildenden Wesensformen nur als unveränderliche, bei-sich-seiende Gestalten erklärt werden. Andererseits wäre aber auch ohne diese ursprüngliche unmittelbare Identität des Geistes mit sich selbst kein Subjekt zu denken, das im Wissen um sich selbst über andere, durch ähnliche Artlogoi bestimmte Objekte, urteilt. Nicht nur die urteilende Rede, sondern jede freie Beziehung der Seienden untereinander setzt voraus, daß es den anderen bzw. das andere als für sich seiendes Wesen gibt, daß in dieser seiner artspezifischen Selbsteingrenzung erfaßbar ist. Aber Beziehung bzw. Begegnung freier, für sich seiender Personen hat auch nur dann einen Sinn, wenn der andere nicht nur dieselbe Wesenheit repräsentiert, sondern darüber hinaus auf der Ebene der höchsten Allgemeinheit des Typos Mensch, dieses Menschsein in seiner untangierbaren Ganzheit in einzigartiger unvertauschbarer Weise darstellt. Unterschiedlichkeit, die nur ein mehr oder minder an nichtiger und also zu überwindender Materie beinhaltet, verdient nicht, mitgeteilt zu werden.

6. Materie als Prinzip kosmischer Grenzziehung

Die vielen welthaften Dinge bilden für Aritstoteles nicht nur ein hierarchisches Verhältnis auf Grund der mehr oder minder großen Nähe ihrer Artlogoi zum Urbild, sondern sind nun auch durch ihre Materialvereinzelung im Kosmos, d. h. raumzeitlich aufeinander zugeordnet. Das Weltgebäude ist zwar eines, sofern es die gesamte Materie umfaßt, aber es gibt für die Griechen nicht den Weltenraum als Substanz, der die einzelnen Körper aufeinander zubewegt, vielmehr nehmen umgekehrt die Körper entsprechend ihrer Natur einen bestimmten Platz ein. Aristoteles entwickelt keine Theorie des Raumes in seiner Physik. Lediglich der *»Ort als Weise der Abgrenzung des umschließenden Körpers gegen den umschlossenen«*[11] spielt eine akzidentelle Rolle. Der Weltraum wird umfaßt von der Grenze der Welt, der äußersten Sphäre des Fixsternhimmels.

Raum als Prinzip für die Materialität der Dinge gibt es nicht. Wie sollte das auch möglich sein? Solange Materie einfachhin als Weise des Nichtseins begriffen wird, kann materielle Ausdehnung der Dinge nur als Akzidenz, als Entäußerung ihres unmittelbaren geistigen Bei-sich-selber-Seins verstanden werden. Der Weltraum läßt die materiellen Dinge nicht zueinander kommen, bietet vielmehr die letzte Grenzziehung, durch die sich die Körper voneinander absetzen!

Materie wird also nicht durch den Raum in bestimmter Weise synthetisiert. Als letzte Grundlage allen Werdens war Materie immer schon. Der Kreislauf der vier Grundelemente: Feuer, Wasser, Luft und Erde findet nach Aristoteles an der völlig qualitätslosen Materie statt. Die gegensätzlichen Gestalten der Grundelemente können nach seiner Auffassung nicht unmittelbar ineinander übergehen. Sie sind ja bestimmt gefaßte und mit sich identische Formen der Wirklichkeit. Entsprechend können sie nur nacheinander, nachdem die eine Gestalt der anderen Platz gemacht hat, an der bestimmungslosen reinen Potenz der Materie umschlagen.

---

[11] Aristoteles: Physik 212a 5.

Das Werden der Dinge ist durch drei Prinzipien verursacht:
1. Durch die Materie als durch das, woraus alles wird.
2. Durch die Beraubung der vorausgegangenen Form und als Ermöglichung der neuen.
3. Durch die jeweils neue Form als Ziel des Werdens.
Das Werden stellt eine Vereinigung von Geist und Materie dar. Trotz des gemeinsamen Auftretens beider Prinzipien bleiben sie nach dem Satz des Widerspruchs als Sein und Nichtsein voneinander getrennt. Aus der nichtigen Materie wird durch Anhäufung der Quantität keine neue Qualität erzeugt, wie der Mythos will. Und auch umgekehrt kann dem perfekten Artlogos keine Veränderung zugemutet werden. Seine Verbindung mit der Materie bedeutet lediglich an sich sinnlose Vervielfältigung desselben!

7. Der Mensch als Widerspruch von Geist und Materie

Die umfassendste Gestalt alles Gewordenen ist der Mensch. Der alle organischen und anorganischen Elemente zusammenfassende Leib des Menschen wird nach Aristoteles gesteuert durch die anima vegetativa und die anima sensitiva. Die den Menschen wesenhaft bestimmende anima intellectiva wird nicht als mit dem Leibe unmittelbar verbunden gedacht. Als Abbild des göttlichen Geistes kommt sie von außen auf den Menschen zu, mit dem sterblichen Leib nicht innerlich verbunden, entflieht sie mit dem Tode diesem Leib, um ohne jede Beschränkung durch materiale Prinzipien wieder als einfache Allgemeinheit des Geistes sein zu können.

Beim Menschen erfahren wir die prinzipielle Zweiteilung der griechischen Metaphysik von Geist und Materie am schärfsten. Geist und Leib können keine Einheit bilden. Der Mensch fällt in zwei sich widersprechende Momente auseinander. Anima sensitiva und vegetativa fassen zwar als entelechiale Formprinzipien des Leibes die einzelnen Elemente zusammen und vermitteln sie dem Ganzen des Organismus: Auf der untersten Stufe im Sinne von Ernährung und Fortpflanzung bzw. dann auf der nächsthöheren Ebene als Einigung der sinnlichen Qualitäten durch den sensus communis. Aber alles, was diese ordnenden Seelenvermögen unterschieden versammelt haben, zerfällt so wie es zusammengefügt ist wieder dem Tode. Eine bleibende Einsicht bzw. Erfahrung kann aus sterblichem Material nicht gewonnen werden.

Selbst die den Menschen als Geistwesen charakterisierende anima intellectiva wird von Aristoteles noch einmal aufgespalten in den nous pathetikos und poietikos. Die leidende bzw. potentielle Vernunft faßt, dem Körper zugehörig, alle aus der sinnlichen Erfahrung stammenden Einzelheiten zusammen: Die Gedächtnismerkmale wie die Phantasievorstellungen, die dem Eindruck der Sinnesqualitäten entsprechen.

Aber aus der Summierung von Einzelheiten kann keine wahrhafte Allgemeinheit entstehen. Alles Material der potentiellen Vernunft vergeht mit ihrem Tode. Aufgabe des aktiven Teils der anima intellectiva war es nur, die an sich perfekte Wirklichkeit der geistigen Formgestalt der Dinge zu abstrahieren, d. h. zu befreien von ihrer Vermischung mit sterblich-sinnfälligen, zufälligen Elementen. Der nous poietikos bzw. der intellectus agens hat also gerade nicht die vielfache Zusammensetzung des kosmischen Seins zum Inhalt. Vielmehr erfaßt er das Denkbare schlechthin, die einfache Einheit dessen, was ist, Sein als göttlicher Geist. Im Erfassen der ersten Prinzipien des Seins, der unteilbaren Einheit, Wahrheit, Güte und Schönheit, ist der Geist des Menschen irrtumslos. Durch das Denken des absoluten Seins erfaßt er sich selbst und damit auch die geistigen Formen bzw. Wesenheiten der Dinge als graduierte Abbilder des reinen göttlichen Geistes.

Zur Erfassung der umfassenden Wirklichkeit des Geistes kann der nous keine sinnlichen Einzelorgane gebrauchen, deshalb stirbt er nicht mit dem Leibe. Als reine Denktätigkeit setzt der nous keinen leiblichen Träger voraus, an dem er erscheint. Er gehört nicht zum anderen, vielmehr ist er bei sich selbst, sofern er denkt, was ist.

Was ist dieser dem Menschen als Menschen zukommende nous? Er ist nicht Gott als das höchste Abbild des göttlichen

Geistes. Unabhängig vom Menschen, dem Menschen nicht innerlich zukommend, ist es doch der nous, der dem Menschen durch das Wissen um die ersten Prinzipien die Übersicht, die herrschaftliche Position im Kosmos ermöglicht.

Aber was ist der Mensch? Was kommt ihm selbst zu? Er zerbricht in zwei ihm fremde Seinsweisen, in vergängliche leibliche Einzelheiten und im Gegensatz dazu in an sich seienden göttlichen Geist. Die Einzelheit und Bestimmtheit materieller Existenz wird zwar im menschlichen Organismus zur kosmischen Allheit versammelt. Die menschliche Seele (anima vegetativa und anima sensitiva) erhält und ernährt zwar alle zur Einheit gebrachten kosmischen Elemente und bringt sie zur sinnlichen Erfahrung, aber wozu, wenn sie nicht endgültig mit dem Geiste vereinbar ist? Sterbliche Vielheit, verstanden als Einschränkung des Allgemeinen, widerspricht endgültig dem reinen, bei sich seienden Geist.

Was ist das für eine Vorstellung von der Einheit des Seins, die Vielheit und Besonderheit als Weisen des Nichtseins abweist?

Warum kann der nous, der das reine Sein denkt, nicht zum Träger der Einzelheit werden? Verliert der Geist seine allesumfassende Einheit, wenn er sich in seinem Bei-sich-selber-Sein zurücknimmt, um so das einzelne als Weise seiner selbst bei sich entgegenzunehmen – anstatt es, unterscheidend, von sich abzuweisen?

Solange die Sterblichkeit das Wesensmerkmal der irdischen Materie ist, scheint der griechische Satz vom Widerspruch als Maßstab der Wirklichkeit legitim zu sein. Aus der Anhäufung von sterblichem Material läßt sich keine unsterbliche perfekte Gestalt der Wahrheit und Güte »*herausklauben*«.

Wie kann ich der Person im sterblichen Leib gerecht werden? Wie ist das Ich, die Einheit des Selbstbewußtseins, zu fassen? Der nous des Menschen denkt sich in seiner allumfassenden Allgemeinheit im Widerspruch zu seiner Einzelexistenz, z. B. des Sokrates. Der Geist lehrt das einzelne messen an der Einfachheit des Seins – leider nur zum Zwecke der Unterscheidung. Sein ist nicht Vieles.

Gibt es eine Vermittlung in dieser quälenden Unterscheidung? Wenn zwar der einzelne, in seiner konkreten Bestimmtheit verhaftete Mensch der Allgemeinheit des Geistes widerspricht, könnte dann nicht die menschliche Gesellschaft als Versammlung der Vielen der Allgemeinheit des Geistes entsprechen? Wie steht es mit der Beziehung der Menschen zu Menschen in Raum und Zeit? Der Raum ist nur, wie alles andere Material, ein Modus der Unterscheidung, sagten wir. Und die Zeit, in der ich mit anderen bin, stellt sie eine Vermittlung dar?

Die Zeit wird ermöglicht durch die Umschläge des Fixsternhimmels, der äußersten Himmelssphäre, die das All des Seienden umfaßt. Angezogen von der reinen Wahrheit, Schönheit und Güte Gottes, streben nach aristotelischer Auffassung die Fixsternhimmel nach dem Unbewegt-Bewegenden. Zeitliches Dasein, ermöglicht durch die unendlichen Umschwünge des Fixsternhimmels, ist charakterisiert durch Stetigkeit und Wechsel. Dieselben Formen, die Wesensgestalten der Dinge, werden und vergehen. Das heißt, dasselbe Wesen des Menschen gibt es bald hier als Form des Callias, bald dort als Form des Sokrates. Für diesen Wechsel desselben ist die kreisförmige Bewegung des Fixsternhimmels verantwortlich, *»der immer bald so – bald anders wird«*[12]. Jedes Frühjahr wächst wieder dasselbe Schneeglöckchen, wenn auch am anderen Ort und zu anderer Zeit. Zeit drückt die Stetigkeit desselben, des Artlogos – trotz aller Veränderung in der Erscheinungsweise – aus. Diese Stetigkeit desselben wird festgehalten von der *»Seele, die die Zahl der Bewegung im Bezug auf das Früher und Später mißt«.*[12a]

Die Seele, die Sein von dem In-der-Zeit-Sein, von der Erscheinungsweise in dem veränderlichen Material, unterscheidet, kann dieses Sein in der Zeit nicht zum Ziele führen, ihm keinen Sinn verleihen. Bewegung widerspricht dem Sein, insofern sie zum Tode führt. Zeit ist nicht eine Weise der Ewigkeit. Sie ist nicht von Gott gemacht und bleibt deshalb absolut getrennt von seiner unmittelbaren Ewigkeit. Aber trotz Veränderung und Tod bleiben dieselben Gestalten in der Zeit als Wesensprinzipien der Dinge erhalten. Die Zeit, die die Geschichte der

---

[12] Aristoteles: Metaphysik 1072a 12–13.
[12a] Vgl. Aristoteles, Phys. IV, 14. 223, a, 16 ff

Wiederholung desselben erzählt, ist nicht zu verwechseln mit dem mythischen »*Schrecken der Zeit*«. Wiederholung desselben heißt nicht mehr Eintritt in den unablässigen Kampf der Götter gegen sich selbst. Wiederholung ist nicht getrieben von der Hoffnung auf Überholung. Wiederholung desselben in der Zeit heißt für die griechische Metaphysik: Festhalten an der ungewordenen Perfektion der göttlichen Wesenheiten. Gemessen an dieser ungewordenen Perfektion der Wesensgestalt der Dinge erscheint den Griechen alle sterbliche Mannigfaltigkeit sinnlos.

Aber ist das Sein wirklich einfachhin Identität mit sich selbst – widerspricht hier der Satz des Widerspruchs, der Sein und Werden säuberlich trennt, nicht dem Sein in der Zeit? Wirklichkeit kann zwar nicht ohne die Einheit des Seins mit sich selbst bestehen oder auch nur ausgesagt werden. Aber ist diese Voraussetzung für den Bestand von Sein auch das Richtmaß des Seins?

Muß Einzelheit, Vielheit, Andersheit, Materialität als Mangel an Sein verstanden werden, oder können sie auch als Verschenkung der Einheit begriffen werden? Wenn die materialen Seinsweisen positiv als Modi der freien Entäußerung des perfekten Selbstbesitzes verstanden würden, dann müßten sie nicht als Formen der Einschränkung der Perfektion des geistigen Selbstbesitzes widersprechen. Sie könnten vielmehr – umgekehrt – als Zeugnisse unableitbarer Schenkung des freien Selbstbesitzes dem Geiste entsprechen. Unversöhnbar bleibt aber der Tod. Solange der Tod gesetzmäßig die Materie beherrscht, hat die griechische Metaphysik mit der grundsätzlichen Scheidung von Geist und Materie, von Einheit und Vielheit, Freiheit und Notwendigkeit recht.

Moralisches Handeln, das dem Bestand des Seins verpflichtet ist und Tötung als Zerstörung von Sein abweist, basiert auf der metaphysischen, d. h. prinzipiellen Unterscheidung von lebendigem, sich selbst besitzendem Geist und sterblicher Materie. Die Tragik der mythischen Verflechtung von Geist und Materie führt zur Legitimierung des Tötens. Sein, das durch getötetes Material weiter entwickelt wird, braucht Aggression als selektives Prinzip!

III. Kapitel
Die Botschaft des Alten Testamentes: Schöpfung von Geist und Materie Das Phänomen der Schuld

1. Die Sterblichkeit der Materie als Kriterium der Unterscheidung von Geist und Materie

Der Satz des Widerspruchs der griechischen Logik hat uns gelehrt, Sein und Nichts, Geist und Materie, Sterbliches und Unsterbliches, Allgemeines und Einzelnes, Götter und Menschen absolut zu unterscheiden. Den Maßstab für die kontradiktorische Ausschließung der Gegensätze bildet die Sterblichkeit der Materie. Leben und Tod sind nicht zu vermitteln; selbst nicht durch Preisgabe aller das Leben ordnenden Normen. Durch Tötung wird kein Leben entwickelt, Leben kann nur durch Leben erzeugt werden.

Wo kommt der Tod her, wenn er sich nicht als Gesetzmäßigkeit des Lebens erweisen läßt? Diese Grundfrage löst die griechische Metaphysik so wenig wie der Mythos. Selbst die Herkunft der Materie, an die der Tod gebunden ist, kann die Metaphysik nicht klären.

Wenn Gott das zu sich selbt entschlossene absolute Gute ist, kann er nicht zugleich Prinzip der Aufhebung und Tötung sein. Wenn Gott gleichermaßen der Urheber des Guten und Bösen wäre, gäbe es nichts; Sein wäre durch das ihm adäquate Nichtsein aufgehoben. Da es aber in der Welt, trotz aller Sterblichkeit, die sich durchhaltenden perfekten Wesensgestalten der Dinge gibt, muß Gott als adäquate Ursache dieser Wesenheiten existieren. Der gute Gott, als allein zureichender Grund für die perfekten Wesensformen der Dinge, weist notwendig alle Sterblichkeit und Endlichkeit von sich ab.

Woher kommt also das Phänomen des Bösen – der Tod und die Tötung? Gibt es eine Möglichkeit ihm zu entkommen? Reißt er prinzipiell nur alles persönliche, individuelle, einzelne materielle Sein mit sich fort und spart die allgemeinen Wesensformen aus? Das wäre ein billiger Trost für welthaftes Sein, das alleine die materialisierten und also sterblichen Artlogoi kennt.

Das Alte Testament offenbart einen Schöpfer, der nicht nur den Geist, sondern auch die Materie schafft. Und außerdem berichtet uns die Botschaft des Alten Testamentes von der Schuld des Menschen, die den Tod nach sich zieht.

2. Der Schöpfungsbericht nach Genesis 1, 1 ff.

Das erste Kapitel der Genesis (1, 1 ff.) erzählt uns[1]:
Im Anfang schuf Gott Himmel und Erde. Die Erde aber war wüst und leer. Finsternis lag über dem Abgrund und der Geist Gottes schwebte über dem Wasser. Da sprach Gott: »Es werde Licht!« und es ward Licht. Gott sah, daß das Licht gut war, und Gott schied zwischen dem Licht und der Finsternis. Gott nannte das Licht Tag, und die Finsternis nannte er Nacht. Es ward Abend und es ward Morgen: Erster Tag. Nun sprach Gott: »Es werde ein Firmament inmitten der Wasser und scheide zwischen Wasser und Wasser!« Und es geschah so. Gott machte das Firmament, und es schied zwischen den Wassern unterhalb des Firmamentes und den Wassern oberhalb des Firmamentes. Gott nannte das Firmament Himmel. Es ward Abend und es ward Morgen: Zweiter Tag. Nun sprach Gott: »Es sammle sich das Wasser, das unter dem Himmel ist, zu einer Ansammlung, und es erscheine das trockene Land!« Und es geschah so. Gott nannte das trockene Land Erde, und die Ansammlung des Wassers nannte er Meer, und Gott sah, daß es gut war. Dann sprach Gott: »Es lasse grünen die Erde Grünes, Kraut, das Samen bringt, und Fruchtbäume, die Früchte auf Erden tragen, in denen ihr Same ist!« Und es

[1] Jerusalemer Bibel, Freiburg 1968.

geschah so. Die Erde brachte Grünes hervor, Kraut, das Samen bringt nach seiner Art, und Bäume, die Früchte tragen nach ihrer Art, in denen ihr Same ist. Und Gott sah, daß es gut war. Es ward Abend, und es ward Morgen: Dritter Tag. Nun sprach Gott: »Es sollen Leuchten werden am Firmament des Himmels, damit sie scheiden zwischen dem Tag und der Nacht; sie sollen als Zeichen dienen, für Festzeiten und Tage und Jahre. Sie sollen Leuchten sein am Firmament des Himmels, um über die Erde zu leuchten.« Und es geschah so. Gott machte die beiden großen Leuchten, die größere Leuchte zur Herrschaft über den Tag, die kleinere Leuchte zur Herrschaft über die Nacht, dazu die Sterne. Gott setzte sie an das Firmament des Himmels, damit sie über die Erde leuchten, damit sie über den Tag und die Nacht herrschen und zwischen dem Licht und der Finsternis scheiden. Und Gott sah, daß es gut war. Es ward Abend und es ward Morgen: Vierter Tag. Nun sprach Gott: »Es sollen die Wasser wimmeln vom Gewimmel lebendiger Wesen, und Vögel sollen über die Erde am Firmament des Himmels hinfliegen!« Und es geschah so. Gott schuf die großen Seetiere und alle lebendigen Wesen, die sich regen und von denen das Wasser wimmelt, nach ihren Arten, und alle geflügelten Vögel nach ihren Arten. Und Gott sah, daß es gut war. Gott segnete sie und sprach: »Seid fruchtbar und mehret euch und erfüllet das Wasser in den Meeren, und die Vögel sollen sich vermehren auf Erden.« Es ward Abend, und es ward Morgen: Fünfter Tag. Nun sprach Gott: »Es bringe die Erde hervor lebendige Wesen nach ihren Arten: Vieh, Gewürm und Wild des Feldes nach ihren Arten!« Und es geschah so. Gott machte das Wild des Feldes nach seinen Arten, das Vieh nach seinen Arten und alles Gewürm auf dem Erdboden nach seinen Arten. Und Gott sah, daß es gut war. Nun sprach Gott: »Laßt uns den Menschen machen nach unserem Bilde, uns ähnlich. Sie sollen herrschen über die Fische des Meeres und über die Vögel des Himmels, über das Vieh und über alles Wild des Feldes und über alles Gewürm, das auf dem Erdboden kriecht!« Und Gott schuf den Menschen nach seinem Bilde, nach dem Bilde Gottes schuf er ihn, als Mann und Frau schuf er sie. Gott segnete sie, und Gott sprach zu ihnen: »Seid fruchtbar und mehret *euch und erfüllet die Erde und macht sie euch untertan! Herrschet über die Fische des Meeres und über die Vögel des Himmels und über alles Getier, das sich auf Erden regt!« Dann sprach Gott: »Seht, ich übergebe euch alles Kraut, das Samen hervorbringt auf der ganzen Erde, und alle Bäume, die samentragende Früchte hervorbringen; das sei eure Nahrung. Allem Wild des Feldes, allen Vögeln des Himmels und allem, was sich auf Erden regt und Lebensodem in sich hat, gebe ich alles grüne Kraut zur Nahrung!« Und es geschah so. Und Gott sah alles, was er gemacht hatte, und siehe, es war sehr gut. Es ward Abend, und es ward Morgen: Sechster Tag.*

3. Gott schafft in Gegensätzen

Wer ist Gott, daß er im Anfang schafft? Das Sechstagewerk erläutert uns den Schöpfungsvorgang: »*Gott spricht: Es werde Licht und Licht ward*«. Gott schafft, indem er spricht. Sprechen erklärt uns die Metaphysik als Aussprechen des geistigen Selbstbesitzes. Je mehr ein Seiendes sich selbst besitzt, um so ungeteilter und vollkommener kann es sich aussprechen. Gott – der unmittelbar das Sein aus sich selber ist – und sich als dieser erkannt hat, teilt im Sprechen seinen erkannten Selbstbesitz mit. Das, was er ausspricht, ist Entäußerung seiner selbst. Schöpfung durch das Wort ist Selbstdarstellung Gottes. Gerhard von Rad zitiert in seiner Interpretation des Genesisberichtes Karl Barth: »*Die Schöpfung als Werk des Wortes Gottes wurde seine Entsprechung*«.[1]

Gott macht das Licht. Er ist nicht das geschaffene Licht. Das Licht als Ausspruch Gottes unterscheidet sich absolut von ihm. Aussprechen ist ein Vorgang der absoluten Scheidung – der Unterscheidung von Licht und Finsternis. Das Licht, das geworden ist, ward gut. Als von Gott unterschiedenes, als von ihm selbst ausgesprochenes, entspricht es Gott, dem Gutsein schlechthin.

Das Licht wird aber nicht nur unmittelbar in Beziehung zu Gott gesetzt, das Licht unterscheidet sich auch vom Dunkel. Gott

---

[1] Rad, Gerhard von, Theologie des Alten Testaments Bd. 1, München 1969, 156 Anm. 12

setzt die Dinge nicht nur im Unterschied zu sich, er unterscheidet sie voneinander, so daß sie als Gegensätze gesetzt sind. Damit wird angedeutet, daß alles einzeln Gesetzte, in der Spannung zum Gegenteil, die ganze Skala der Mannigfaltigkeit durchläuft.

Nicht die Finsernis bringt das Helle hervor – wie im Mythos – mit der Konsequenz, daß das Licht die Finsternis besiegt. Hell und Dunkel werden auch nicht im Sinne der Metaphysik absolut ausgeschlossen. Hier im Schöpfungsbericht werden Licht und Dunkel, in der Entgegensetzung zu Gott selbst, zueinander gesetzt und beginnen so das Spiel von Tag und Nacht und der ganzen Farbenmannigfaltigkeit.

Am zweiten Tag macht Gott das Firmament. Er zieht eine Scheidewand zwischen den Wassern, so daß jetzt der Unterschied zwischen dem Wasser über und unter dem Firmament entsteht. Das Wasser unter dem Himmel wird geschieden von der Erde und dem Trockenen. Gott macht Himmel und Erde, Wasser und Trockenes, indem er sie unterscheidet, d. h. sie als Für-sich-Seiende in Beziehung setzt. So entsprechen sie Gott und sind gut.

Nun läßt Gott durch sein Wort auf der Erde Pflanzen und Samen nach ihrer Art sprießen. Die Erde, in unterschiedener Beziehung zum Wasser als Entsprechung Gottes, läßt Samen sprießen. Pflanzen entstehen nach ihrer Art. Eine klassifizierende Ordnung der Pflanzenwelt ist nur möglich, wenn ich alle verschiedensten Gewächse aufeinander beziehe, d. h. sie als solche unterscheide. Auch die Pflanzenwelt ist gut. Sie entspricht Gott. Er selbst spricht sie aus in dem Reichtum der vielen verschiedenen aufeinander bezogenen Arten, deren Vielheit jeweils neuer Ausdruck der alles umfassenden Einheit Gottes ist.

Am vierten Tag macht Gott Leuchten am Himmel. Sie sollen leuchten am Firmament, über die Erde zur Scheidung von Tag und Nacht. Die Leuchten sind nicht das Licht, sondern ein Licht, das Tag und Nacht beleuchtet. Die Nacht ist nicht einfachhin finster. Die Finsternis wird als Finsternis sichtbar im Gegensatz zum Licht des Mondes und der Sterne. Nicht die

Scheidung als bloße Auseinanderhaltung ist Sinn der Schöpfung, sondern die Scheidung als Voraussetzung für die Beziehung. Tag und Nacht, beleuchtet durch Sonne und Mond und Sterne, geraten jetzt in das volle Spiel des Lichtglanzes.

Am fünften Tage macht Gott Tiere des Wassers und der Luft nach ihrer Art. Gott segnet sie, auf daß sie fruchtbar sind. Durch Gottes Segenskraft können die Tiere sich vermehren, zeugend bringen sie sich selbst noch einmal hervor, nicht aus sich selbst, aber durch sich selbst. So entsprechen sie dem sich selbst aussagenden Gott.

Am sechsten Tage macht Gott die Landtiere nach ihrer Art und schließlich schafft Gott den Menschen als Mann und Frau nach seinem Bild. Gott segnet sie, damit sie Frucht bringen. Der Mensch soll Herr sein über die Tiere des Himmels, der Erde und der Meere. Die Kräuter sollen ihm zur Nahrung dienen.

Am letzten Schöpfungstag erscheint jene Gestalt, durch die Sinn und Wesen der Schöpfung offenbar wird, der Mensch als Gleichnis, als Ebenbild Gottes. Gott macht nicht etwas. Er bildet sich selbst ab. Er stellt sein Sein dar in polar aufeinander bezogenen welthaften Dingen. Welthaft Seiendes ist nicht nur ausgesprochen von Gott und also auf ihn ausgerichtet, vielmehr ebenso zueinander in ein Verhältnis des Mitseins gesetzt. (Mann und Frau, Hell und Dunkel, Tiere des Wassers und des Landes.) Gegensätze sind nicht nur innerhalb derselben Art aufeinander bezogen, vielmehr alle unterschiedlichsten Dinge, hervorgegangen durch den sich selbst aussprechenden Gott, stehen im lebendigen Austausch.

4. Die Welt – der Begegnungsraum von Gott und Mensch

Wer ist Gott, daß er sich abbildet in einem Menschen, der nicht in bloßer Selbstreflexion befangen ist, vielmehr sich selbst aussprechen kann, sich selbst einem anderen schenken bzw. den anderen empfangen kann? Der Mensch entspricht Gott, sofern er sich in selbsttranszendierender Beziehung den anderen Menschen schenkt. Als Mann und Frau ist der Mensch Bild Gottes.

Der Mensch hat nicht nur die Möglichkeit, Gott zu entsprechen, sofern er sich der Schöpfung zuwendet, er spricht sogar mit Gott selbst. Dem Menschen als Herrn der Welt ist die Fähigkeit gegeben, die Dinge beim Namen zu nennen. Der Mensch spricht die Dinge erneut aus, die Gott durch sein Sprechen hervorgebracht hat. Gott macht aus-sprechend die Dinge. Der Mensch benennt sie. Beide, Gott und Mensch, begegnen sich in der Schöpfung der Welt. Gott gibt dem Menschen die Tiere, den Samen, den Partner, den anderen Menschen als Zeichen von sich. Gott selbst spricht sich in den Dingen dieser Welt dem Menschen zu. Er öffnet sich, spricht seine Wesensgestalt aus als Formprinzipien des welthaft Seienden. Der Mensch kann, wenn er will, die Dinge, sofern er sie benennt, bei jenem Namen nennen, durch den sie hervorgerufen sind, und sie so aussprechend in den göttlichen Ursprung stellen. Der Mensch kann durch die Dinge ein Gespräch mit Gott beginnen. Der Mensch hat auch die Freiheit zum Gegenteil. Er kann die Dinge, die Gott ihm zur Herrschaft anvertraut hat, in seinen selbstsüchtigen Besitz bringen.
Der Schöpfungsbericht stellt, verglichen mit dem Mythos, den entgegengesetzten Sachverhalt dar. C. F. v. Weizsäcker nennt ihn deswegen »*den Antimythos*«. Der Mensch ist nicht den Gewalten dieser Erde unterworfen, die ihre Herrschaft durch Götter repräsentieren, vielmehr ist der Mensch der wissende Herr dieser Welt, Ihm gehört diese Welt, er kann in Freiheit über sie verfügen. Diese Freiheit drückt sich im Spielraum zwischen Gott und dem Menschen aus. Der Mensch kann die Welt Gott geben und durch sie in ein Gespräch mit ihm treten. Oder der Mensch macht sich die Welt selbst zu eigen und nimmt sie als getötetes Material zu Diensten.

Wer ist Gott, daß er die Welt als Zeichen von sich selbst dem Menschen übergibt? Wer ist Gott, daß er die Weltgeschichte mit dem Menschen eröffnet?

Augustinus erläutert den Schöpfungsbericht in seinen Bekenntnissen folgendermaßen:

»Herr laß mich vernehmen und verstehen, wie du im Anfang (in principio) Himmel und Erde geschaffen hast«[2], *»durch welcher Art Wort also sprachst du das Körperwesen ins Dasein, vermittels dessen du jenes Werdewort ergehen ließest?«*[3]

»In diesem Anfang (in hoc principio), o Gott, hast du Himmel und Erde erschaffen: In deinem Wort, in deinem Sohn, in deiner Kraft, in deiner Weisheit, in deiner Wahrheit, auf unfaßliche Weise sprechend und auf unfaßliche Weise erschaffend«[4]. *»Wie hochherrlich, Herr, sind deine Werke! Alles hast du in deiner Weisheit erschaffen. Und die Weisheit ist der Anfang, und in diesen Anfang hast du Himmel und Erde erschaffen«*[5]. *»In dem Anfang, welcher ist aus dir, hast du, o Gott, hast du in deiner Weisheit, die geboren ist aus deinem Wesen, etwas erschaffen, und dies aus dem Nichts . . . Du alleine warst und sonst war nichts. Und hieraus hast du Himmel und Erde erschaffen, ein Zweifaches, mache dir das Eine, das andere nahe dem Nichts. Das Eine, das über sich nur dich, das andere, das unter sich nur das Nichts haben sollte«*[6]. *»Diese Erde? Eben von dir erschaffen, war formloser Stoff, denn sie war unsichtbar und ungeordnet und Finsternis über dem Abgrund. Und aus dieser unsichtbaren und ungeordneten Erde, aus dieser Formlosigkeit, aus diesem beinahe Nichts, da solltest du alles machen, woraus diese wandelige Welt besteht«*[7].

»Jener Himmel des Himmels, den du im Anfang erschaffen, ist Schöpfung von Art des Geistes«[8].

Wenn die Schrift vom Himmel des Himmels spricht, meint sie nach Augustinus' Auffassung

---

[2] Augustinus: Confessiones 11, 3, 5.
[3] ebd. 11, 6, 8.
[4] ebd. 11, 9, 11.
[5] ebd. 11, 9, 11.
[6] ebd. 12, 7, 7.
[7] ebd. 12, 8, 8.
[8] ebd. 12, 9, 9.

»*einen rein geistigen Himmel, wo das Erkennen ein Zusammenwissen ist, nicht stückweise, nicht im Rätsel, nicht wie im Spiegel, sondern aus der Ganzheit, in der Enthülltheit, von Angesicht zu Angesicht, wo man nicht bald dieses, bald jenes, sondern, wie gesagt, alles in einem erfaßt, ohne jede zeitliche Folge. Dieses beides also, ein von Anfang an geformtes, und ein gänzlich formloses, einen Himmel, aber der Himmel des Himmels, und eine Erde, aber unsichtbare und ungeordnete Erde, dieses beides, so verstehe ich's vorerst, ist in deiner Schrift genannt, wenn sie, ohne Erwähnung von Tagen sagt: ›Im Anfang schuf Gott einen Himmel und eine Erde‹*«[9].

»*Siehe, hier erscheint mir ›im Rätsel‹ die Dreifaltigkeit, die du bist, mein Gott. Du, der Vater, hast ›Himmel und Erde‹ erschaffen ›im Anfang‹, ›in der Weisheit‹, dem Urgrund der unseren, der deine Weisheit ist, gezeugt aus dir, dir gleich und gleich ewig, das ist in deinem Sohn . . .*

Und schon faßte ich in Namen ›Gott‹ den Vater, der dies geschaffen, und in Namen ›Anfang‹ den Sohn, in welchem er dies geschaffen, und da ich im Glauben meinen Gott als Dreifaltigkeit sah, so suchte ich sie diesem Glauben gemäß in seinen heiligen Worten, und siehe, es ›schwebte dein Geist über den Wassern‹. Siehe, da ist sie, die Dreifaltigkeit, mein Gott: Vater und Sohn und Heiliger Geist, ein Schöpfer der Schöpfung allgesamt«[10].

In diesen Ausführungen Augustinus haben wir, wie mir scheint, eine Auslegung, die uns in der Sprache der abendländischen Grammatik ermöglicht, über den Genesisbericht zu sprechen. Wieweit wir von unserer Sprechweise aus dem hebräisch formulierten Offenbarungsgut gerecht werden, müssen wir versuchen zu sehen. Vielleicht können wir aber auch umgekehrt erfahren, wie weit unsere Denkweise aufgeschlossen wurde durch die im Vorderen Orient an uns ergangene Botschaft.

---

[9] ebd. 12, 13, 16.
[10] ebd. 13, 5, 6.

5. Im Anfang schafft Gott Geist und Materie

Augustin versteht das Schöpfungswerk als Geschichte des dreieinigen Gottes. Auf diesem erst später offenbar werdenden Hintergrund wird, wie mir scheint, allein die Erzählung des Alten Testamentes in seiner antithetischen Stellung zum Mythos verständlich. Gott, der die Geschöpfe in ein freies Miteinandersein in die Welt stellt als dem Wohnraum von Gott und Mensch, kann nur als ein Gott der verschenkenden Liebe verstanden werden. Gott schafft im Anfang, d. h. durch seinen Sohn, die ewige Weisheit. Gott tritt nicht zuerst der Schöpfung gegenüber. Zwischen Gott und Schöpfung tritt der Schöpfungsmittler, der Sohn. Der Sohn, von Ewigkeit gezeugt, ist Ausdruck der ewigen Hingabe des Vaters an den Sohn bzw. der ewigen Selbsttranszendierung des Seins. Das verschenkte Sein des Vaters, die hingegebene Natur des Vaters, wird das Medium der Schöpfung. *»Durch ihn ist alles geschaffen«*[11]. Gott schuf durch den Sohn Himmel und Erde, *»ein Zweifaches, nahe Dir das eine, nahe dem Nichts das andere«*. Gott schuf im Anfang Himmel und Erde, die beiden Prinzipien allen geschöpflichen Seins: Sein und Nichtsein, Geist und formloser Stoff, Einheit und Vielheit, Ruhe und Bewegung. Mit der Schöpfung dieser beiden Prinzipien im Sohne beginnt das Sechstagewerk. Aus diesen Prinzipien folgt der Aufbau der Welt.

Aber wer ist Gott, daß er die Welt nach diesen Prinzipien gestaltet? Wie ist welthaftes Geschehen sein Bild?

Gott schafft im Sohn, in ihm die beiden entgegengesetzten Möglichkeiten, Einheit und Vielheit, Ruhe und Bewegung. Ist Gott zu verstehen als Gegensatzeinheit? Weltgeschichte als der Prozeß seiner Einigung? Oder ist die Zweiheit der Prinzipien Ausdruck der verschenkten Natur Gottes? Gott, der das ewig sich selbst besitzende Sein ist, verschenkt sich, transzendiert sich, zeugt den Sohn. Gott ist kein in sich selbst ruhender Geist, Gott offenbart sich als Gott der Liebe. Er verschenkt, was er besitzt, seine eigene Natur, sein Aus-sich-Sein verschenkt er als Sein bei dem anderen, beim Sohn oder der Schöpfung.

---

[11] Johannes 1, 1–18 passim.

Verschenktes Sein erzählt die Geschichte der Entäußerung des Selbstbewußtseins, die Geschichte der Inkarnation. Die Zweiheit der Prinzipien, die den Aufbau der Welt erklären, sind Ausdruck der verschenkten Einheit: über Himmel und Erde schwebt der Heilige Geist! Der Heilige Geist macht deutlich, daß die Erde nicht einfachhin düster und leer in einem zu überwindenden Gegensatz zur Ordnung des Geistes zu denken ist. Im Gegenteil erweist sie sich als verschenkte Einheit des Geistes, als Leere, als Empfängnismöglichkeit für den anderen.

Die dogmatische Formulierung der Schöpfung als einer »*creatio ex nihilo*« ist im Hinblick auf das Geheimnis der Liebe des dreifaltigen Gottes zu verstehen. Schöpfung aus dem Nichts bezeichnet jenen Abgrund der Liebe Gottes, die sich selbst in ihrem Sein vollkommen zurücknimmt, um sich in dieser Selbstentäußerung zum Grund, zum Material für anderes zu machen. Gott ist Herr nicht nur über das Sein und läßt entsprechend der aristotelischen Logik etwas ihm Ebenbürtiges hervorgehen, vielmehr erweist sich Gott als Herr über das Nichtsein. Gott ist nicht einfachhin vollendetes alles umfassendes Sein, sich selbst besitzender Geist, Gott offenbart sich in seiner Liebe als das Gegenteil, als reine Entäußerung, Hingabe, Zurücknahme seiner selbst. Diese Nichtigung seiner selbst, dieses nicht Für-sich-Sein (Sein als Geist), sondern Sein für den anderen (Sein in der Weise der Materialität), ist der Grund der Schöpfung. Das Material der Schöpfung, das, woraus alles gworden ist, ist die entäußerte verschenkte Natur Gottes. Diese Fähigkeit, den geistigen Selbstbesitz zurückzunehmen, empfänglich zu machen, eröffnet die Freiheit der Liebe. Personale Begegnung ist nur denkbar in der Selbsthingabe bzw. der entäußernden Bereitschaft zur Entgegennahme des anderen. Nur in der Einheit beider Prinzipien, Geist und Materie, Sein und verschenktes Sein ist personales Miteinandersein möglich. Nur der Geist, der seinen Selbstbesitz zurücknimmt und sich entäußert, d. h. materialisiert, schafft Raum für die Einigung mit dem anderen. Die Potentialität des Seins bzw. die mit ihr gleichgesetzte Materialität verliert als freie Hingabeform des sich selbstbesitzenden Geistes jeden Mangel des Noch-nicht.

Als Ebenbild Gottes ist der Mensch nicht nur geschaffen aus dem Sein Gottes, vielmehr lebt der Mensch aus dem Nichtsein Gottes aus der Weise, wie Gott sich selbst entäußert, um sich zum Grundmaterial für den anderen zu machen. Geschaffen aus dem Nichtsein Gottes sind wir nicht nur Partner Gottes, sondern auch Partner untereinander. Der Mensch als Mann und Frau ist Bild des dreieinigen Gottes.

Dieser Versuch, die Endlichkeit der Schöpfung positiv zu interpretieren, Materie nicht mehr griechisch-metaphysisch als Modus der Einschränkung des Seins, sondern im Gegenteil als Weise der schenkenden Selbstmitteilung bzw. Selbstentäußerung des Seins zu verstehen, entspricht der dogmatischen Formulierung der allgemeinen Kirchenversammlung zu Florenz im Jahre 1442, die wörtlich ausdrückt: »*Gott schuf aus seiner Güte wann er wollte, alle Geschöpfe, geistige wie körperliche*«[12].

6. Schöpfung als Selbsttranszendierung Gottes

Die Hebräer haben, wie die Rabbinertradition zeigt, Schöpfung als Selbsttranszendierung verstanden. Hierzu einige beispielhafte Texte aus der Zeit des 2.–4. Jh. n. Chr. in Palästina[13]:

> »*Ich habe euch gesagt:* ›*Und sie sollen mich als Gabe nehmen . . .*‹ *(Ex 25, 2), damit ich unter euch wohne. Es heißt ja:* ›*Und sie sollen mir ein Heiligtum machen, damit ich in ihrer Mitte wohne*‹ *(Ex 25, 8). Das ist keine leichte Sache – wenn man so sagen darf, sprach er zu ihnen: Nehmt mich, damit ich unter euch wohne! Es steht ja nicht geschrieben:* ›*Und sie sollen eine Gabe nehmen*‹, *– sondern:* ›*Und sie sollen mich als Gabe nehmen*‹«[14].

---

[12] Neuner, Josef; Roos, Heinrich: Der Glaube der Kirche in den Urkunden der Lehrverkündigung, 10. Aufl., Regensburg 1979, 179 (Künftig zitiert als: »Neuner-Roos« mit Angabe der Seitenzahl).
[13] Kuhn, Peter: Gottes Selbsterniedrigung in der Theologie der Rabbinen, München 1968, 33.
[14] ebd. 48.

»›(Und der Herr rief Mose und sprach zu ihm) vom Begegnungszelt aus‹ (Lv 1, 1). Man könnte annehmen, vom ganzen Hause aus – doch da lehrt die Schrift: ›. . . von oberhalb der Deckplatte aus‹ (Ex 25, 22). Wenn von oberhalb der Deckplatte aus, so könnte man annehmen, (Gott sprach) von der ganzen Deckplatte aus – doch da lehrt die Schrift: ›. . . vom Zwischenraum zwischen den beiden Cherubim aus‹ (Ex 25, 22). Von der Herrlichkeit Gottes steht geschrieben: ›Fülle ich nicht den Himmel und die Erde?‹ (Jer 23, 24). Sieh die Liebe an, die Israel genießt – wozu hat sie diese Herrlichkeit geführt. Dazu, daß Er sich gewissermaßen zusammendrängte, um von ›oberhalb der Deckplatte, vom Zwischenraum zwischen den beiden Cherubim aus‹, zu sprechen«[15].

Eine andere Exegese zu demselben Thema der liebenden Einschränkung Gottes:

»Als der Heilige zu Mose sprach: ›Und sie sollen mir ein Heiligtum errichten, damit ich unter ihnen wohne‹, da wunderte er sich darüber, und auch Salomo, der einmal ein Heiligtum im Ausmaß von 500 mal 500 bauen sollte, wunderte sich und sagte: ›Sollte denn Gott wirklich bei den Menschen auf Erden weilen? Siehe, die Himmel und die Himmel der Himmel können dich ja nicht fassen, wie denn dann das Haus da, das ich gebaut habe!‹ (1 Kg 8, 27). Als der Heilige sah, daß sich Mose wunderte, sprach er zu ihm: Mose, warum wunderst du dich? Meine Thora, die ich dir gegeben habe, hat keine Grenze, und ich habe dir doch befohlen, sie in die Lade zu legen, welche ›zweieinhalb Ellen lang und eineinhalb Ellen breit ist . . .‹ (Ex 25, 10). Und aus Liebe zu Israel lasse ich, obwohl die oberen und die unteren Himmel meine Herrlichkeit nicht umfassen können, meine Herrlichkeit herabsteigen und lasse meine Schekhinah in der Wohnung ruhen, und noch nicht einmal in der ganzen Wohnung, sondern nur zwischen den beiden Stangen der Lade. Es heißt ja: ›Und dort will ich mich mit dir treffen und mit dir sprechen, von oberhalb der Deck-

[15] ebd. 59–60.

platte aus, vom Zwischenraum zwischen den beiden Cherubim aus‹ (Ex 25, 22). Davon spricht Mose im Buch der Psalmen: ›Im Versteck wohnt der Höchste und der Allmächtige im Schatten‹ (Ps 91, 1) . . . ›da Er Seine Schekhinah zusammenzieht zwischen die beiden Stangen der Lade. Daher heißt es: Und sie sollen mir ein Heiligtum errichten, damit ich unter ihnen wohne‹«[16].

Gott liebt den Menschen, er will sich ihm als Gabe geben. Gott möchte mit dem Menschen sein. So sehr liebt Gott den Menschen, daß er seine unendliche Fülle zurücknimmt, sich in seiner Allmacht zusammenzieht, sich versteckt, damit er den Menschen nicht erschreckt. Gottes Liebe bedeutet aber nicht hilfreiche Fürsorge, leibliche gnädige Lenkung unseres Geschickes. Liebe Gottes bedeutet leibliche Nähe, bedeutet Wohnung nehmen unter den Menschen. Der Name Gottes »*Schekhinah*« bedeutet etymologisch betrachtet »*Einwohnung*«, abgeleitet von »*Sukhan*«, welches im Alten Testament oft gebraucht wird, um Gottes Gegenwart in Bundeszelt und Tempel zu bezeichnen. Der Begriff »*Schekhinah*« ist von der Rabbinertheologie geprägt, um Gottes Wohnen bei den Menschen auszudrükken. Die gesamte Heilsgeschichte des Alten Testamentes wurde unter diesem Aspekt betrachtet, »*daß der welterschaffende Gott selbst von der Welt umfangen wird, in ihr ›wohnt‹, das wird dem jüdischen Glauben als das eigentliche Wunder des göttlichen Bundes bewußt*«[17].

Gott ist es, der dem Menschen Wohnraum gibt. Er gibt sich selbst als Gabe. Er entäußert sich, nimmt sich zurück und räumt so dem Menschen einen Platz ein. Max Jammer macht darauf aufmerksam, daß »Raum« schon im ersten Jahrhundert als Name für Gott in der jüdischen Theologie in Palästina allgemein üblich war. (Raum = makôm)[18]. Jammer zitiert folgenden Midrash-Text. »*Warum nennen wir den Heiligen, gepriesen sei er, ›den Raum‹? Weil er der Raum der Welt ist. R. Jose b. Halafta sagte: Wir wissen nicht, ob Gott der Raum seiner Welt ist*

---

[16] ebd. 102.
[17] ebd.
[18] Jammer, M.: Das Problem des Raumes, Darmstadt 1960, 29.

oder ob Seine Welt Sein Raum ist, aber aus dem Vers, ›Siehe, es ist ein Raum bei mir‹ (Ex 33, 21), folgt, daß der Herr der Raum Seiner Welt ist, daß aber Seine Welt nicht Sein Raum ist. R. Isaac sagte: Es steht geschrieben ›Der ewige Gott ist ein Raum‹ (Dt 33, 27)[19].«

Jammer weist im einzelnen nach, daß die spätere Raum-Theorie der Renaissance von Campanella und Grosseteste bis zu Newton und Kant unmittelbar auf diese jüdische Raumvorstellung zurückgeht. Die Schwierigkeit der Metaphysik, Geist und Natur zu einigen, Materie als eine dem Geiste ebenbürtige Substanz anzuerkennen, wurde überwunden mit Hilfe der vermittelnden Funktion des Raumes. Die Lichtnatur des Raumes, die göttlichen Eigenschaften des Raumes hatten ihren unmittelbaren Ursprung in der jüdischen Tradition des Alten Testamentes und ermöglichten es, auch der Materie universalen Charakter zuzuerkennen.

Gott, der bei den Menschen wohnt, desen Name Raum, unmittelbare Gegenwart bedeutet, wird nicht immateriell vorgestellt. Nur in der, im hellenistischen Judentum entstandenen, *»Weisheit«* wird Gott als rein verstandesmäßiger unvergänglicher Geist genannt. Von Rad macht deutlich, daß die Juden Jahwe selbst menschengestaltig vorgestellt haben, wobei die Juden umgekehrt dachten, nicht Gott anthropomorph, sondern den Menschen theomorph. Der Abstand zwischen Gott und Mensch drückte sich in der Größe Gottes aus bzw. in der ihm eigenen Lichtnatur.

7. Der Widerspruch von Geist und Materie als Ausdruck der Sünde

Der Mensch ist als ganzer, in unserer Sprache als Geist und Leib, Wesensbild Gottes. Die Gegensätzlichkeit von lebendigem Geist und sterblich-hinfälliger Materie wird erst durch den Tod verursacht. Der Tod aber ist Folge der Sünde.

Die verschiedenen Ausdrücke für Geist und Fleisch im Alten

---

[19] a. a. O.

Testament bezeichnen unterschiedliche Formen von Lebendigkeit: *rûah* = Lebensodem, Lebensgeist, von Gott eingegossen. Der Mensch lebt, solange er diesen Geist besitzt (Ps 143, 7).

basâr bezeichnet Körper von Mensch und Tier oder auch den ganzen Menschen oder auch versammelte Gemeinde (Gn 6, 19; Ps 65, 3). *basâr* bedeutet auch Blutsverwandtschaft (Sir 14, 18; Gn 37, 27). Ezechiel verheißt als Voraussetzung für die Endzeit, daß Gott den Seinen ein »*Herz von Fleisch*« geben werde (Ez 36, 26), dieses Herz als Gegensatz zum verstockten »*Herz aus Stein*«. Aber auch die, durch die Sünde entstandene, Hinfälligkeit des Menschen wird durch *basâr* ausgedrückt: Das Fleisch ist wie »*Gras*« vergänglich (Is 40, 6), das Fleisch ist schwach, es hat der Neigung zur Sünde nachgegeben (Gn 6, 12)[19].

Warum wird das Fleisch von der Sünde betroffen und stirbt? Wo liegt die Möglichkeit für die Trennung von Geist und Leib im Tode? Was soll die sprachliche Differenz von *rûah* und *basâr* ausdrücken? Auffällig scheint mir für basâr zu sein, daß hier der Mensch nicht als Einzelwesen, als bestimmte Person gemeint ist, vielmehr die Person in Beziehung zum anderen, zur Gemeinde, zum Verwandten. Gerade diese Fähigkeit des Menschen, nicht nur er selbst zu sein, sondern gerade sein Selbersein zu verschenken, in Beziehung zu setzen zum anderen Menschen, scheint durch die Sünde verletzt, so daß der Mensch von der Sünde erlöst wird, indem ihm ein neues »*Herz von Fleisch und Blut*«, ein Herz der geöffneten Liebe anstatt des verstockten »*aus Stein*« gegeben wird.

Wenn diese Unterscheidung von rûah und basâr die doppelte Möglichkeit des Menschen zum Ausdruck bringt, ganz er selbst zu sein, selbstbewußt bei sich seiender Geist, und gerade damit die Freiheit der Selbstverschenkung zu haben, dann wäre ersichtlich, daß der Mensch gerade in dieser Zwiefältigkeit Bild des dreieinigen Gottes ist. Der Mensch in der Unterscheidung von Geist als lebensspendendes Prinzip, Bei-sich-Sein (rûah) und Geist als verschenktes Bei-sich-Sein, als Sein beim anderen

---

[19] Schilling, Othmar: Geist und Materie in biblischer Sicht, Stuttgart 1967, 53.

(basâr) wäre das Ebenbild Gottes, der im Anfang Himmel und Erde schuf.

Den Menschen, den Gott nach seinem Ebenbild geschaffen hat, stellt Gott in die Welt. Wozu? Der Mensch soll den Garten Eden in Besitz nehmen, ihn bebauen. Er soll sich selber fortpflanzen. Er kann von allen Gaben und Fähigkeiten Gebrauch machen, nur die Bäume in der Mitte des Gartens, der Baum der Erkenntnis und der Lebensbaum, sollen respektiert werden. Wozu? Will Gott den Gehorsam des Menschen prüfen? Wer ist Gott, der oberste Dienstherr, der Rechenschaft über seinen Besitz verlangt?

Gott schenkt dem Menschen den Garten. Der Garten ist der Ausdruck der Hingabe Gottes an den Menschen. Gott selbst gibt sich in den Dingen des Gartens dem Menschen. Gott selbst möchte mit dem Menschen wohnen.

Wenn der Garten Eden wirklich das Angebot Gottes ist, mit dem Menschen zu leben, dann muß Gott den Menschen fragen, ob er in die Lebensgemeinschaft mit ihm eintreten will. Persönliche Lebensgemeinschaft beruht auf der Freiheit der Entscheidung. Die Bäume in der Mitte des Gartens symbolisieren Gottes Gegenwart, drücken aus, daß Gott es ist, der sich dem Menschen in den Dingen dieser Welt zu erkennen und zu eigen geben will. Der Garten ist nicht einfachhin das Eigentum Gottes, vielmehr jener Selbstbesitz, den er schenken möchte, um mit dem Menschen sein zu können. Am Menschen ist es, jetzt zu entscheiden, ob er mit Gott leben will, d. h. in den vielen Dingen dieser Welt Gott erkennen und ergreifen will. Will der Mensch sich Gottes Gegenwart schenken lassen oder macht sich der Mensch den angebotenen Garten zum Privatbesitz, aus dem er selber lebt?

Adam und Eva entscheiden sich für den unabhängigen Privatbesitz, der ihre Selbständigkeit sichert. Der Garten Eden, der Ausdruck der geschenkten Gegenwart Gottes ist, wird mißbraucht als Instrument der Absolutsetzung des Menschen. Der Garten ist nicht länger das Gemeinsame, worin Gott und Mensch wohnen können. Er wird jetzt in der Absolutsetzung durch den Menschen das, was den Menschen von Gott trennt. Gott respektiert die Entscheidung des Menschen und überläßt ihm die Welt, durch die er sich selbst absolut setzt, d. h. von Gott absetzt. Der Tod ist die Folge für das Leben der Welt. Der Mensch, selbst nicht Herr des Lebens, kann den Dingen dieser Welt kein ewiges Leben verleihen. Er hätte es sich schenken lassen können von Gott. Jetzt, nachdem die Welt losgerissen ist von ihrem eigentlichen Ursprung, dem lebenspendenden Gott, ist sie dem natürlichen oder so gar gewaltsamen Tod preisgegeben. Wenn der Mensch aus sich sein will, für sich selbst leben will, ist er in der endlichen Welt darauf angewiesen, sich das Leben des anderen dienstbar zu machen. Die Möglichkeit des Menschen, sich selbst zu verschenken, die Fähigkeit des menschlichen Geistes, seine Leiblichkeit als Hingabefähigkeit an die anderen zu verstehen, wird in das Gegenteil pervertiert. Menschliche Leiblichkeit unterliegt jetzt der Gesetzlichkeit des sich selbst besitzenden Geistes. Der Leib wird das Material der Selbsthervorbringung. Nicht nur der eigene Leib wird die Basis meiner »*Selbstauszeugung*« (Rahner), vielmehr das unterworfene Leben dieser Welt dient als totes Material dem Selbstaufbau der Natur. Der Kampf aller gegen alle um den lebenspendenden Lebensraum dieser Welt ist die Folge. »*Kampf um's Dasein*«, »*intraspezifische Aggression*« wird zum »*selectiven Prinzip der Evolution*«, »*Klassenkampf um den Privatbesitz*« »*Inhalt der Geschichte*«.

8. Der Tod als Folge der Schuld.

In der Paradiesesgeschichte scheint es wirklich um die Entscheidung für ein Leben mit Gott gegangen zu sein. Die Rolle, die der Garten Eden in der Erlösungsgeschichte als das gelobte Land spielt, ist unverständlich, wenn nicht der Garten, das Land, wirklich die Gegenwart Gottes repräsentiert. Gott, der dem Menschen sich selbst zum Wohnraum gibt. Letztlich wird die Rolle des Gartens erst deutlich im neuen Bund, der nicht mehr die Führung in das gelobte Land zum Inhalt hat, vielmehr das vergossene Blut Christi, aus dem wir eine neue Leiblichkeit gewinnen können.

Lohfink macht darauf aufmerksam, daß die Sündenfallerzählung nur von der Bundestheologie Israels her verständlich ist. Sünde wird als Bundesbruch verstanden. Lohfink zeigt die Entsprechung im Aufbau der Erzählung vom Sündenfall mit der Bundesschließung auf dem Berge Sinai. Die Bundestheologie sieht die Sünde im folgenden Zusammenhang:

> *1. Jahwe hat den Menschen geschaffen.*
> *2. Jahwe versetzt den Menschen in den wunderbaren Garten.*
> *3. Jahwe gibt dem Menschen ein Gebot, dessen Einhaltung die Bedingung für Leben, dessen Übertretung Sterben bedeutet. Sterben heißt so viel wie aus dem Garten vertrieben werden, Leben im Garten sein (der den Baum des Lebens in seiner Mitte trägt).*

Der Text, der die Bedingung für die Befreiung von der Schuld nennt, ist genauso gegliedert:

> *1. Jahwe hat Israel geschaffen, erwählt und hinausgeführt aus der Knechtschaft der Ägypter.*
> *2. Jahwe hat Israel in das Gelobte Land geführt.*
> *3. Jahwe hat Israel die Gebote als Bundesbedingung auferlegt. Wenn Israel die Gebote hält, wird es leben im Gelobten Land. Wenn Israel die Gebote verachtet, wird es sterben, d. h. aus seinem Land vertrieben*[20].

Gott schließt mit dem Menschen einen Bund. Er schenkt ihm seine Gegenwart. Er räumt ihm einen Wohnort ein. Er will mit ihm leben. Leben heißt von Gott her gesehen: Dem Menschen einen Wohnraum in seiner Gegenwart einräumen, den Menschen bei sich aufnehmen. Für den Menschen bedeutet Leben: im Lande Gottes sein, sich Gottes Gegenwart schenken lassen, Gott bei sich aufnehmen, Gott das Bundeszelt einrichten.

Der Mensch, der es vorgezogen hat, bei sich selbst zu sein, kann nur erlöst werden zu einem Leben mit Gott, wenn er bereit ist, dieses sein in sich selbst abgeschlossenes Sein aufzugeben.

---

[20] Lohfink, Norbert: Das Siegerlied am Schilfmeer, Frankfurt/Main 1966, 90 ff.

Der Bund, den Gott mit Abraham schließt, basiert darauf, daß Abraham bereit ist, allen Besitz zu verlassen. Abraham zieht aus aus seiner Heimat Ur. Er ist bereit, alles zurückzulassen, selbst Isaak, seinen einzigen Sohn, zum Opfer zu bringen. Der Mensch kann also nicht mehr im Verkehr mit den Dingen dieser Welt den verborgenen Gott entdecken, vielmehr umgekehrt, die vom Menschen absolut gesetzte Welt kann erlöst werden, sofern der Mensch sie losläßt, aufgibt, in ihr er selbst zu sein.

Die Söhne Abrahams werden von Mose aus Ägypten, »*dem Sklavenhaus der Sünde*«, zurückgeführt in das Gelobte Land. Hier gibt Gott sein neues Gesetz und steckt neu den Lebensraum der Gnade ab. Das durch das Opfer zurückgegebene Land, der Selbstbesitz, ist die Voraussetzung für die Erscheinung Gottes auf dem Berge Sinai. Das neue, das Gelobte Land, das von Gott geschenkte Land gibt den Grundriß für die Zehn Gebote. Leben in diesem Land bedeutet: sich an die Gesetze dieses Landes, die Gebote halten. Das Grundgesetz, die Grundsatzerklärung des Vertrages, aus der alle übrigen Forderungen als Einzelausführungen folgen, heißt: »*Du sollst keine fremden Götter neben mir haben.*« Gott, der sich im Prolog vorgestellt hat als der Schöpfer und Retter aus Sünde und Gefangenschaft, erweist sich als ein eifersüchtiger Gott. Auf ihn muß alles Handeln des Menschen ausgerichtet werden, soll es ein Leben im Raum der Gnade sein. »*Gnade erweist Gott denen, die ihn lieben und seine Gebote halten.*« Gott erwartet ungeteilte Liebe vom Menschen. Daraus folgt alles andere, das rechte Verhalten zum Mitmenschen. Gott schenkt dem Menschen seine Liebe. Er nimmt sich selbst zurück und räumt dem Menschen einen Wohnort in seiner Nähe ein. Das Gelobte Land kann der Mensch betreten, wenn auch er in Gottes Gegenwart sein will.

9. Erlösung durch die Inkarnation des Logos

Die Erfüllung des Alten Bundes im Neuen bedeutet das Durchsichtigwerden des Gelobten Landes auf seinen tragenden Grund, die Gegenwart Gottes. Der Vater schenkt sich dem Menschen in der Hingabe seines eingeborenen Sohnes. In seinem Blute wird der Neue Bund geschlossen. Aus der Seitenwunde Christi empfängt der Mensch eine neue Leiblichkeit, ein »Herz aus Fleisch und Blut«, um in ihr der Gegenwart Gottes teilhaftig werden zu können und so den anderen Menschen empfangen zu können, wie er erkannt ist von Ewigkeit zu Ewigkeit.

Gott lädt Israel mit dem Eintritt in das Gelobte Land ein, teilzunehmen an seiner Geschichte. Jahwe hat Israel geführt bis zu diesem Punkt. Abraham verläßt um 2000 v. Chr. Ur. Die Gesetzgebung auf dem Berge Sinai wird mit ungefähr 1500 v. Chr. datiert. Es ist Amarnazeit. Kanaan war die Drehscheibe der Alten Welt.

> *»In Kanaan trafen die großen Kulturgebiete der damaligen Welt, das ägyptische aus dem Süden, die Welt der Keilschrift aus dem Norden und das mediterrane aus dem Westen, zusammen, und machten aus Palästina ein Land mit denkbar günstigen kulturellen Bedingungen, in dem das Volk der Hebräer heranwachsen und seinen bedeutenden Beitrag zur Weltgeschichte leisten konnte. Kanaan lag im Schnittpunkt der großen Kulturen der damaligen Zeit«*[21].

Theokratische Stadtkultur, gesetzliche Regelung des gesellschaftlichen Lebens, strenge kultische Bindung an das Leben der Götter oder sogar an den einen alles beherrschenden universalen Gott, die Hoffnung auf ein zukünftiges glückliches Leben in einem Land ohne Unrecht und Gewalt, alle Vorstellungen und Einrichtungen menschlicher Kultur lernen die israelitischen Hirten von ihren Nachbarn. Aber Jahwe allein lädt Israel ein, teilzunehmen an seinem eigenen Leben. Auch die Nachbargötter schließen Verträge mit ihren Städten und erwählen eine Stadt, z. B. Theben, als ihr besonderes Eigentum mit der Konsequenz, daß alle übrigen Städte besondere Abgaben an diese, von Gott auserwählte, zu entrichten haben. Israels Auserwählung sieht anders aus. Jahwe fragt das Volk, ob es sein Volk sein will. Israel läßt Gott sagen, daß er ihr Gott

---

[21] Gordon, Cyrus H.: Geschichtliche Grundlagen des Alten Testaments, 2. Aufl., Zürich; Köln; Einsiedeln 1961, 87.

sein möge. Israel bindet sein Leben an Gott, zieht aus aus menschlicher Kultur und läßt sich von Gott in ein neues Land führen. Das neue Land liegt nicht völlig jenseits. Gott führt Israel, wie die Geschichte zeigt, durch die Geschichte der Nachbarvölker hindurch, läßt Israel zusammentreffen mit den entscheidenden Hochkulturen der Alten Welt. Aber nicht Israel vereinigt die verschiedenen Bauelemente menschlicher Kultur. Vielmehr Gott selbst, Jahwe, geht in der Feuersäule oder in der Wolkensäule vor Israel her und bereitet Israel den Weg in das neue Land.

Göttliche Führung bedeutet nicht Einordnung der kurzfristigen menschlichen Handlung in seine umsichtige Herrschaft. Der Mensch wird nicht von Gott übermächtigt. Im Gegenteil: Gott macht sich, wie die Rabbinertheologie es ausdrückt, zum Diener des Menschen: »*Und der Herr ging vor ihnen her, tags in einer Wolkensäule, um sie auf dem Weg zu leiten, (und nachts in einer Feuersäule, um ihnen zu leuchten)*« (Ex 13, 21). Die Rabbinerexegese:

> »*Wenn es nicht ein geschriebener Vers der Schrift wäre, dürfte man es nicht aussprechen: Wie ein Vater, der seinen Kindern die Fackel vorantträgt, und wie ein Herr, der seinem Sklaven die Fackel vorantträgt . . .*
>
> *Und als Lohn dafür, daß Abraham den Dienstengeln das Geleit gab, begleitete der Heilige, gepriesen sei Er, seine Nachkommen 40 Jahre lang in der Wüste, es heißt ja:* ›*Und der Herr ging vor ihnen her, tags in einer Wolkensäule, um sie auf dem Weg zu leiten, (und nachts in einer Feuersäule, um ihnen zu leuchten)*‹ *(Ex 13, 21). Wenn diese große Sache nicht (in der Schrift selbst) geschrieben wäre, dürfte man es nicht aussprechen: Wenn man so sagen kann, wie ein Vater, der vor seinem Sohn (hergeht), wie ein Herr, der seinem Sklaven die Fackel vorantträgt*«[22].

Gott läßt Israel handeln. Er ermächtigt den Menschen in seiner Zeit und an seinem Platz zu sinnvollem Tun. Wir haben hier

---

[22] Kuhn, Peter: op. cit.

wieder die umgekehrte Position, verglichen mit dem Mythos. Menschliches Tun wird nicht aufgehoben und eingeordnet in das alleinmächtige und gültige Geschehen der Götter, Zeit wird nicht vernichtet in der Wiederholung des anfänglichen Geschehens, vielmehr umgekehrt, Gott läßt sich herab und räumt in der Zurücknahme seiner selbst menschlichem Tun die Zeit eigener Handlung ein.

Allein in der Theophanie wird Geschichte möglich und der Mythos überwunden. Wie soll menschliches Handeln frei werden von der Bestimmung durch Naturmächte und politischer Gewalt zu eigener zeiterfüllender Tätigkeit, wenn nicht Gott selbst als der Herr der Zeit in die Zeit eintritt?

Aber wenn Gott eingreift in die Geschichte des Menschen, respektiert er die Freiheit des Menschen. Gott macht sich in entäußernder Liebe zum Wegbereiter, der durch die Freiheit des Menschen entschiedenen Geschichte. Der Mensch seinerseits, durch Gott ermächtigt zur Freiheit eigener Geschichte, kann diese Freiheit erfüllen in der Hingabe seiner Natur an den Urheber der Geschichte. Geschichte heißt dann, sich bestimmen lassen vom anderen. Gott nimmt sich vom Menschen jeweils neu entgegen, wie der Mensch sich von Gott eine immer neue Seinsweise seiner Natur geben läßt.

Der mythische Kampf des Geistes gegen die Natur ist auf den Kopf gestellt. Die Überwindung der Natur durch den Geist zeigt sich hier als Herablassung des Geistes: Der Geist nimmt sich zurück, macht sich zur Natur, zum Material, zur Basis von anderem, schenkt sich.

Wenn Natur bzw. Materie verschenkte Liebe ist, der Garten Eden das Symbol der verschenkten Natur Gottes, die geschenkte Gegenwart Gottes, dann kann gerade dieses Geschenk auf das empfindlichste mißbraucht, in sein Gegenteil pervertiert werden. Wenn das Geschenk als Raub behandelt wird, wird es zum toten Material des Selbstbewußtseins. Der Mythos scheint Ausdruck dieses Kampfes des Geistes gegen die Natur zu sein. Er ist überholt durch die Gegenwart eines neu sich schenkenden Gottes.

IV. Kapitel
Die Botschaft des Neuen Testamentes: Inkarnation des Logos – als Angelpunkt der Weltgeschichte

1. Der Satz vom Widerspruch und die Christliche Offenbarungsbotschaft

Die Botschaft des A. T. hat den Widerspruch von Geist und Materie als den Widerspruch der Sünde deutlich gemacht.

Die Verknüpfung von Geist und Materie – der Mensch als Synthesis beider Prinzipien ist Abbild jenes Gottes, dessen Wesen als schenkende Liebe offenbart wurde. Liebe erweist sich nicht nur als allgemeines Wohlwollen – stellt nicht nur das Gutsein als Weise des höchsten in sich abgeschlossenen Seins dar –, sondern beinhaltet die sich entäußernde Geschichte jenes Geistes, der sich als Urgrund des Du versteht. Liebe beinhaltet die Geschichte von ich und du und damit die Geschichte der Inkarnation – der Verschenkung des Geistes als Anverwandlung an den anderen als anderen.

Sünde stellt deshalb nicht Verstoß gegen göttlich gebotene Ordnung dar, die durch Gesinnungswandel überwunden werden könnte; Sünde bedeutet Tötung jener Geschichte des Geistes, der sich inkarniert, um den anderen bei sich entgegenzunehmen.

Das N. T. berichtet von einem Gott, der Fleisch wird, um den Menschen heimzuholen aus der getöteten Natur seiner Sünde. Wer ist der Mensch, daß ihm ein neuer unsterblicher Leib, eine persönliche Existenz im zukünftigen Reich Gottes auf Erden verheißen wird? Wer ist Gott, daß er den Menschen teilnehmen läßt an seiner ewigen persönlichen Geschichte der Liebe?

> *»Im Anfang war das Wort, und das Wort war bei Gott, und Gott war das Wort. Dies war im Anfang bei Gott. Alles ist durch es geworden, und nichts von dem was geworden ist, ward ohne dieses. In ihm war das Leben und das Leben war das Licht der Menschen. Das Licht leuchtete in der Finsternis und die Finsternis hat es nicht begriffen«*[1].

> *»Und das Wort ist Fleisch geworden und hat unter uns gewohnt, wir haben seine Herrlichkeit gesehen, die Herrlichkeit des Eingeborenen vom Vater, voll Gnade und Wahrheit«*[2]. *»Noch nie hat jemand Gott geschaut, der eingeborene Sohn, der am Herzen des Vaters ruht, hat ihn uns offenbart«*[3].

Die Botschaft, die Johannes bezeugt, ist knapp. Gott gibt seinen eingeborenen Sohn dahin, auf daß die Welt, sein Eigentum, gerettet werde. Der Sohn ist Fleisch geworden und am Kreuze erhöht, damit wir wiedergeboren aus Wasser und dem Heiligen Geist ewiges Leben in ihm haben.

Wie ist diese Botschaft zu verstehen?

Wer ist Gott, daß er Mensch wird, für den Menschen sein eigenes Leben dahingibt, damit der Mensch in ihm leben kann? Wie ist die Inkarnation Gottes zu verstehen?

Die Kirche hat auf den ersten Konzilien die Menschwerdung der zweiten Person der Gottheit in dogmatischen Sätzen formuliert. Das kirchliche Dogma stellt die erste Auseinandersetzung zwischen griechischer Philosophie und dem christlichen Glauben dar. Mit dem Maßstab des Satzes vom Grunde bzw. der Identität läßt sich das Evangelium nicht abstecken.

Gott und Menschsein schließen sich, gemessen an diesen Grundsätzen, aus. Ewiger, allumfassender Geist widerstreitet der begrenzten sterblichen Natur des Menschen. Es gibt in Gott

---

[1] Johannes 1, 1–5.
[2] Johannes 1, 9–14.
[3] Johannes 1, 16–18.

keinen Grund, aus sich herauszugehen. Er ist, was ist. Er kann nichts werden, was er nicht schon wäre.

Mit Hilfe der griechischen Philosophie, aber ohne ihren richterlichen Maßstab, wird das christliche Dogma formuliert. Der Philosophie gegenüber tritt der christliche Glaube auf. Der Glaube begründet nicht was ist, scheidet nicht Sein und Nichtsein. Er erzählt vielmehr, was geschehen ist. Kann etwas geschehen, was nicht schon in der Identität des Seins mit sich selbst seinen ausweisbaren Grund hat?

Die Bibel berichtet, daß Gott Vater so sehr die Welt geliebt hat, daß er seinen eingeborenen Sohn dahingab. Die Liebe Gottes geht über den Selbstbesitz Gottes hinaus, entäußert sich und wird Mensch. Die Hingabe des Sohnes am Kreuze läßt den Menschen aus Gott geboren werden, hebt die trennende Unterscheidung von Gott- und Menschsein auf.

2. Die dogmatischen Lehrentscheidungen zur Personalität Christi

Wie ist diese Inkarnation Gottes zu verstehen? In welche Geschichte tritt das griechische Denken ein? Das Konzil von Chalcedon (451 n. Chr.) mit den Zusatzbestimmungen des Konzils von Konstantinopel II und III definiert den christlichen Glauben an den menschgewordenen Sohn Gottes.

Chalcedon vorausgegangen sind die Konzilien von Nizäa (325), Konstantinopel I (381) und Ephesus (431). Sie definieren die Trinitätsdogmen bzw. stellen im Streit gegen die Nestorianer die wahre Gottesmutterschaft Mariens fest. Erst nachdem die wahre Gottessohnschaft Christi in der Formel der Wesensgleichheit von Vater und Sohn, wie sie das Glaubensbekenntnis von Nizäa festhält, sichergestellt ist, und nachdem gleichermaßen die Gottheit des Heiligen Geistes mit dem Zusatz »*Herr und Lebensspender, ausgegangen vom Vater und Sohn*« anerkannt ist, kann die Inkarnation der 2. Person der Gottheit ausgesagt werden. Wie soll aber verständlich werden, daß der trinitarische Gott sich offenbart in der Inkarnation der 2. Person?

Wer ist der trinitarische Gott, der den Menschen bei sich aufnimmt? Die drei großen Kapadokier: Basilius, Gregor von Nazians und Gregor von Nyssa verteidigen den Trinitätsglauben, der sich in den beiden Glaubensbekenntnissen von Nizäa und Konstantinopel ausspricht, mit der Formel: Eine Wesenheit, drei Personen. Gott ist Einer, ist drei Personen.

> *»Der adäquate Grund, weshalb die drei Personen ein Gott sind, liegt nach der Lehre der Väter darin, daß alle aus einer Person sind, mit dieser dasselbe Wesen haben, folglich nicht neben und außer dieser, sondern in ihr bestehen. So können sie auch nicht anders als mit- und in dieser Person handelnd und wirkend auftreten.*
>
> *Diese verschiedenen Momente fanden denn auch schon die Väter in dem ›homoousios‹ (gleichen Wesens) ausgedrückt, welches ihnen bei Gott nicht bloß die Gleichheit der Wesenheit, sondern den innigsten Mitbesitz derselben Substanz mit einem anderen ursprünglichen Besitzer bedeutete«*[4].

Die vollkommene Wesenseinheit der drei göttlichen Personen resultiert nach Auffassung der Väter aus einem vollkommenen Zeugungsakt, in dem die ganze Substanz des Zeugenden auf den Gezeugten übergeht und dessen ganze Substanz ausmacht, so daß beide, Zeuger und Gezeugte, ein und dieselbe Substanz besitzen.

Auf Grund der Wesenseinheit der Substanz der göttlichen Personen besteht ein unteilbarer Zusammenhang zwischen den Personen. Die Verschiedenheit der Personen wird bei den Vätern begründet durch den unterschiedlichen Besitz desselben Wesens, der durch den unterschiedlichen Hervorgang der Personen bedingt ist.

---

[4] Scheeben, M. J.: Handbuch der Katholischen Dogmatik II, Freiburg 1878, 359.

Dasselbe Wesen wird von drei unterschiedlichen Personen besessen. Person ist charakterisiert durch den Besitz einer Wesenheit. Der Name für das Wesen, das die Einheit der drei göttlichen Personen ausmacht, ist »*ousia*« bei den Griechen, bei den Lateinern »*natura*« bzw. »*substanz*«. Zur Bezeichnung des Trägers der Wesenheit gebraucht schon Origines im 3. Jahrhundert »*hypostasis*«, Tertullian »*persona*«. Die Hypostase ist eine substantia individua. Das Personsein drückt die bestimmte Existenz, die Art und Weise, wie die Natur oder die Wesenheit besessen wird, aus, nämlich als unteilbarer Selbstbesitz. Der heilige Gregor von Nazianz bestimmt das Verhältnis der göttlichen Hypostase zur Gottheit.

Den trinitarischen Geist beschreibt die junge Kirche mit Hilfe der Spannung von Substanz und Subsistenz bzw. ousia und hypostasis. Den persönlichen Gott, den dreipersonalen Gott, gilt es in dieser Unterscheidung ansichtig zu machen. Hypostase, Person kann nur durch Annäherung von zwei sich gegenseitig ergänzenden Seiten her verständlich gemacht werden, von der Natur vom Sein, das die Hypostase hat, und vom Akt der Aneignung dieser Natur her, der die Individualität zur Folge hat.

Das gegenseitige Einwohnen von Wesen und Hypostase macht gegenüber der griechischen Philosophie eine völlig neue Dimension sichtbar. Neben die Wesensordnung des unmittelbar mit sich selbst identischen Seins tritt die Eigenständigkeit oder Individualität der Personalität, die Art und Weise, wie dieses Sein existiert. Freiheit und Souveränität der Person gegenüber ihrem eigenen Wesen wird ermöglicht durch die Trennung von Natur und dem Träger der Natur[5].

Wie weit gelingt es in der genannten Unterscheidung, den persönlichen Gott auszusagen?

Für die Griechen ist Gott das umfassende Sein. Er denkt sich unmittelbar als das, was ist. Gott denkt sich, er selbst ist Denken und Gedachtes. Als die letzte alles begründende

---

[5] Vgl. v. Balthasar, Hans U.: Kosmische Liturgie. Das Weltbild Maximus, des Bekenners, 2. Aufl., Einsiedeln 1961, 224.

Identität des Seins mit sich selbst, ist Gott das schlechthin höchste Sein, das als dieses Höchste nur einmal sein kann. Gott ist notwendig das höchste und deshalb realste Sein, Einzelsubstanz, die mit der Form gleichgesetzt ist. Wie sollte der Grieche eine andere Gottesvorstellung möglich machen, nachdem Gott der notwendige Grund für die Identität, der dem Werdeprozeß unterliegenden Wesenheiten, sein muß? Wie sollte der griechische Gott die Freiheit besitzen, seine Identität, die Identität des Seins dem Nichtsein preiszugeben?

Diese Freiheit ist das Geheimnis der Liebe. Dem begründenden und sicherstellenden Denken widerspricht sie. Im Absprung von der bloßen Identität des Seins mit sich selbst wird der Gott der Offenbarung ausgesagt. Gott besitzt seine Wesenheit, er erhebt sich über seine Natur, seine Natur ist virtuell bzw. formell unterschieden. Diese Unterscheidung ermöglicht Gott nicht nur das Sein zu sein, vielmehr in ihm eigentümlicherweise darüber zu verfügen. Die Persönlichkeit des Vaters, der ersten Person der Gottheit, wird beschrieben als die, die ihr Sein, ihr Wesen nicht für sich selbst behält, vielmehr verschenkt. Gott Vater ruht nicht in sich, ist nicht sich selbst denkender Geist, vielmehr geht er absolut über sich hinaus, verschenkt, was er besitzt, will nicht sich, sondern den anderen um des anderen willen, zeugt den wesensgleichen Sohn in der Hingabe seines Wesens.

Auch der Sohn ruht nicht in sich, sondern schenkt sich dem Vater, läßt sich in der Hingabe seiner Wesenheit vom Vater aussprechen, wie der Vater in der Zurücknahme seiner Natur den Sohn empfängt.

Auch das Gespräch von Vater und Sohn ist nicht Ziel der unterscheidenden Bewegung, vielmehr verschenken Vater und Sohn ihr Miteinandersein, hauchen den Heiligen Geist. Die Wesenseigentümlichkeit des dreipersonalen Gottes ist die Liebe. Wesensart der Liebe ist es, sich zu verschenken, nicht aus sich zu sein, vielmehr sein Sein zu empfangen vom anderen bzw. dem anderen zu überlassen. *»Das Personsein besteht in der unterschiedlichen Gabe des verschiedenartig empfangenen Seins«*[6].

[6] Schmaus, Michael: Katholische Dogmatik, München 1938–1955, I, 431.

Wie soll das intertrinitarische Liebesgeschehen mit ontologischen Begriffen ausgesagt werden?

Gott ist nicht nur reine Identität, vielmehr im Verschenken der Identität reine Nichtidentität. Gott ist nicht nur reines Bei-sich-selber-Sein, selbstbewußter Geist, vielmehr im Gegensatz dazu reine Empfänglichkeit, reine Selbsthingabe. Gott ist nicht nur höchste, alles umfassende Allgemeinheit, sondern als diese bestimmte Einzelheit Person.

Die ontologischen Gegensätze Sein und Nichtsein, Geist und Materie, Allgemeinheit und Einzelheit, Selbstbestimmung und Empfänglichkeit sind überholt von der sie vereinigenden Person, die die Freiheit besitzt, beides zu sein, Hingabe ihrer selbst.

Diese Wahrheit ist die Praxis des Glaubens, sie widerspricht nicht der Einsicht der Vernunft. Die Praxis suspendiert nicht die Vernunft, sondern geht über sie hinaus. Die Dimension der persönlichen Existenz, die Dimension der christlichen Glaubenspraxis ist nicht eine bloße Verwirklichung der potentiellen Wesensordnung, verfügt vielmehr in Freiheit über die an sich perfekte Seinsordnung. Glaube ist nicht Verwirklichung der Vernunft, vielmehr Hingabe der Vernunft, Einsicht der empfangenden Liebe, credo ut intelligam.

Gott ist nicht Gegenstand der Erkenntnis, nicht Objekt der Vernunft, Gott offenbart sich denen, die auf ihn hören. Die Offenbarung des persönlichen Gottes ist eine praktische Tat. Gott offenbart sich als der, der er ist, als persönliche Liebe, die den andern in seiner Andersheit sucht.

Gottes Selbstoffenbarung an uns ist seine Menschwerdung im Jahre Null. Gottes Selbstoffenbarung nimmt die Gestalt der Selbsthingabe an. Er nimmt sich selbst zurück in seiner göttlichen Allmacht, auf daß er den Menschen als Menschen bei sich aufnimmt. Gott erklärt sich nicht selbst, das hat er im Alten Testament getan. Gott sucht den heimzuholen, der mit ihm sein will. Vom Menschen läßt Gott sich sagen, wie der Mensch sich verstehen will. In der Entäußerung der Menschennatur spricht Gott den Menschen an.

Wie ist das Faktum seiner Menschwerdung aufzufassen? Unter dem Vorsitz Leo I., in Anwesenheit des Kaiserpaares, verkündet die Bischofsversammlung von Chalcedon 451 folgende Lehrentscheidung:

> *»Folgend also den heiligen Vätern, lehren wir alle einstimmig, daß der Sohn, unser Herr Jesus Christus, ein und derselbe sei. Der eine und selbe ist vollkommen der Gottheit und vollkommen der Menschheit nach, wahrer Gott und wahrer Mensch, bestehend aus einer vernünftigen Seele und dem Leibe. Der eine und selbe ist wesensgleich dem Vater der Gottheit nach und wesensgleich auch uns, seiner Menschheit nach. Er ist uns in allem ähnlich geworden, die Sünde ausgenommen.«*

Das Bekenntnis läßt sich mit Jedin auf einen Nenner bringen. *»Wir lehren alle einstimmig ein und denselben Sohn, unsern Herrn Jesus Christus, vollständig der Gottheit und vollständig der Menschheit nach in zwei Naturen unvermischt, unverwandelt, ungetrennt und ungesondert, die beide in einer Person und Hypostase zusammenkommen«*[7].

Die dogmatische Lehrentscheidung ist in der Auseinandersetzung mit der Häresie entstanden. Eindeutig wird das *»unvermischt und unverwandelt«* gegen die Monophysiten ausgesprochen, das *»ungetrennt und ungesondert«* richtet sich gegen die Nestorianer.

3. Der Satz vom Widerspruch und der Geist der Häresie

Die notwendig werdenden zusätzlichen Lehrentscheidungen von Konstantinopel II und III, hinsichtlich des Naturbegriffes werden ebenfalls vorzüglich in Auseinandersetzung mit den Monotheleten abgefaßt.

---

[7] Neuner-Roos: 198.

Was vertritt der Geist der Häresie, daß im Abstoß von ihr das Dogma entwickelt wird?

Wie ist die Botschaft der Inkarnation Christi zu verstehen? Mit Hilfe der Vernunft, die alles auf die letzten Gründe und Ursachen der Identität des Seins mit sich selbst zurückführt, erklärt die Vernunft die Realität. Oder läßt sich die Vernunft von der Realität in Anspruch nehmen?

Das historische Faktum der Inkarnation kann zurückgebogen werden auf den sich selbst besitzenden, sich selbst zum Richtmaß erhebenden Geist. Die Häresien des Monophysitismus und des Monotheletismus, wie die rationale Trennung des Nestorius, scheinen die Gründe der griechischen Philosophie vorzubringen.

Nestorius erklärt das Inkarnationsgeschehen als die moralische Verbindung zweier selbständiger Substanzen, bzw. Subjekte. Die göttliche Substanz, der Sohn Gottes, geht hier ein ausgezeichnetes Verhältnis zum Sohne der Jungfrau ein. Die Perfektion des in sich abgeschlossenen Seins jeder Substanz läßt keine wesenhafte Einheit (henosis) mit einer anderen Substanz zu, sondern ermöglicht höchstens eine Verhältniseinheit. Infolgedessen müssen die göttlichen und menschlichen Prädikate unterschieden bleiben. Gott kann nicht leiden, sterben, geboren werden, in der Zeit sein. Der Mensch kann nicht Ewigkeit erlangen. Der Satz vom Widerspruch schreibt vor, was sein kann – und was nicht sein kann. Die Vollständigkeit und Abgerundetheit der Substanz wird nicht befreit von einem Träger, der über sie verfügt gegen die Gesetzlichkeit ihrer Natur.

Der Monophysit Eutyches, Abt eines Klosters in Konstantinopel, interpretiert die Einheit der beiden Naturen, die Menschwerdung Gottes, im Gegensatz zu den Nestorianern, nicht bloß als moralische, vielmehr mit dem Muster der Einigung materialer Substanzen als Mischung. Mischung hat vorzüglich den Charakter, daß ein an Quantität und Qualität geringeres Element mit einem größeren eine solche Verbindung eingeht, daß es in seine Wesensform verwandelt wird. In

Christus wird nach Eutyches die Menschheit in der Gottheit aufgehoben wie Öl vom Feuer verzehrt wird. Diese durch Mischung hergestellte Natureinheit von göttlicher und menschlicher Wesenheit vernichtet jede Eigenart der Wesenheiten und macht eine freie selbständige Einigung unmöglich.

Der monophysitische Irrtum läuft bereits auf den monotheletischen hinaus. Eine Natur, die durch Mischung ihre Eigenart und Selbständigkeit verloren hat, kann nie einen von dieser Natur verschiedenen Träger (personalen) besessen haben, folgt vielmehr naturalistisch einer Gesetzlichkeit. Wie die kleinere Natur von der größeren in der Mischung aufgesogen wird, ist auch die entsprechende Wirkweise der Natur von der umfassenderen aufgehoben.

Aufgrund der Mischung der Naturen in Christus ist die Einheit der Person Christi durch einen Willen, der alles umfassenden und bestimmenden göttlichen Natur bewegt.

Einheit zweier selbständiger Naturen bzw. Wirkweisen dieser Naturen ist für die Monotheleten undenkbar. Einheit bedeutet Mischung, Trennung, Eigenständigkeit des Willens.

Wie sollen zwei vollständige Substanzen eines sein, die eine schließt die andere aus, es sei denn sie hätten die Freiheit, sich von sich selbst zu distanzieren und so der anderen entgegenzukommen.

Gegen den Satz des Widerspruchs formuliert das Dogma von Chalcedon die freie und physische Einheit von Gott und Mensch. Göttliche und menschliche Natur bilden eine substantiale Einheit, sind realiter eines und sollen doch in Freiheit aufeinander bezogen werden. Wie ist die hypostatische Union, die Einheit der beiden Naturen, die in eine Person in einer Hypostase zusammenkommen, zu verstehen?

Ist Liebe, freie personale Beziehung als leibliche Einheit beschreibbar? Oder widerspricht die Begrenztheit der Gestalt der Absolutheit des Geistes?

Maximus, der Confessor, verteidigt das Konzil von Chalcedon gegenüber den Angriffen des Montheletismus. Hat Phyrus, einer der Hauptvertreter der Monotheleten, recht, dann ist eine freie Beziehung von Gottsein und Menschsein undenkbar. Die menschliche Natur kommt in ihr Ziel, sofern sie von der göttlichen, höheren umfaßt, von ihr bewegt und erlöst wird. Der menschliche Wille ist differenzlos identifiziert mit dem göttlichen.

Wie aber soll die menschliche Natur, zusammengesetzt aus zwei Substanzen, der menschlichen Leiblichkeit geformt von der Geistseele des Menschen ihre Eigenständigkeit, die Freiheit der ihr gemäßen Äußerung des Willens behalten, obwohl sie mit der göttlichen Natur in einer Person vereint ist? Was bedeutet hypostatische Union?

4. Die Kenosis Gottes als Ermöglichung der hypostatischen Einigung von göttlicher und menschlicher Natur in Christus

> *»Die Kenosis Gottes ist jene überunendliche Macht, die zugleich Freiheit und Liebe ist und die es Gott ermöglicht, durch eine unendliche Sehnsucht nach dem Menschen selbst in aller Wahrheit und physisch der Gegenstand seines Begehrens zu werden«*[8]. – *»Und dies ohne Einbuße seiner bleibenden Freiheit, denn diese für uns vollzogene Entleerung ist selbst nur die Anzeige und Offenbarung einer unendlichkeitsmächtigen Majestät«*[9].

> *»Gerade dieser Ort der Entleerung Gottes ist ebensowohl der seiner göttlichen Göttlichkeit, jener höchsten Freiheit der Liebe, die gleichsam jenseits der beiden Naturen steht, aus beiden einen Ausdruck, eine Anzeige für sich zu machen vermag und wirklich die coincidentia oppositorum verwirklichen kann. Diesem höchsten Punkt darf somit*

---

[8] v. Balthasar, Hans U.: op. cit. 256–257.
[9] ebd.

> *alles zugeschrieben werden, Leidensfähigkeit und Leidlosigkeit, Ungeschaffenes und Geschaffenheit, Begrenzung und Unbegrenztheit, Irdisches und Himmlisches, Sichtbares und Geistiges, Begreifliches und Unbegreifliches. Hier staunen wir, wie Endlichkeit und Unendlichkeit, Dinge, die sich ausschließen und nicht mischen, sich in ihm verbinden, sich gegenseitig offenbaren. Der Grenzenlose ist mit der Grenze auf unsägliche Weise mitbegrenzt, während das Begrenzte überwesentlich zum Maß der Grenzenlosigkeit entfaltet wird*«[10].

Die Kenosis Gottes, seine für uns vollzogene Entleerung, bedeutet den höchsten Punkt göttlicher Freiheit und Liebe. Jenseits seiner eigenen Natur, in der Hingabe seiner göttlichen Natur, in der Zurückstellung seiner selbst, vermag er, physisch und in Wahrheit der Gegenstand seines eigenen Begehrens, Mensch zu werden, wird das Begrenzte überwesentlich zum Maß der Grenzenlosigkeit. Gott wird Mensch.

Die Unterscheidung von Natur und Person in Gott ermöglicht Gott, zu werden, was er noch nicht war, das Geheimnis der Liebe einzugehen in der Verschenkung seiner eigenen Natur, die Natur des anderen aufzunehmen. Verschenkung der Natur, Kenosis offenbart höchste Göttlichkeit. Gott macht sich zum subpositum der menschlichen Natur.

Die zweite Person der Gottheit, der Sohn, nimmt seine vom Vater geschenkte Wesenheit so zurück, daß nicht länger sie allein die Subsistenz der Person konstituiert, vielmehr jetzt die menschliche Wesenheit, gleichermaßen die Person, bestimmt. Wie ist die göttliche Person, der Sohn, zu verstehen, daß er nicht nur sich selbst erfaßt in der und durch die ihm vom Vater geschenkte Natur, mit der er unmittelbar in vollendeter Weise er selber ist, vielmehr in der Zurücknahme seiner Vollendung sich bestimmen läßt von der Menschennatur, die er bei sich aufnimmt?

Die Aufnahme der menschlichen Natur durch die zweite Person der Gottheit wird als hypostatische Union erklärt. Die

[10] ebd.

menschliche Wesenheit wird mit der göttlichen Person geeint. Sie ist nicht unmittelbar ursprünglich realiter eins mit der zweiten Person der Gottheit, vielmehr erst aufgrund der Freiheit der Liebe, die nicht bei sich sein will, vielmehr den anderen in seiner Andersheit sucht. Die Liebe eignet sich nichts äußerlich an, findet keinen Gefallen am bloßen Besitz. Gott besitzt außerdem aus sich, was ist. Die Liebe nimmt den anderen zuinnerst auf, macht das eigene Selbstsein, die Person, zum Träger, zum subpositum des anderen.

> *»Hypostatische Union wird jene Einigung genannt, wodurch eine Substanz mit einer Hypostase oder Person als solcher, d. h. mit ihrem Träger und Inhaber vereinigt wird und infolgedessen ebenso wahrhaft, wenn schon in anderer Weise, in derselben ist, derselben angehört und mit ihr ein Wesen ausmacht wie deren ursprünglich eigene Wesenheit.«*

Diese Einigung von Gott und Mensch ist ferner eine

> *»persönliche, weil die angenommene Natur wegen ihrer Ähnlichkeit mit der ursprünglichen göttlichen Natur . . . derart ist, daß sie nicht als bloßer Besitz adjektivistisch, vielmehr substantiell mit der Person geeint wird«*[11].

Wie kann die göttliche Person zuinnerst der menschlichen Natur angehören, in ihr sein, durch ihr Sein leiblich mit ihr verbunden sein, ohne göttliche Wesensart zu verlieren, bzw. ohne die Freiheit und ihre Eigenständigkeit zu verletzen?

Das Geheimnis der Inkarnation offenbart das Geheimnis des dreifaltigen Gottes. Wie der dreifaltige Gott in dreifacher Weise sein Wesen verschenkend existiert, so lebt auch das Mysterium der Inkarnation davon, daß die eine Person sich verschenkend in verschiedenen Substanzen subsistiert. Wesensart der Liebe ist es, sich zu verschenken. Gott, dessen Wesen Liebe ist, besitzt die Freiheit, sich seiner Natur so zu entäußern, daß sie zum suppositum, zum zugrunde liegenden

---

[11] Scheeben, M. J.: Erlösungslehre I, Freiburg 1954, 153–154.

Material wird, zur Hinnahmefähigkeit des anderen in seiner Andersheit.

5. Die Selbsthingabe der menschlichen Natur als Ermöglichung der Menschwerdung Gottes

Leibliche Einheit von Gott und Mensch ist der Ausdruck höchster Freiheit. Leiblichkeit, Materialität im ursprünglichen Sinn der Hingabefähigkeit bzw. Aufnahmefähigkeit von Andersheit ist die Voraussetzung für persönliche Einheit.

Die zweite Person der Gottheit wird Mensch in der Übernahme einer menschlichen Natur. Die menschliche Natur ist zusammengesetzt aus zwei Substanzen, Seele und Leib. Die göttliche Person nimmt nicht nur den menschlichen Geist persönlich bei sich auf, vielmehr zugleich den von dieser Seele durchformten Leib, Gottes Hinnahmefähigkeit, die Zurücknahme seines bloßen Selbstbesitzes, ermöglicht die Aufnahme der persönlichen Natur des anderen, aber auch umgekehrt ist menschliche Leiblichkeit als der Ausdruck der Selbsteinräumung für den anderen die Voraussetzung für die Aufnahme der göttlichen Natur.

Diese Freiheit der menschlichen Natur, den persönlichen Gott aufzunehmen, wird der Menschheit geschenkt in der Jungfrauenschaft der Gottesmutter. Überschattet vom Heiligen Geist empfängt die Immaculata den Gottessohn. Menschliche Leiblichkeit, die nicht durch die Erbschuld zur Befriedigung des Selbstbesitzes dient, ist ursprünglich befähigt, den Heiligen Geist und durch ihn den dreifaltigen Gott bei sich aufzunehmen. Absolutsetzung der menschlichen Natur durch Adam und Eva vollzieht sich als Pervertierung der Leiblichkeit in Selbstpräsentation. Verlust der Trägerschaft des Heiligen Geistes ist deshalb die notwendige Folge der Erbschuld. Maria wird die Frucht der Erlösung als erster zuteil, die Befreiung der menschlichen Natur aus der Fessel der Selbstbezogenheit des Egoismus.

Gott kann, wenn er den Menschen persönlich bei sich aufnehmen will, bzw. Mensch werden will, sich diese Aufnahme nur in Freiheit schenken lassen von einem Menschen, der über seine Natur verfügt, ohne daß sie der Eigengesetzlichkeit der Natur wieder anheimgefallen ist. Maria wird Gottesgebärerin, sofern sie in voller Freiheit über ihre Natur und darin über sich selbst verfügt und sich so dem Gottessohn überantwortet, so daß er durch sie sich selbst empfangen kann.

Hypostatische Union ist nicht nur ein Zusammenkommen zweier verschiedener Naturen in einer Person, im Gegenteil, hypostatische Einigung ist das Resultat der Einigung zweier freier Personen und stellt deshalb die Einigung nicht bloß der Naturen, sondern vor allem die Einigung der Existenzweisen dieser Naturen dar. Der Liebende übernimmt vom anderen die Weise, wie dieser sich selbst besitzt, seine Existenzweise, läßt sich von dieser selbst bestimmen. Der Liebende schenkt dem anderen seine Natur, die Ausdruck seiner Selbsthingabe ist.

Maximus, der Confessor, verteidigt gegen Phyrus, den Vertreter der Monotheleten, die hypostatische Union: Hat Christus zwei Naturen, dann hat er auch zweierlei Wirken. Phyrus: Christus ist ein einziger Wirker, deshalb kann er auch nur eine Wirkweise haben[12]. Bilden die beiden Naturen nur eine physische Einheit, sind sie zu einem unterschiedslosen Substrat der göttlichen Person verschmolzen, dann hat Phyrus recht. Heißt hypostatische Union der Naturen aber, daß der Sohn in der Zurücknahme seiner göttlichen Natur die menschliche bei sich aufnimmt, dann bezieht die göttliche Person die beiden Naturen und ihre Wirkweisen in der Wahrung ihrer Eigenart auf sich, nimmt die eine zurück, damit die andere sein kann, macht die eine zum raumgebenden Akt für die andere.

6. Die Kenosis Gottes in der Kreuzigung Christi

Die Kenosis Gottes erfährt ihren letzten Höhepunkt in der Kreuzigung Christi.

---

[12] Vgl. v. Balthasar, Hans U.: op. cit. 270.

Die menschliche Natur, hingegeben vom sterbenden Gott, wird durch seinen Tod neu geboren. In der Wiedergeburt des Menschen aus der Seitenwunde Christi wird das Urbild der ersten Geburt des Menschen sichtbar. Wenn dem Menschen durch die Hingabe des Leibes Christi am Kreuze eine neue Leiblichkeit, unsterbliches Leben geschenkt wird, dann entspricht dieser Weise der Erlösung auch die Schöpfung. Wiedergeboren durch die Inkarnation der zweiten Person, ist auch die Erstgeburt nicht anders zu denken, als geworden durch den Sohn.

Wieder ist es Maximus Confessor, der entsprechend seiner Einsicht in das Liebesgeheimnis der Inkarnation auch die Schöpfung wesentlich christologisch versteht. *Um Christi willen* nämlich oder für das Mysterium Christi haben alle Äonen und alle äonischen Wesen in Christus ihren Anfang und ihr Ende genommen. Denn jene Synthese war vor allen Äonen schon ersonnen: Der Grenze mit dem Grenzenlosen, des Maßes mit dem Ungemessenen, der Schranke mit dem Schrankenlosen, des Schöpfers mit dem Geschöpf, der Ruhe mit der Bewegung, jene Synthesis, die in den letzten Zeiten in Christus sichtbar wurde[13], den Plan Gottes erfüllend. In Christus wird der Schöpfungsplan sichtbar, in seiner Inkarnation erfüllt sich der Plan Gottes.

7. Konsequenzen der Christologie für die Begriffsbestimmung der menschlichen Person

Die logische Unterscheidung von Essenz und Existenz dient nicht nur zur Erfassung des im Glauben geoffenbarten göttlich personalen Geschehens, dem innertrinitarischen Gespräch wie der christologischen Entäußerung, vielmehr damit auch zur Klärung der menschlichen Person, an die die persönliche Gabe Gottes gerichtet ist. Mit der gleichrangigen Gegenüberstellung von Wesen und Existenz versucht Duns Scotus auch dem Wesen der menschlichen Person gerecht zu werden.

Duns Scotus, Franziskanermönch des 13. Jahrhunderts, fast

---

[13] ebd.

Zeitgenosse des hl. Thomas von Aquin, macht sich von der aristotelischen Tradition insofern frei, als er im Gegensatz zu Thomas, von dem personalen Liebesgeheimnis der Offenbarung her, die überkommenen aristotelischen Begriffe neu bestimmt.

Die Definition der Person von Boetius: »*Persona est naturae rationalis individua substantia*« ist nicht zureichend für Duns Scotus. Er stimmt Richard von St. Victor zu und erläutert den von ihm korrigierten Personenbegriff: »*Persona est intellectualis naturae incommunicabilis existentia*.« »*Rationalis*« bezieht sich nur auf den Menschen, »*intellectualis*« kommt dagegen auch Gott und den Engeln zu. An die Stelle von »*individua*« wird »*incommunicabilis*« gesetzt. »*Incommunicabilitas*« ist per se »*ratio constitutiva personae*«. Substanz wird ersetzt durch »*subsistentia*«, bzw. »*existentia*«. Die Person ist keine individuelle Substanz, keine in sich abgeschlossene Einheit, die ihre Einzelheit durch materiale Einschränkung ihrer allgemeinen Geist-Natur erfährt. Individualität heißt nicht länger aristotelisch-thomistische Vervielfältigung derselben typisch menschlichen Geistseele durch graduelles mehr oder minder Verhaftetsein mit Materie. Im Gegenteil, Person-Sein bedeutet eine einmalige unvertauschbare Existenz. Nicht die auf Grund ihrer Formlosigkeit beliebig teilbare Materie ist das Prinzipium Individuationis. Vielmehr besitzt die Person ihr Wesen in einzigartiger Proprietät. Sie ist nicht das Resultat der Vereinzelung der Allgemeinheit, sondern umgekehrt, der einzigartige Träger der Geistnatur.

Analog den göttlichen Personen besitzen die Geschöpfe das Sein ihrer Geistnatur »*als diese*«. Zur Wesenheit der Geistnatur tritt eine sie zu »*dieser*« unverwechselbaren Singularität bestimmenden Entität hinzu, die obwohl vom Wesen real unterschieden, mit ihm in einfacher Identität dasselbe ist. Zwei unableitbare Prinzipien konstituieren die geschaffenen Dinge: Sein und die Weise, wie dieses Sein subsistiert. Individualität hat nichts mehr mit der möglichen Teilung einer »*materia signata*« zu tun. Prinzip der Individualität ist nicht die Materie, sondern die Geistform. Zur Form der Essenz tritt die Form der Singularitas hinzu. Zwei Akte konstituieren ein einfaches Ding – ein absoluter Widerspruch für die Logik. Aber wie soll das Paradox der personalen Einzigartigkeit anders verstanden werden?

Warum gibt es nicht nur eine Geistseele, die als solche das höchste Abbild des unveränderlichen Gottes ist, fragt Aristoteles. Warum gibt es nicht nur einen Menschen, der als solcher das Selbstbewußtsein der Evolution darstellt? – fragt Teilhard de Chardin. Die Vielheit derselben wird nur sinnvoll, wenn sie nicht als eine Anzahl von Exemplaren desselben betrachtet werden muß, sondern als Weisen, wie das Eine sein Sein in freiem Selbstbesitz je ganz anders mitteilt. Wenn Gott auf Grund seiner verschiedenartigen Mitteilung seines dreifaltigen Besitzes von Sein als Grund der Einheit wie der Verschiedenheit der Menschen gesehen werden kann, muß nicht länger die Teilbarkeit der Materie als Individuationsprinzip in Anspruch genommen werden, so daß die Personalität zur Vervielfältigung desselben degradiert wird. Vielmehr kann jetzt durch die trinitätstheologische bzw. christologische Differenz in Gott auch das Prinzip der Nichtidentität bzw. der Verschiedenheit zur Bestimmung der menschlichen Person aus dem Formprinzip des göttlichen Geistes abgeleitet und menschliche Individualität entsprechend erstmalig in der Geschichte positiv als Einzigartigkeit interpretiert werden. Das empfangende Inbesitznehmen entspricht als geschöpflicher Modus dem trinitarischen Verschenken der Natur. Die Wesensform der typisch menschlichen Geistseele als Abbild der göttlichen unterschiedslosen Wesenheit, wird überformt durch die hinzukommende spezifische Form der »*haecceitas*«, die bestimmt, wie die allgemeine Geistnatur des Menschen spezifisch als »*diese*« vom einzelnen dadurch individuierenden Träger besessen wird. Der Modus der »*haecceitas*«, die spezifische Trägerschaft der allgemeinen Wesensnatur, entspricht auf der menschlichen Ebene der unterschiedlichen göttlichen Subsistenzweise hinsichtlich derselben Wesenheit.

Auch die Zuordnung von Wesen und Subsistenz bzw. die allgemeine Wesensform im Verhältnis zur spezifischen Form der »*haecceitas*« wird analog zu Gott als das Zusammengehen zweier Akte verstanden. Die Wesensform der menschlichen Geistnatur besitzt sich so, daß sie, sich zurücknehmend, empfänglich machen kann für die Entgegennahme der hinzutretenden Form der *haecceitas*. »*Receptio*« ist der neue Begriff, unterschieden von Actio und Passio.

Die Wesensform ist, sofern sie die *haecceitas* empfängt, an eine geistige Potenz geknüpft, die wird, sofern sie sich den aufgenommenen Akt selbst zu eigen macht. Sie ist *potentia virtualis*.

Der durch die *haecceitas* konstituierten unverwechselbaren Geistnatur des Menschen als dem Ausdruck der unableitbar verschiedenartigen Aussprache desselben göttlichen Seins entspricht die persönliche Existenzform des Menschen. Der menschliche Wille wird nicht länger als bloße Naturtendenz verstanden, der zur vernünftigen Verwirklichung der essentiellen Geistnatur drängt. Der vernünftige Wille tritt jetzt als eigene Substanzform der Vernunft gegenüber frei als zweite Dimension von Sein auf, als jener eigentliche Träger der Natur, der darüber entscheidet, wie »*diese Natur existieren soll*«.

Ist der persönliche Selbstbesitz Selbstzweck? Existiere ich um willen meiner selbst? Oder besitze ich eine Natur, mein unterschiedlich empfangenes Sein als einzigartige Mitteilungsform für den andern? Der persönliche Besitz der Natur, der Modus »*habendi naturam*« ermöglicht die persönliche Aneignung bzw. Mitteilung dieser Natur.

Auch der Mensch wird in seinem Personsein als Abbild des trinitarisch existierenden Gottes betrachtet – als Hinspannung, »*extensio*«, des Willens auf den anderen. Der persönliche Besitz der allgemeinen Wesensnatur des Menschen schränkt diese nicht in materialistischer Absonderung ein, isoliert sie nicht zu dieser in sich fixierten Seinsweise. Im Gegenteil: Durch die »*Selbstentgegennahme*«, durch die willentliche Selbstbestimmung der spezifischen Form, wird der Austausch der Naturen als Abbild des christologischen Inkarnationsgeschehens möglich und sinnvoll. Einigung der verschiedenartigen Existenzen bedeutet nicht länger im Sinne der griechischen Polis hierarchische Unterordnung des mehr oder minder eingeschränkten Leibwesens, sei es Ritter, Bauer, Sklaven, unter die Herrschaft der Höchstform, also der am wenigsten durch materielle Bedingungen belasteten königlichen Geistseele, des Philosophen bzw. Priesters.

Die Inkarnation der zweiten Person der Gottheit in der menschlichen Natur macht unmittelbar einsichtig, wozu der Mensch der persönliche Träger einer allgemeinen Menschennatur ist. Er ist nicht spezifisch zugerichtete Funktion zum Zwecke einer gesellschaftlichen Arbeitsleistung. Der einzelne ist nicht Teil einer herzustellenden Werkgemeinschaft. Nein, der einzelne »*existiert*« für sich schon als »*göttliche Vollkommenheit*«. Er besitzt eine Leib-Seele-Natur, die er entsprechend seinem persönlichen Selbstverständnis einem anderen einzelnen mitteilen kann. Der Mensch kann analog zu Christus seine Natur so zurücknehmen, daß sie bei sich »*unvermischt und ungetrennt*« die Natur des anderen aufnimmt. Einigung bedeutet dann Rezeption, Selbstentgegennahme des anderen in seiner Andersheit. An die Stelle hierarchischer, funktionaler Über- bzw. Unterordnung tritt das Beim-anderen-Sein der Liebe. Liebe heißt nicht nur gegenseitige Hochschätzung. Nestorius ist durch Chalcedon widerlegt. Liebe bedeutet leiblich-seelische Einigung mit anderen. Vereinigung der Existenzweisen ohne alle Differenzen verwischende Mischung ist gegen Pyrrus möglich, insofern leibliche Einigung der willentliche Ausdruck der personalen Selbsthingabe sein kann. Der je persönliche Geist kann seine Leib-Seele-Natur so bestimmen, daß sie sich als Basis der leiblichen Erstreckung auf den anderen hin versteht. Der Leib als Hingabeform der persönlichen Existenzweise des Geistes ist nicht länger Prinzip einschränkender bzw. übermächtigender Vereinzelung, sondern mit Scotus Indizium der Hinspannung der personalen Entscheidung.

Fassen wir zusammen: Das hohe Mittelalter, repräsentiert durch den Doctor Subtilis Duns Scotus, präsentiert uns ein Menschenbild, ausgerichtet an dem Grundgeheimnis der Offenbarung, das dialektisch kühn die Begriffe der alten Metaphysik so synthetisiert, daß sie dem Paradox der Wirklichkeit der Person entsprechen. Die Wirklichkeit wird nicht länger gemessen am Richtmaß des aristotelischen Satzes der Identität. Umgekehrt: In der Hinnahme der Botschaft des Glaubens wird die Entgegennahme der Wirklichkeit ermöglicht; Begriffe, die sich, metaphysisch gesehen, ausschließen, werden im Hinblick auf das sie synthetisierende Phänomen der Glaubensbotschaft nun auch zur Erklärung der unverkürzten Wirklichkeit dialektisch verknüpft. Die menschliche Person umfaßt den gleichen Widerspruch, mit dem das Trinitätsgeheimnis bzw. die Menschwerdung Gottes ansichtig gemacht werden sollte. Der Mensch besitzt den umfassenden Geist als Abbild göttlicher Allgemeinheit in einzigartiger unvertauschbarer Subsistenzform. Der Widerspruch von allgemeiner Geistseele und sie vereinzelnder Leiblichkeit ist zum äußersten verschärft. Neben die Allgemeinheit des Geistes tritt nicht eine sie entfremdende vereinzelnde Leiblichkeit. Vielmehr wird, wie in Gott selbst, die Differenz der Einzigartigkeit der Subsistenzform in die Geistform selbst verlegt. Einzelheit bekommt damit ewigen, nicht durch Aufhebung der materiellen Besonderung nur vorübergehenden Bestand. Einzelheit hört auf, verrechenbar zu sein im Hinblick auf Vielheit. Der einzelne ist an sich schon unabhängig vom ergänzenden Vielen, als höchste Allgemeinheit, göttliche Vollkommenheit, Modus einzigartiger Mitteilung göttlichen Seins!

Menschliche Leiblichkeit muß nicht länger als das dem Geist äußerliche, ihn vereinzelnd und isoliert betrachtet werden; umgekehrt wird der Leib paradoxerweise Darstellungsform des Geistes selbst. Nicht im Sinne von ergänzender Verwirklichung, wohl aber als Entäußerungsweise der Selbstbestimmung des Willens, der sich dem anderen so entgegenspannt, daß er sich in leiblicher Erstreckung ihm anverwandelt, ihn entgegennimmt. Materie hört auf, von außen kommende, vereinzelnde Einfassung des Geistes zu sein. Sie erscheint jetzt auf dem Hintergrund des Geheimnisses der Inkarnation des Logos als das, was sie an sich, unverstellt durch Sünde, sein kann: Vereinzelung des Allgemeinen in der Weise der Selbstzurücknahme, Vereinzelung der alles übermächtigenden Allgemeinheit göttlichen Geistes in die zusammengefaltete und damit für den anderen faßbar gemachte konkrete Gestalt. Einfassende Gestalt muß nicht Abgrenzung bedeuten. Sie kann ursprünglicher das Geheimnis der Selbstzurücknahme des umfassenden Geistes im Sinne der Selbsthingabe an den anderen in eingefalteter Weise bergen. Materie ist nicht länger prinzipium, sondern indicium individuationis. Einzelheit als Einzigartigkeit prägt sich in letzter Einzelheit aus. Selbst der Massenpunkt hat formellen Charakter, ist als dieser auf alle übrigen hingeordnet, die wie er das Ganze als einzelnes auf bestimmte Weise darstellen, jeweilig Stoff des Universums sind. Wenn materielle Wirklichkeit nicht mehr als vorübergehende prinzipiell der Sterblichkeit anheimfallende Einschränkung des Geistes betrachtet werden muß, vielmehr umgekehrt in ihr sich die einzigartige persönliche Selbsthingabe des Geistes verbirgt, dann kommt alles darauf an, das entgegennehmen zu können, was sich in materieller Erstreckung auf den Weg zum anderen macht.

Wie soll ich jenseits der allgemeinen Essenz die persönliche Existenz bis hin zu ihrer Verleiblichung als Hinspannung auf den anderen in ihrer unvertauschbaren Einmaligkeit fassen können?

Unser Erkennen, das auf Sinnbildern in unserem jetzigen Äon hingeordnet bleibt, ist nicht in der Lage, die Singularitas als Individuationsprinzip zu erfassen. Singularitas als solche, nicht nur allgemein diesen sich darstellenden Existenzakt zu erfassen, erfordert die Umgestaltung unseres Intellekts, setzt voraus, daß ich um Gott, den dreifaltigen, nicht nur im Glauben weiß, sondern ihn schaue. Singularitas als Weise, mit der der trinitärische Gott seinen Selbstbesitz auf bestimmte Weise verschenkt, kann in dieser Einzigartigkeit nur erfaßt werden in der unmittelbaren Gegenwart Gottes. Das verbleibende Denken kann keine Einzigartigkeit erkennen. Aber auch die Intentio prima der sinnlichen Wahrnehmung kann nur den Einzelexistenzakt ergreifen, aber ihn nicht als einen solchen bestimmen. Wenn aber das, was die Person ausmacht, ihre Einzigartigkeit, die vollkommene Daseinsform des Geschaffenen nicht wirklich aufgenommen werden kann, dann hat Duns Scotus sicher recht, wenn er diese Inadäquatheit gegenüber unserem eigenen Sein als Folge des sündhaften Äons versteht.

Die individuelle Existenzform als Ausdruck dessen, daß Gott sein Wesen in unableitbarer Weise verschieden ausspricht, bildet das unbekannte »*Ding an sich*«. Kein vom Verstand produzierter Allgemeinbegriff kann diese Einzigartigkeit einholen. Damit stehen wir vor dem Problem Kants: Wie sind synthetische Urteile a priori möglich, Urteile, die sich nicht nur auf die Essenz, sondern darüber hinaus auf die jeweilige Existenz beziehen?

V. Kapitel I
Inkarnation des Geistes und die kopernikanische Wende. Kant als Interpret der Newtonschen Physik

1. Inkarnation des Logos und die Überwindung des ptolemäischen Weltbildes

Erklärt die Geschichte der Inkarnation des göttlichen Geistes auch die Entstehungsgeschichte des Kosmos? Was bedeutet die Erlösungsbotschaft für das Schicksal unserer Erde?

Nach dem ptolemäischen Weltbild war der Mensch als der wesenhaft Sterbliche auf die Erde als die unterste Seinsebene im Weltenbau verbannt. Dem Sterblichen kam als Wohnort die scheibenförmige Erde zu. Im Unterschied zur Kugelgestalt der Gestirne, die für die Griechen Zeichen der vollkommenen, d. h. unsterblichen Materie ist, sollte die Sterblichkeit des irdischen Materials die scheibenförmige Gestalt der Erde erklären.

Wenn nun der Tod infolge der Offenbarungsbotschaft nicht länger als notwendige Gesetzmäßigkeit der Materie betrachtet werden muß, vielmehr als Folge jener Schuld, die das Material anverwandelnder Liebe als Mittel der Tötung mißbraucht, läßt sich dann, im Zeichen der Erlösung von dieser Schuld, nicht auch die Verbannung der Menschen auf den sterblichen Wohnort der Erde überwinden?

Die Unsterblichkeit beanspruchende Geschichte der liebenden Person ist auf einen unverlierbaren Wohnraum verwiesen. Eine neueröffnete Geschichte des Menschen mit Gott läßt die Unterscheidung himmlischer, d. h. unbegrenzter und irdischer, d. h. begrenzter Existenzweise nicht mehr zu. Besteht also durch die Inkarnation des göttlichen Geistes auf unserer Erde eine vernünftige Hoffnung auf Überwindung der Sterblichkeit unseres Wohnsitzes? Oder muß die Sterblichkeit des einzelnen in der Unsterblichkeit des Ganzen untergehen?

Die Dialoge des Bischofs Nikolaus von Cues (gest. 1463) ziehen die für die Entstehung der mathematischen Naturwissenschaft grundlegenden Konsequenzen aus der Offenbarungsbotschaft. Gott, der mit dem *»maximum«* das *»minimum«* vereint, wird von Cusanus als *»Coincidientia oppositorum«* gedacht.

Dieser Gott besitzt seine göttliche Wesenheit in der Hingabe an den Sohn. Seinen maximalen Besitz am Sein verschenkt Gott und macht ihn zum Unterpfand der Existenz des anderen. Als dreifaltig Einer lebt Gott in der Hinspannung zum Du.

»Unitas und aequalitas« Gottes, verbunden durch *»connexio«*, der alles verknüpfenden Liebe des Heiligen Geistes müssen nach dem Cusaner als Urbild der Schöpfung verstanden werden. Geist und Materie können nicht länger als zwei einfachhin entgegengesetzte Schöpfungsprinzipien: *»Nahe dem Sein das eine, nahe dem Nichts das andere«* (s. Augustinus Schöpfungsbericht) verstanden werden. Vielmehr muß der Einigungsakt von Geist und Materie im Sinne der göttlichen *»connexio«* verstanden werden.

Die unterschiedlich vielen Dinge dieser Welt lassen sich für den Cusaner als Explikation der trinitarischen Einheit vereinigen zur Einheit der Vielheit, dem Universum. Vielheit muß nicht Einschränkung und damit als Widerspruch zur Einheit betrachtet werden, sondern umgekehrt als Explikation der Einheit. Die vom Geometer zu beschreibende Linie entsteht durch Wiederholung des unteilbaren Punktes. Die Mathematik macht für den Cusaner die Vielheit als Vielheit der Einheit ansichtig. Allerdings können die Zahlenverhältnisse der Mathematik nur symbolhaft das Wesen irdischer Mannigfaltigkeit darstellen. Sie zeigen zwar, daß Vielheit Vielheit der Einheit ist, aber sie vermögen gerade nicht das einzigartige dieses einzelnen als einzelnen ansichtig zu machen. Mathematik bleibt deshalb für den Cusaner symbolhaftes Schema, das auf die weder der Vernunft noch den Sinnen zugängliche Einheit der Dreifaltigkeit Gottes selbst verweist.

Die mathematische Betrachtung des Vielen als Vielen erlaubt nun, auch unsere Erde gleichrangig als einen Planeten unter anderen Planeten zu betrachten. Wenn das unterschiedlich Viele Explikation bzw. Wiederholung derselben Grundeinheit ist, braucht auch die Erde nicht länger den untersten Platz im hierarchischen Stufenbau der Welt einzunehmen. Sofern jetzt das Weltall nicht mehr als hierarchisch gegliederter Prozeß der Vereinzelung oder Graduierung des Ganzen gedacht werden muß, sondern jedes einzelne unmittelbarer Ausdruck des Ganzen selbst ist, wird auch eine mit dem Phänomenen übereinstimmende Kosmologie möglich.

Die griechische Fragestellung, ob die Sonne sich um die Erde dreht (Ptolemäus), oder ob die Erde sich um die Sonne dreht (Aristarch von Samos), kann nun von Kopernikus in *»De revolutionibus orbium caelestium«* (1543) beantwortet werden.

Kepler begründet die kopernikanische Theorie: *»Gott schuf die Welt aus dem Nichts. Er schuf die Körperwelt quantitativ. Er wollte aber die Quantität schaffen und damit die Körperwelt, damit eine Vergleichung zwischen dem Kreisförmigen und dem Geraden stattfinden könnte ... Der Cusaner ist für Kepler deswegen so ein göttlich großer Philosoph, weil er dieses Verhalten von Kreisförmigem und Geradem als Symbol für das Verhältnis von Gott und Menschen dargestellt hat«*. Der Kreis bildete, nach der Vorstellung des Cusaner, als die vollendete, in sich abgeschlossene Form Gott ab, während die endlose, nicht bestimmte Gerade die Endlichkeit welthaften Seins symbolisiert. 1604 formulierte Kepler seine Planetengesetze: *»Die Bahnen der Planeten sind nicht kreisförmig, vielmehr beschreiben sie Ellipsen, deren einer Brennpunkt die Sonne ist«*. Die für die *»göttlichen Planeten«* angesetzte Berechnung seiner Kreisbahn stimmte mit den Beobachtungen des Tycho Brahe nicht überein. Acht Bogenminuten fehlten. *»Gott rechnet genau«*. Und der Mensch vermag mittels der Mathematik die Maße der Quantität genau einzusehen. Nur wenn die vermutete Kreisbahn ersetzt wird durch eine Ellipse, stimmen Messung und Rechnung überein. Das Kreisförmige und die Gerade als Verbindung der beiden Brennpunkte der Ellipse bestimmen die Himmelsmathematik und bezeugen Kepler, daß Gott die

Quantität welthafter Materie geschaffen hat, um die Einigung von welthaftem und göttlichem Sein zu ermöglichen.

Galilei (1564–1642) zieht die Konsequenz aus den Überlegungen Keplers. Wenn mit Hilfe irdischer Mathematik die Himmelsbahnen der »*göttlichen Planeten*« zu berechnen sind, dann muß dieselbe Mathematik unterschiedlos zur Beschreibung irdischer wie himmlischer Bewegungsphänomene dienen können. Es gilt, ganz generell eine mathematische Mechanik zu entwerfen.

Für die Alten galt das materiale Geschehen, das nach aristotelischem Weltsystem unterhalb des Mondes eingestuft war, als völlig form- und regellos. Materie, die sich als sterblich erweist, kennt keine geordneten und bleibenden Verhältnisse. Sie ist vielmehr dem unkontrollierbaren Wechsel preisgegeben. Mathematik aber, die durch unveränderliche Gesetzmäßigkeit ausgezeichnet ist, kann nur auf ihrer Ordnung entsprechendes, systematisch geregeltes Sein angewandt werden.

Die Gewißheit, mit der die Mathematik bislang die Bahnen der »*göttlichen Planeten*« berechnet hat, muß jetzt auch für die Beschreibung irdischer Bewegungsphänomene erzielt werden. Mathematik kann ganz allgemein als Einsicht in die Notwendigkeit quantitativer Verhältnisse verstanden werden.

Wenn irdische materiale Prozesse – auch unterhalb des Mondes – prinzipiell mathematisch beschreibbar sind, dann gilt es nun, dementsprechend diese Natur im einzelnen zu erfassen. Nicht länger kann dieses materiale irdische Geschehen nur allgemein als das dem Geist gegenüber bloß Unwesentliche, weil Vergängliche, betrachtet werden. Vielmehr muß jetzt diese irdische Natur als Weise des Himmels selbst, die Erde als »*göttlicher Planet*« vermessen werden. Die einzelnen scheinbar ungeordneten Naturerscheinungen müssen sich als Ausdruck immerwährender allgemeingültiger gesetzhafter Verhältnisse rechtfertigen lassen. Um die mechanische Bewegung der Erde bestimmen zu können, nutzt natürlich einfache Beobachtung wenig. Sie könnte nie zu einer allgemeinen Übersicht, geschweige denn zur Einsicht in die Notwendigkeit der Verhältnisse führen. Um zu einer Gesetzmäßigkeit, d. h. Regelmäßigkeit der Erscheinungen zu gelangen, müssen die mechanischen Bewegungsphänomene an einer mathematischen Theorie gemessen werden.

Galilei spricht von einem Naturgesetz, wenn die mathematischen Voraussetzungen, aus denen die Form der einzelnen Bewegungen abgeleitet werden, mit der Erfahrung in der Natur übereinstimmen. Diesen Vorgang, daß ich auf Grund einer mathematischen Hypothese die Natur beobachte, nennt Galilei das Experiment. In den Gesprächen über die beiden »*hauptsächlichen Weltsysteme*« schreibt Galilei:

> »*Nichts ist vielleicht älter in der Natur als die Bewegung, und über sie sind zahlreiche stattliche Bände geschrieben worden. Man hat beobachtet, daß die natürliche Bewegung fallender schwerer Körper sich stetig beschleunigt, aber nach welchem Gesetz ihre Beschleunigung zustande kommt, ist bis jetzt nicht erforscht worden. Denn niemand hat meines Wissens bewiesen, daß die von einem aus dem Ruhestand fallenden Körper in der gleichen Zeit zurückgelegten Strecken sich verhalten wie die aufeinanderfolgenden ungeraden Zahlen, von eins angefangen. Man hat beobachtet, daß Geschosse oder geworfene Körper irgendeine krumme Linie beschreiben, aber daß dies eine Parabel ist, hat niemand ausgesprochen, daß dieses sich so verhält und vieles andere ebenso, werde ich beweisen und, was ich für wichtig halte, den Zugang zu einer sehr ausgedehnten und hervorragenden Wissenschaft erschließen, deren Anfangsgründe unsere vorliegende Arbeit bilden werden*«[1].

Galilei untersucht den Charakter der Bewegung auf Gleichförmigkeit bzw. natürliche oder gewaltsame Beschleunigung. Voraussetzung für die Herleitung der verschiedenen Weisen der Bewegung ist die Formulierung des Trägheitsgesetzes: Ein Körper, auf den keine Kräfte wirken, behält seinen Zustand der Ruhe oder der geradlinigen Bewegung mit gleichbleibender Geschwindigkeit bei.

---

[1] Heisenberg, Werner: Das Naturbild der heutigen Physik, Hamburg 1955, 75.

Wie kam Galilei zur Formulierung dieses Grundgesetzes? Wenn die Natur mathematischen Charakter hat, muß die Verschiedenartigkeit der Bewegung Ausdruck einer Gesetzhaftigkeit sein. Um die Verschiedenartigkeit der Bewegung messen zu können, muß eine gleichförmige Bewegung zugrunde gelegt werden. Empirisch ist das Trägheitsgesetz nicht ableitbar. Praktisch gibt es in der erfahrbaren Wirklichkeit keinen Körper, auf den nicht irgendwelche Kräfte von außen wirken. Mit Hilfe des aus dem mathematischen Charakter der Natur abgeleiteten Trägheitsgesetzes war es nun nicht nur möglich, die verschiedenen Bewegungsvorgänge zu messen, sondern auch die Kräfte, die von außen auf den Körper einwirken, also etwa Zug- oder Stoßkraft. Beschleunigung oder Verlangsamung, die in Folge einwirkender Kräfte auftritt, kann als Ablenkung von der »*natürlichen Bahn*« gemessen werden, so daß sich Kraft proportional zu Beschleunigung ergibt.

Die Formulierung des Trägheitsgesetzes setzt mit dem mathematischen Charakter auch den substantiellen Charakter der Natur voraus. Nach traditioneller aristotelischer Vorstellung konnte ein Körper sich nur bewegen, sofern er von einem anderen in Bewegung gesetzt wurde. Die irdischen Bewegungen wurden ermöglicht durch die Bewegung des Fixsternhimmels, die ihrerseits durch die Anziehungskraft der göttlichen Schönheit, Güte und Weisheit verursacht waren. Wenn sich jetzt entsprechend dem Trägheitsgesetz der Körper ohne Einwirkung von außen geradlinig weiterbewegen soll, so ist das nur möglich, wenn der Körper sich auf Grund eigener Kraft bzw. Masse fortbewegt. Die materielle Natur wird als zweite Substanz neben der des Geistes betrachtet. Die »*res extensa*« verfügt ähnlich wie die Substantialität des Geistes, wenn natürlich auch in unbewußter Weise, über sich selbst, ist selbst Grund ihrer Ausdehnung.

Als Verteidiger der kopernikanischen Wende gerät Galilei mit der offiziellen Kirche in Konflikt. Galilei unterschrieb im Prozeß von 1615 die Formel seines Freundes, des Kardinals Bellarmin: Das kopernikanische System könne nur als unbewiesene mathematische Hypothese zur einfacheren Beschreibung der Planetenbewegung verstanden werden.

In seinen »*Discorsi*« hatte Galilei darauf hingewiesen, daß die Hl. Schrift nicht unabhängig von der Realität, über die sie Aussagen macht, gelesen werden könne. Neben die Bibel müsse »*das Buch der Natur*« treten.

Neben den Geist als eigenständige und vollständige Substanz tritt die Substantialität der Natur. Die Einheit der beiden Substanzen ist offenbar geworden durch die Inkarnation des göttlichen Geistes. Mit Hilfe dieses biblischen Zeugnisses bzw. Maßstabes konnte die Vielheit materiellen Seins als Weise der Explikation der Einheit des Geistes interpretiert werden. Entsprechend konnte nun auch die Erde, mit der der göttliche Geist sich bekleidet, als göttlicher Planet betrachtet werden. Der Mensch muß nicht länger, im Widerspruch zu seiner Geistigkeit, ein Sklavendasein auf einer prinzipiell sterblichen und deshalb unteren Seinsebene im Stufenbau des Kosmos fristen. Endlich konnte der Mensch seinen adäquaten Wohnort unter den übrigen »*göttlichen Planeten*« einnehmen. Aus dem Buch der Natur konnte das Buch des Evangeliums wirklich verstanden werden: Das heißt, die Berufung des Menschen erkannt werden, mit jenem Gott leben zu dürfen, der sich herabgelassen hat, irdische Menschennatur anzunehmen.

Der Kühnheit ihrer eigenen Botschaft vermochte die durch die Reformation geschlagene Kirche solange nicht zu trauen, als sie nicht den schlüssigen Beweis aus dem Buch der Natur für die unvorstellbare Auszeichnung des Menschen in der Hand hatte.

Isaak Newton (1643–1727) vollendet die Konzeption der modernen Experimentalphysik. Den quantitativen Charakter der Naturerscheinungen haben Kepler und Galilei mathematisch zu beschreiben versucht. – Aber ist damit das Wesen der natürlichen Bewegung erfaßt? Kann ich die Eigenschaften der Körper bzw. ihren Bewegungscharakter allein aus den mathematischen Verhältnissen ableiten? Die Bewegungen der Körper bestimmte Newton mit Hilfe von drei Grundgesetzen, den Newtonschen Axiomen.

Als Voraussetzung für die Geltung des Galileischen Trägheitsgesetzes nimmt Newton den absoluten Raum und die absolute

Zeit an. Die geradlinig natürlich verlaufende Bewegung eines Körpers beschreibt für Newton nicht nur die relevante Bewegung zwischen zwei Körpern, sondern meint die absolute Bewegung, die ein Körper im absoluten Raum und in der absoluten Zeit ausführt. Der absolute Raum und die Zeit werden von Newton als das »*Sensorium Dei*« verstanden, als die Weise, wie Gott die materiellen Dinge schafft und erhält.

> »*Da aber jedes Teilchen des Raumes beständig existiert und jeder unteilbare Moment der Dauer überall fortwährt, so kann man nicht behaupten, daß derjenige, welcher der Herr und Verfertiger aller Dinge ist, nie und nirgends existiere . . .*
>
> *Er ist überall gegenwärtig, und zwar nicht nur virtuell, sondern auch substantiell; denn man kann nicht wirken, wenn man nicht ist. Alles wird in ihm bewegt und ist in ihm enthalten, aber ohne wechselseitige Einwirkung, denn Gott leidet nicht durch die Bewegung der Körper, und seine Allgegenwart läßt sie keinen Widerstand empfangen*«[2].

Diesen absoluten Raum und die absolute Zeit kann man zwar nicht mit den Sinnen wahrnehmen, sagt Newton, aber das betrifft nur ihre Größe, nicht ihre Struktur[3].

Die mathematischen Prinzipien, die die quantitativen Verhältnisse der Körper bestimmen, bekommen mit dem absoluten Raum und der absoluten Zeit als Sensorium Dei einen ontologischen Hintergrund. Sie werden gleichsam festgemacht an dieser raumzeitlichen Wirkweise Gottes – aber zugleich auch als bloße Struktur unterschieden von der an sich sinnenhaften Schöpfungstätigkeit.

> »*Die Benennung: Anziehung, Stoß oder Hinneigung gegen den Mittelpunkt nehme ich ohne Unterschied und unterein-*

---

[2] Wolfers, J. Ph. (Hrsg.): Sir Isaac Newtons Mathematische Prinzipien der Naturlehre, Berlin 1873, 509.
[3] vgl. Delekat, Friedrich: Immanuel Kant. Historisch-kritische Interpretation seiner Hauptschriften, Heidelberg 1963, 28. (Dieses Werk wird künftig mit Verfassername und Seitenzahl zitiert.)

> *ander vermischt an, indem ich diese Kräfte nicht in physischem, sondern nur im mathematischen Sinne betrachte – der Leser möge daher aus Bemerkungen dieser Art nicht schließen, daß ich die Art und Weise der Wirkung oder die physische Ursache erkläre, oder auch, daß ich den Mittelpunkten (welche geometrische Punkte sind) wirkliche und physische Kräfte beilege, indem ich sage: Die Mittelpunkte ziehen sich an oder es finden Mittelpunktskräfte statt«*[4].

Solange das Sensorium Dei nicht realiter erfaßt ist und infolgedessen die physische Ursache der Bewegung nicht erklärt werden kann, muß neben die mathematische Beschreibung der Phänomene eine Experimentalphysik treten, die Beobachtung mit mathematischer Deduktion verknüpft.

> *»Eine wahre und gesunde Naturlehre gründet sich auf die Erscheinung der Dinge, welche uns, selbst wider unseren Willen und widerstrebend, zu derartigen Prinzipien führen, daß man an ihnen deutlich die beste Überlegung und die höchste Herrschaft des weisesten und mächtigsten Wesens wahrnimmt«* . . . *»Ich selber komme mir wie ein am Meeresrand spielender Knabe vor, der im Spiel hier und da einen glatteren Kiesel oder eine schönere Muschel als gewöhnlich findet, während der große Ozean der Wahrheit ganz unentdeckt vor meinen Blicken liegt«.*

> *»Alle Schwierigkeit der Physik besteht darin, aus den Erscheinungen der Bewegung die Kräfte der Natur zu erforschen und hieraus durch diese Kräfte die übrigen Erscheinungen zu erklären«*[4a]. *Diese Schwierigkeit betrifft auch die Formulierung des zweiten Newtonschen Axioms, des Gravitationsgesetzes. Verallgemeinert folgert Newton etwa so: Wäre die Trägheit allein wirksam, dann müßten die Planeten in geradliniger Bewegung fortlaufen und also bald die Nähe der Sonne verlassen. Würde die Schwerkraft allein wirksam sein, d. h. bestände keine anfängliche eigene Bewegung der Planeten, dann würde der Planet in die Sonne fallen. Die tatsächliche Bewegung kommt also durch*

---

[4] Wolfers, J. Ph.: op. cit. 25.
[4a] Newton, Mathematische Prinzipien der Naturlehre, zitiert in: W. Heisenberg, Das Naturbild der heutigen Physik, Hamburg 1955, 80, 81.

das Zusammenwirken von Trägheit und Schwere zustande, Die Schwerkraft bindet den Planeten an die Sonne, die Trägheit bewahrt in davor, in die Sonne zu fallen. So war Newton durch die Einführung der Schwerkraft als Ergänzung zur Trägheit der Masse in der Lage, die Keplerschen Planetenbahnen nicht nur mathematisch, sondern auch mechanisch zu erklären. Aber ›es genügt nicht‹, betont Newton, ›daß die Schwere existiere, daß sie nach dem von uns dargelegten Gesetze wirke, und daß sie alle Bewegungen der Himmelskörper und der Meere zu erklären imstande sei‹. Ich habe noch nicht dahin gelangen können, aus den Erscheinungen den Grund dieser Eigenschaften der Schwere abzuleiten . . .«

»Ich müßte etwas über die geistige Substanz, welche alle festen Körper durchdringt und in ihnen enthalten ist, aussagen können. Durch die Kraft und Tätigkeit dieser geistigen Substanz ziehen sich die Teilchen der Körper wechselseitig in den kleinsten Entfernungen an und haften aneinander, wenn sie sich berühren. Durch sie wirken die elektrischen Körper in den großen Entfernungen, sowohl um die nächsten Körperchen anzuziehen, wie um sie abzustoßen. Mittels dieses geistigen Wesens strömt das Licht aus, wird zurückgeworfen, gebrochen und erwärmt den Körper . . . Aber man weiß nicht, nach welchem Gesetz die allgemeine geistige Kraft wirkt.« (Newton, 3. Buch vom mathematischen Prinzip zur Naturlehre).

Sowenig das innere Wesen der Naturphänomene, der Grund der Erscheinungen durch die mathematische Experimentalphysik, erfaßt werden kann, sowenig sind die Anfangsbedingungen der Bewegung erklärt. »Es hat Gott gefallen, die Anfangsbewegung der Planeten so einzurichten, daß sie höchst regelmäßige kreisähnliche Bahnen verfolgen«. Wie Gott durch das uns nicht anschaulich gegebene Sensorium Dei wirkt, entzieht sich der auf Naturerscheinungen angewiesenen Experimentalphysik. Daß Gott es ist, der durch die »*Prinzipia Mathematica*« die Natur der Quantitäten ordnet, ist für Newton aus der Beständigkeit dieser Gesetzmäßigkeit erkennbar. »*Als ich meine Abhandlung über mein System schrieb, da dachte ich an solche Prinzipien, welche die Menschen zum Glauben an Gott zu führen vermöchten. Nichts kann mir größere Freude machen, als mein Werk in dieser Weise hilfreich zu finden.«*

Ist die mathematische Physik wirklich auf die gegebenen Erscheinungen der Materie angewiesen? Oder lassen sich auch die Anfangsbedingungen der Bewegung rekonstruieren und wird Materie dadurch reproduzierbar?

2. Kants Versuch, »den mechanischen Ursprung des ganzen Weltgebäudes nach Newtonschen Grundsätzen abzuhandeln«

Kant führt das Werk seines Lehrers kritisch fort.

> *»Newton, welcher Ursache hatte, den Einsichten seiner Weltweisheit so viel als irgend ein Sterblicher zu vertrauen, sah sich nicht in der Lage, die Schwungkräfte der Planeten durch Gesetze der Natur und Kräfte der Materie zu erklären. Hier erkannte Newton die Grenzscheidung, welche die Natur zu dem Finger Gottes scheidet«*[5].

Aber gilt es nicht gerade

> *»das Systematische, welches die großen Glieder der Schöpfung in dem ganzen Umfang der Unendlichkeit verbindet, zu entdecken, die Bildung der Weltkörper selbst und den Ursprung ihrer Bewegungen aus dem ersten Zustand der Natur durch mechanische Gesetze herzuleiten?«*

> *»Gebt mir Materie, ich will die Welt daraus bauen! Das ist, gebt mir Materie, ich will euch zeigen, wie eine Welt daraus entstehen soll. Denn wenn Materie vorhanden ist, welche*

---

[5] Weischedel, Wilhelm (Hrsg.): Immanuel Kant. Werke in zehn Bänden, reprogr. Nachdruck Darmstadt 1975, I. (Kant wird, wenn nicht anders angegeben, nach dieser Ausgabe mit Angabe des Bandes und der Seitenzahl zitiert. Die »Kritik der reinen Vernunft« wird, wenn nicht anders angegeben, als »KdrV« mit Angabe der Seitenzahl der ersten Auflage A [Riga 1781] bzw. der zweiten Auflage B [Riga 1787] zitiert.)

> *mit einer wesentlichen Attraktionskraft begabt ist, so ist es nicht schwer, diejenige Ursachen zu bestimmen, die zur Einrichtung des Weltsystems, im Großen betrachtet, haben beitragen können«*[6].

Diesen Versuch, aus der gegebenen Materie die Entwicklungsgeschichte des Weltalls zu rekonstruieren, unternimmt Kant gerade als Verteidigung gegen den »*frechen Naturalismus*«, der behauptet, daß die Materie kraft eigener Potenz als Ursache der kosmischen Bewegungen anzusehen ist. »*Die wesentliche Fähigkeit der Naturen der Dinge, sich von selber zur Ordnung und Vollkommenheit zu erheben*«, ist dagegen für Kant »*der schönste Beweis des Daseins Gottes*«[7].

Gott verleiht der Natur mit dieser Fähigkeit der vernünftigen Selbstentfaltung die gottähnliche Kraft der Selbstbewegung. Als Abbild göttlicher Selbstbestimmung hat auch die Materie die Möglichkeit der Selbstentfaltung. Entsprechend nimmt Kant an,

> »*daß alle Materien, daraus die Kugeln, die zu unserer Sonnenwelt gehören, alle Planeten und Kometen bestehen, im Anfang aller Dinge in ihrem elementarischen Grundstoff aufgelöst, den ganzen Raum des Weltgebäudes erfüllt haben, darin jetzo diese gebildeten Körper herumlaufen . . . Allein auch in den wesentlichen Eigenschaften der Elemente, die das Chaos ausmachen, ist das Merkmal derjenigen Vollkommenheit, die sie von ihrem Ursprunge her haben, in dem ihr Wesen aus der ewigen Idee des göttlichen Verstandes eine Folge ist.*«

> »*Bei einem auf eine solche Weise erfüllten Raume dauert die allgemeine Ruhe nur einen Augenblick.*«

> »*Allein die Verschiedenheit in den Gattungen der Elemente trägt zu der Regung der Natur und zur Bildung des Chaos das Vornehmste bei.*«

---
[6] Vgl. Kant: Allgemeine Naturgeschichte und Theorie des Himmels – Vorrede.
[7] Vgl. Kant: Allgemeine Naturgeschichte und Theorie des Himmels, Inhaltsverzeichnis der Originalausgabe.

»Die Elemente haben wesentliche Kräfte, einander in Bewegung zu setzen und sind sich selber die Quelle des Lebens. – Die Materie ist sofort in Bestrebung sich zu bilden. Die zerstreuten Elemente dieser Art sammeln, vermittels der Anziehung, aus einer Sphäre rund um sich alle Materie von niederer spezifischer Schwere ... Alle Folgen dieser Wirkung würden zuletzt in der Zusammensetzung verschiedener Klumpen bestehen ... wenn die Natur nicht noch andere Kräfte in ihrem Vorrat hätte – die Abstoßungskraft, die in ihrem Streit mit der Anziehung diejenige Bewegung hervorbringen, die gleichsam ein dauerhaftes Leben mit der Natur ist.«

Als Mittelpunkt der Attraktion entsteht die Sonne.

»Die Planeten bilden sich aus den Teilchen, welche in der Höhe, da sie schweben, genaue Bewegungen zu Zirkelkreisen haben, also werden die aus ihnen zusammengesetzten Massen eben dieselben Bewegungen, in eben dem Grade und eben derselben Richtung fortsetzen. Dieses ist genau, um einzusehen, woher die Bewegung der Planeten ungefähr zirkelförmig und ihre Kreise auf einer Fläche seien«[8].

Kant führt die ellipsoide Bewegung der Materie auf Phänomene der Schwerkraft zurück. Er fragt nicht mehr unmittelbar wie Kepler nach Symbolwert dieser Bewegung. Aber auch für ihn bedeutet die Fähigkeit der Selbstbewegung der Materie eine Darstellung göttlicher Autonomie in der Natur.

Und doch trägt diese Natur, die sich kraft göttlicher Vollkommenheit selber gestaltet, den Stachel des absoluten Widerspruches in sich: Sie ist sterblich. Selbst Newton, der große Bewunderer der Eigenschaften Gottes in der Natur, sah sich genötigt, der Natur ihren Verfall durch den natürlichen Hang, den die Mechanik der Bewegung dazu hat, vorherzusagen. *»Der Mensch, der das Meisterstück der Schöpfung zu sein scheint, ist selbst von diesem Gesetz nicht ausgenommen.«* – *»Unzufrieden«*

---

[8] Vgl.: Allgemeine Naturgeschichte und Theorie des Himmels: Der Ursprung des planetischen Weltenbaues.

wendet sich der Mensch von dem »*Gegenstande der Vergänglichkeit*«, der die Seele nicht befriedigen kann, ab.

Wie kommt der Widerspruch in die Natur? Offenbart Gott sich wirklich in seiner Göttlichkeit, wenn er der Natur einerseits eigene Vollkommenheit mitteilt, andererseits sie mit dem Gesetze der Sterblichkeit um so empfindlicher die Ohnmacht unbedingter Abhängigkeit spüren läßt?

Was ist die Materie? Trägt sie den Widerspruch von Autonomie und Heteronomie notwendig in sich? Ist materiales Sein von Natur aus in der Weise endlich und begrenzt, daß es immer nur als vorübergehender Teil eine Funktion zum Aufbau des Ganzen leistet? Bezieht sich die Vollkommenheit der materialen Natur nur auf ihre systematische Gesamtordnung, zu deren Zweck das einzelne Teilchen eine im System schon vorhergesehene austauschbare Position einnimmt?

Kann sich der menschliche Geist, der selber auf »*das Systematische, welches die großen Glieder der Schöpfung im ganzen Umfang der Unendlichkeit verbindet*«, ausgerichtet ist, zufrieden geben mit einem Leib, der notwendigerweise stirbt und nur als begrenzter Phasenabschnitt der materialen Entwicklung insgesamt dient und damit dem unsterblichen Geist des Individuums widerspricht?

Mit »*Ekel*« wendet sich die Geistseele gegen diese Auffassung. Materie muß anders verstanden werden. Ist Materie wirklich das sterbliche, austauschbare Material einer allgemein von Gott gegebenen Gesetzmäßigkeit? Müßte sie nicht in all ihren einzelnen Elementen als der eigenständige Träger, der in ihr wirksamen Gesetzlichkeit, verstanden werden, um so der Universalität des sie besitzenden menschlichen Geistes entsprechen zu können?

Materiale Prozesse können offenbar nicht ohne Widerspruch einfach auf gegebene Materie und ihre Eigenschaften zurückgeführt werden. Das Gegebensein bzw. der Ursprung der Materie selbst muß deutlich werden, damit die Wesenseigenschaften der Materie geklärt werden können.

3. Der absolute Raum als erstes Prinzip der Zusammensetzung der Materie

> »*Allein die Grundmaterie selber, deren Eigenschaften und Kräfte allen Veränderungen zum Grunde liegen, ist eine unmittelbare Folge göttlichen Daseins.*« Die kleinsten Teile der elementarischen Materie, die zur Bildung des Sonnensystems führen, erfüllen »*den leeren Raum, diesen unendlichen Umfang der göttlichen Gegenwart*«. – »*Der unendliche Raum der göttlichen Gegenwart birgt den Vorrat zu allen möglichen Naturbildungen*«[9].

Materie, als unmittelbare Folge göttlichen Daseins, wird im Raum der göttlichen Gegenwart lokalisiert. Was heißt das? Für Newton war das Sensorium Dei die Weise, wie Gott jedem einzelnen raum-zeitlichen Element eine Stelle im Ganzen der absoluten Raum-Zeit einräumt. Materie muß, wenn sie ihre beliebige Austauschbarkeit, d. h. Sterblichkeit verlieren soll, systematisch verknüpft werden mit diesem Raum der göttlichen Gegenwart. Der Raum der göttlichen Gegenwart, in dem Materie angesiedelt wird, ist selber als der erste Grund solcher Zusammensetzung von Materie zu bestimmen. Ist nicht »*in der Meßkunst ein evidenter Beweis dafür zu finden, daß der absolute Raum unabhängig von dem Dasein aller Materie und selbst als der erste Grund der Möglichkeit ihrer Zusammensetzung eine eigene Realität habe?*«[10]

Gibt das berühmte Handschuhbeispiel – ich kann den rechten Handschuh nicht auf die linke Hand ziehen – obwohl die Stücke untereinander streng identisch sind – einen Hinweis dafür, daß der absolute Raum tatsächlich eine eigene Realität durch unterschiedliche Zuordnung der gleichen Teile bekundet?[11] Kant übernimmt in der Auseinandersetzung Newtons mit Leibniz bezüglich der Einschätzung der Realität des absoluten Raumes die Position Newtons. Er erklärt gegenüber Leibniz,

---

[9] Vgl.: Allgemeine Naturgeschichte und Theorie des Himmels: Die Schöpfung in ihrem unendlichen Umfange.
[10] Werke 2, 994.
[11] Werke 2, 999.

> *»daß nicht die Bestimmung des Raumes Folgen von den Lagen der Teile der Materie gegeneinander, sondern diese Folgen von jenen sind, und daß also in der Beschaffenheit der Körper Unterschiede angetroffen werden können, und zwar wahre Unterschiede, die sich lediglich auf den absoluten und ursprünglichen Raum beziehen, weil nur durch ihn das Verhältnis körperlicher Dinge möglich ist und das, weil der absolute Raum kein Gegenstand einer äußeren Empfindung, sondern ein Grundbegriff ist, der alle dieselbe zuerst möglich macht«*[12]

Kant räumt ein, daß es nicht an »*Schwierigkeiten fehlt, die diesen Begriff umgeben*«. Wie kann man den absoluten Raum, der kein Gegenstand äußerer Wahrnehmung ist, durch »*Vernunftideen*« fassen, ohne daß er, wie bei Leibniz, zu einem »ens rationis« herabsinkt?

Die »*wahren Unterschiede der Gegenstände*« wird man nicht verstehen können ohne die Rückbeziehung alles einzelnen auf diesen gemeinsamen Ursprung – den absoluten Raum, der jedem einzelnen seine einzigartige Stellung im Ganzen zuteilt. Der absolute Raum ist der Grundbegriff einer Physik, der es darum geht, das innere Wesen der Natur zu entdecken, d. h. sich nicht damit zu bescheiden, den mathematischen Charakter der Erscheinungen zu beschreiben.

Physik, die die einzigartige Existenz jenseits der allgemeinen aus der Mathematik her ableitbaren Wesensnatur der Dinge fassen will, braucht den absoluten Raum nicht nur als eine Vernunftidee, die wie die Newtonschen mathematischen Axiome auf das Sensorium Dei als ontologischen Hintergrund verweisen, sondern jenes Dasein Gottes, das der einzigartige Grund für die Entstehung jedes einzelnen Materieteilchens als solchen ist.

Der absolute Raum muß der Grundbegriff einer Metaphysik sein, die nicht nur die allgemeine Geist-Natur zum Thema macht, sondern zeigt, wie der persönliche Geist des einzelnen materiell existiert.

---

[12] Werke 2, 1000.

Aber wie ist der absolute Raum faßbar, wie ist Metaphysik als Metaphysik der Natur möglich? Metaphysik der Natur unterschieden von Metaphysik des Geistes hat die Aufgabe, materiell Seiendes nicht nur auf Grund einer mathematischen Hypothese experimentell zu messen, sondern das einzelne materielle Geschehen abzuleiten bzw. zurückzuführen auf seinen realen Entstehungsgrund, so daß seine einzigartige Stellung im Ganzen des Universums konkret und nicht nur seine mathematische Funktion einsichtig werden kann.

Was leistet die von Newton und Galilei ermöglichte mathematische Naturwissenschaft? Was erklären die *»Prinzipia Mathematica«* in der Experimentalphysik Newtons? Können sie tatsächlich die *»Materialien«* für eine Metaphysik der Natur liefern? Wird es durch die neu etablierte Physik möglich sein, die Metaphysik des Geistes zu erweitern im Schritt über die logische Definition der Essenz hinaus zur konkreten Erfassung der jeweiligen Existenzform dieser Essenz? Bildet die Newtonsche Physik den Ansatz dafür, Seiendes künftig nicht nur auf die Wesensnatur des göttlichen Geistes als Ersturscache zurückzuführen, sondern darüber hinaus auf die Existenz Gottes für uns als Raum der göttlichen Gegenwart? Ist der absolute Raum, das Sensorium Dei Newtons, tatsächlich, mindestens vermittels der Verankerung mathematischer Prinzipien in ihm, faßbar? Worauf beziehen sich die Axiome Newtons? Reine Mathematik und Physik machen synthetische Aussagen. Sie zergliedern nicht nur analytische Begriffe, das logische Wesen, sondern beschreiben das Dasein, beschreiben das, was in der Wirklichkeit des Dinges zu diesem Begriff hinzukomme, wodurch das Ding selbst in seinem Dasein außer meinem Begriffe bestimmt ist[13].

Um also Wirklichkeitsaussagen machen zu können, muß Mathematik die Begriffe in der Anschauung darstellen, *»in der allein der Stoff zu synthetischen Urteilen a priori gegeben ist«*[14]. Zum Beispiel die Vorstellung des Geometers, daß die Linie die kürzeste Verbindung zwischen zwei Punkten darstellt, setzt die

---

[13] vgl.: Kant. Werke in sechs Bänden, Darmstadt 1959, III, 159.
[14] ebd. 145.

Anschauung des Raumes voraus. Aus dem Begriff der Linie können analytisch nicht ihre Eigenschaften im Raume deduziert werden. Das Dasein des Gegenstandes im Raum kommt synthetisch zu seinem Begriff hinzu.

Wie ist mir nun apriori, d. h. vor aller möglichen empirischen Wahrnehmung das Verhalten der Gegenstände im Raume als mögliche Extension so einsichtig, daß ich mit apodiktischer Gewißheit mathematische Prinzipien aufstellen kann, die diese erklären? Mir fehlt doch »*die mathematische Intuition*«. Ich habe zwar eine Kenntnis der quantitativen Verhältnisse, kann nachrechnen, in welche quantitativen Proportionen Gott die Dinge prinzipiell gesetzt hat. Aber ich habe keine Anschauung von der Anwendung dieser Größenverhältnisse im Hinblick auf das Sein der Dinge in der Raum-Zeit. Mir fehlt die Anschauung des absoluten Raumes, als dem ersten Prinzip der Zusammensetzung der Materie, um sagen zu können, wie das einzelne Dasein faktisch jenseits seiner formalen, durch die Mathematik ausrechenbaren Möglichkeiten existiert.

4. Die menschlichen Anschauungsformen von Raum und Zeit als Bedingung der Möglichkeit der Erfahrung von Gegenständen

Angesichts dessen, daß die Physik ihre eigene Voraussetzung, das durch die Offenbarung vermittelte Wissen, daß Materie als Folge göttlichen Daseins zu verstehen ist, nicht einholt, bleibt ihr nur übrig, auszuweichen auf eine Wissenschaftsform, die an die Stelle intuitiver Einsicht in den Entstehungsakt der Dinge selbst die subjektive Bedingung der Möglichkeit der Erfahrung von Dingen setzt.

Mathematik und Physik, nicht fähig, den absoluten Raum der göttlichen Gegenwart anschaulich sinnenhaft zu erfassen, arbeiten anstelle der göttlichen Anschauungsformen, des Sensorium Dei, mit der menschlichen Anschauungsform. Trotz dieses gravierenden Mangels, keine Einsicht in das Materialprinzip der Materie zu besitzen, erhebt aber die mathematische

Physik Newtons Anspruch, Wissenschaft zu sein. Wissenschaft urteilt mit objektiver Allgemeingültigkeit, kann sich also nicht mit Beschreibung von Einzelfakten begnügen, die niemals Allgemeingültigkeit bzw. Notwendigkeit ergeben können.

Naturwissenschaft, die prinzipiell synthetische Aussagen über das Dasein der Dinge in der Weltzeit machen will, kann nur bezogen werden auf »*die Form der Sinnlichkeit, die in meinem Subjekt vor allen wirklichen Eindrücken vorhergeht, dadurch ich von Gegenständen affiziert werde*«[15].

Da uns die Anschauung des absoluten Raumes als erstes Prinzip der Zusammensetzung von Materie überhaupt fehlt, bleibt nur übrig wissenschaftliche, d. h. allgemeingültige Aussagen über das Verhalten der Gegenstände in Raum und Zeit dadurch zu ermöglichen, daß sie nun auf Raum und Zeit als »*Formen menschlicher Anschauung*« bezogen werden.

Raum und Zeit stellen für Kant die formalen Bedingungen unserer Sinnlichkeit dar[16]. Unsere Sinnlichkeit empfängt das empirische Material vermittels dieser Formen:

> »*Der Raum ist eine notwendige Vorstellung apriori, die allen äußeren Anschauungen zu Grunde liegt. Man kann sich niemals eine Vorstellung davon machen, daß kein Raum sei, obgleich man sich ganz wohl denken kann, daß keine Gegenstände darin angetroffen werden. Er ist also eine Bedingung der Möglichkeit von Erscheinungen*« . . .[17].

Durch die Vorstellung des Raumes als eines »*reinen Nebeneinanders*«, wird dem menschlichen Subjekt, das keine Anschauung der absoluten Raum-Zeit hat, doch ermöglicht, das vermittels der Sinne empfangene Material prinzipiell zu ordnen – nämlich einzuordnen in meine Übersicht mathematischer Grö-

---

[15] ebd. 144.
[16] ebd. 146.
[17] ebd. 146.

ßenverhältnisse. Obwohl ich über den »*Intuitus originarius*«, die Einsicht in den Entstehungsakt, nicht verfüge, kann ich doch, vermöge dieser apriorischen Anschauungsformen des Raumes und der Zeit als Subjekt, die Gegenstände der Wahrnehmung in ein objektiv gültiges Verhältnis bringen und werde nicht umgekehrt dadurch zum Objekt degradiert, daß das empfangene Sinnesmaterial mich bestimmt. Ebenso erlaubt mir die Zeit als »*Form des inneren Sinnes*«, das empfangene Material in ein Verhältnis zu meinem inneren Zustande zu bringen. Durch die Zeit als Vorstellung des »*reinen Nacheinander*« werden die Objekte der äußeren Wahrnehmung zu einem Gegenstand des Anschauens unserer selbst, übermächtigen also nicht mich, sondern werden umgekehrt Gegenstände meiner Selbstbestimmung.

Die Raum- und Zeitvorstellung, mit Hilfe derer die mathematische Physik ihre Begriffe in »*konkreto konstruiert*«, sind also reine Anschauungsformen des menschlichen Subjektes, d. h. Bedingungen dafür, daß das Subjekt als Subjekt das empirische Material bei sich registriert. Raum und Zeit sind nichts, sobald wir die Bedingung der Möglichkeit aller Erfahrung weglassen und sie als etwas, was den Dingen an sich selbst zu Grunde liegt, annehmen[18].

Diese »*transzendentale Idealität von Raum und Zeit*«, d. h. die Erkenntnis, daß mathematische Physik nur mit subjektiven Bedingungen der Möglichkeit von Erfahrung arbeitet, beschränkt wissenschaftliche Aussagen auf eben diesen Bereich der bloßen subjektiven Erfahrung. »*Alle Eigenschaften, die die Anschauung aus Körper ausmachen, gehören bloß zu seiner Erscheinung, d. h. zu der Art und Weise, wie der Gegenstand für mich, für meine Anschauungsform ist, unabhängig davon, wie er an sich als Gegenstand der göttlichen Anschauung, in der absoluten Raum-Zeit der göttlichen Gegenwart existiert.*« Kants »*Idealismus*« versteht sich als »*kritischer*« *Idealismus*. Er unterscheidet die bloße Vorstellung von den »*Sachen*«. Die Existenz des Dinges, das erscheint, wird nicht wie beim wirklichen Idealismus aufgehoben, sondern es wird

---

[18] KdrV B 38 ff.

nur gezeigt, »*daß wir es, wie es an sich selber sei, durch Sinne gar nicht erkennen können*«[19].

Den Sachen, die wir uns durch die Sinne vorstellen, läßt Kant ihre »*Wirklichkeit*«. Nur unsere sinnliche Anschauung von den Sachen schränkt er dahin ein, »*daß sie in gar keinem Stücke, selbst nicht in den reinen Anschauungen von Raum und Zeit, etwas mehr als bloße Erscheinung jener Sachen, niemals aber die Beschaffenheit derselben an ihm selbst vorstellen*«[20].

Eine objektiv gültige Naturwissenschaft, die gar keine Anschauung von dem absoluten Raum der göttlichen Gegenwart als erstem Prinzip der Zusammensetzung aller Materie hat, ist überhaupt nur noch möglich, wenn sie statt dessen, bezogen auf menschliche Anschauungsformen Raum und Zeit, auf Erscheinungen eingeschränkt wird.

Die mathematischen Axiome Newtons erweisen sich also als Prinzipien der Erscheinung, der Erscheinungen menschlicher Anschauungen. Sie sind als Regeln des Sensorium Dei nicht zu halten. Konsequentermaßen wird die Mathematik bezogen auf die Extension der Erscheinung. Wenn der absolute Raum Newtons, bzw. das erste Prinzip der Zusammensetzung der Materie Kants nicht sinnenhaft erfaßbar ist, bleibt nur übrig, Mathematik an menschliche Anschauungsform zu knüpfen, d. h. auf die »*Erscheinung*« unterschieden von dem An-sich-Sein der Dinge zu beziehen. Es sei denn, ich würde im Sinne Hegels göttliche und menschliche Anschauungsweisen für streng identisch, mindestens aber für dialektisch vermittelt halten. Warum uns aber dann die sinnenhafte Erfassung göttlicher Existenzform prinzipiell versagt ist, bleibt unersichtlich! Der Tod scheint göttliche und menschliche Existenzweise so zu trennen, daß dem sterblichen Menschen zwar eine prinzipielle essenzhafte Einsicht in der Teilhabe am göttlichen Denken geschenkt ist, aber die sinnenhafte Erfassung der einzigartigen Existenzform so lange auf die allgemeine, a priori vermittelte Entgegennahme von Erscheinungen eingeschränkt bleibt, als

---

[19] Kant. Werke in sechs Bänden, Darmstadt 1959, III, 154.
[20] ebd. 157.

wir nicht aus der Gegenwart Gottes selbst erkennen können, wie Gott sich uns in den Dingen offenbart.

5. Naturgesetze als Grundsätze möglicher Erfahrung

Natur wird damit für uns Sterbliche:

> »*Das Dasein der Dinge, sofern es nach allgemeinen Gesetzen bestimmt ist. Sollte Natur das Dasein der Dinge an sich selbst bedeuten, so würden wir sie niemals weder a priori noch a posteriori erkennen. Nicht a priori, denn wir wollen wissen, was den Dingen an sich selbst zukomme, da dieses niemals durch Zergliederung unserer Begriffe geschehen kann, weil ich nicht wissen will, was in meinen Begriffen von den Dingen enthalten sei, denn das gehört zu meinem logischen Wissen, sondern das, was in der Wirklichkeit zu diesem Begriff hinzukomme, und wodurch das Ding selbst in seinem Dasein außer meinem Begriffe bestimmbar sei*«[21].

Über das Dasein, als die einzigartige Existenzform des Dinges, kann die mathematische Logik nichts a priori aussagen. Diese einzigartige Wirklichkeit erfassen zu können, ist aber gerade die Auszeichnung der Naturwissenschaft gegenüber den an das Allgemeine gefesselten Geisteswissenschaften. Wie soll die unvertauschbare Geistform der Person ansichtig werden – wenn nicht durch die Materie – nicht als Prinzipium, wohl aber als sichtbar machendes *indicium individuationis*?

Aber auch »*apriori wäre eine solche Erkenntnis der Natur der Dinge an sich selbst unmöglich*«. Denn, »*nun lehrt mich die Erfahrung zwar, was da sei, und wie es sei, niemals aber, daß es notwendigerweise so und nicht anders sein müsse. Also kann sie die Natur der Dinge an sich selbst niemals lehren*«[22].

---

[21] ebd. 159.
[22] ebd. 159.

Natur, die nicht von ihrem Urgrund her faßbar ist, wird zum Gegenstand menschlicher Erfahrung. Menschliche Erfahrung hat aber nicht nur subjektivistischen Charakter. Auf Objektivität im Sinne von Allgemeingültigkeit und Notwendigkeit Anspruch erhebende Naturwissenschaft kann prinzipiell auf die immer gleichbleibende Struktur der Bedingung der Möglichkeit menschlicher Erfahrung zurückgreifen. So daß Kant formuliert: »*Die Grundsätze möglicher Erfahrung sind nun zugleich allgemeine Sätze der Natur, welche a priori erkannt werden können*«[23].

Gesetzhafte, d. h. allgemeingültige Naturerfahrung wird damit ermöglicht, daß die Natur nun »*materialiter betrachtet*« zum »*Inbegriff aller Gegenstände der Erfahrung*« wird[24]. »*Daß alle unsere Erkenntnis mit der Erfahrung anfangen, davon ist gar kein Zweifel*«[25].

Der Stoff, die Materie aller Erscheinungen, wird uns gegeben, die Gegenstände affizieren uns. Wie können wir sie aufnehmen? Welche Verbindung bringen wir in das empfangene Material? »*Vermittels des äußeren bzw. inneren Sinnes stellen wir uns Gegenstände als außer uns, bzw. als in Beziehung zu uns, insgesamt im Raume, bzw. in der Zeit vor, darin ihre Gestalt, Größe und Verhältnis gegeneinander bzw. zu uns bestimmt wird*«[26].

Raum und Zeit stellen als die apriorischen Anschauungsformen, das »*Wo-rinnen*« dar, die erste einigende Einheit, in der die Fülle des Mannigfaltigen unterschieden aufgenommen werden kann.

Die Anschauungsformen von Raum und Zeit stellen sich also als Erstbedingung der Möglichkeit von Erfahrung heraus, denn ohne sie könnte das vielfältige Material sinnlicher Eindrücke nicht zusammengefaßt werden. Der Mensch, der nicht »*in der*

---

[23] ebd. 172.
[24] ebd. 160.
[25] KdrV B 2.
[26] KdrV B 37.

Anschauung des Raumes der göttlichen Gegenwart steht«[27], kann die empfangene Vielfalt sinnlicher Eindrücke nur ordnen, sofern er die Fähigkeit der produktiven Einbildungskraft besitzt, durch die Raum und Zeit als synthetisierendes Anschauungsvermögen entworfen wird. Infolgedessen kann der Mensch sinnlich wahrgenommenen Dingen keine absolute Raum-Zeit-Stelle im Ganzen des absoluten Raumes der göttlichen Gegenwart zuordnen, sondern kann das Mannigfaltige der Erscheinungen nur regeln durch das synthetische Anschauungsvermögen. »*Die Erfahrung ist eine synthetische Verbindung der Anschauung*«[28]. »*Alle Erfahrung enthält außer der Anschauung der Sinne, wodurch etwas gegeben wird, noch einen Begriff von einem Gegenstande, der in der Anschauung gegeben wird*«[29].

6. Anschauung und Begriff als Funktionen der Einheit des Bewußtseins.

»*Unsere Erkenntnis entspringt aus zwei Grundquellen des Gemüts, deren die erste, die Vorstellung zu empfangen, die Rezeptivität der Eindrücke, die zweite, das Vermögen, durch diese Vorstellung einen Gegenstand zu erkennen (Spontaneität der Begriffe); durch die erstere wird uns der Gegenstand gegeben, durch die zweite wird dieser im Verhältnis auf Vorstellung gedacht*«[30].

»*Ohne Sinnlichkeit würde uns kein Gegenstand gegeben und ohne Verstand keiner gedacht werden. Gedanken ohne Inhalt sind leer. Anschauungen ohne Begriffe sind blind. Daher ist ebenso notwendig, seine Begriffe sinnlich zu machen, d. h. ihnen den Gegenstand in der Anschauung beizufügen, als seine Anschauung sich verständlich zu machen, d. h. sie unter Begriffe zu bringen*«[31].

---

[27] Allgemeine Naturgeschichte in: Werke 1, 101.
[28] KdrV B 12.
[29] KdrV B 126.
[30] KdrV B 74.
[31] KdrV B 75.

Das Mannigfaltige der Erscheinungen, das seine erste Synthesis erfahren hat durch die Anschauungsformen von Raum und Zeit, erfährt nun eine zweite Form der Synthesis, die begriffliche. Beide unterscheiden sich dadurch, daß die erste bloße Wirkung der Einbildungskraft ist, die zweite auf der Vorstellung einer notwendigen Einheit beruht[32].

Beide Vorstellungsweisen, Anschauung und Begriff, sind Funktionen der Einheit, d. h. Weisen, wie das mannigfaltige Gegebene geordnet wird durch den, dem es gegeben wird.

> *»Die durchgängige und synthetische Einheit der Wahrnehmung macht nämlich gerade die Form der Erfahrung aus, und sie ist nichts anderes als die synthetische Einheit der Erscheinungen nach Begriffen«*[33].

Die Einbildungskraft macht zwar in den Formen von Raum und Zeit das faktische Beisammensein des Vielfältigen anschaulich, zeigt aber noch nicht die innere notwendige Zusammengehörigkeit des Gegebenen.

Wie soll der Begriff objektive Einheit vermitteln? Begriffe bzw. Kategorien werden als Urteilsfunktionen verstanden. Urteilen, die Aussage darüber, in welcher Weise etwas als wahr erkannt werden kann, ist nichts anderes *»als die Art, gegebene Erkenntnisse zu objektiver Einheit der Apperzeption zu bringen.«* – *»Die logische Form aller Urteile besteht in der logischen Einheit der Apperzeption und der darin enthaltenen Begriffe«*[34].

Die transzendentale Apperzeption, bzw. das *»ich denke«*, ist die höchste Einheit des menschlichen Bewußtseins. Das Ich ist es, bzw. das Selbstbewußtsein des Ich, dem alle Mannigfaltigkeit der Erscheinungen gegeben wird. Das *»ich denke«* muß alle meine Vorstellungen begleiten können. Die Einheit des Selbstbewußtseins, das *»ich denke«*, muß also die oberste Form aller Urteile sein. Die Kategorien sind Funktionen dieser Einheit.

---

[32] KdrV B 104–105.
[33] KdrV A 110.
[34] KdrV B 140.

Sie stellen die Gesichtspunkte: Quantität, Qualität, Relation, Modalität – unter denen das Mannigfaltige zur Einheit des Selbstbewußtseins gebracht wird.

> »*Ohne die Einheit des Bewußtseins, welche durch die Kategorien sich in der Mannigfaltigkeit der Wahrnehmung manifestiert, würden die Wahrnehmungen zu keiner Erfahrung gehören, folglich ohne Objekt und nichts als ein blindes Spiel der Vorstellung, das ist nicht weniger als ein Traum, sein*«[35]. – »*Erfahrung ist ein Produkt der Sinne und des Verstandes, es liegt ihr ein Urteil zu Grunde, durch welches eine gegebene Anschauung einem reinen Verstandesbegriff subsumiert wird*«[36].

Objektive Erfahrung ist also möglich, wenn das Mannigfaltige der Erscheinungen geordnet in Zeit und Raum, vermittels der Kategorie unter die oberste Urteilsform des »*ich denke*« subsumiert werden kann. Erfahrung heißt, formal gesehen, Synthesis. Aber auch inhaltlich betrachtet ist das, was Erfahrung letztlich möglich macht, die Einheit des Bewußtseins.

> »*Die Möglichkeit der Erfahrung überhaupt ist also zugleich das allgemeine Gesetz der Natur, und die Grundsätze der ersteren sind selbst Gesetze des letzteren, denn wir kennen Natur nicht anders als den Inbegriff der Erscheinung, das ist Vorstellung in uns, und können daher das Gesetz ihrer Verknüpfung nirgends anders als von den Grundsätzen der Verknüpfung desselben in uns, d. h. in den Bedingungen der notwendigen Vereinigung in einem Bewußtsein, welches die Möglichkeit der Erfahrung ausmacht, hernehmen*«[37].

---

[35] Eisler, Rudolf: Kant-Lexikon (Nachdruck), Hildesheim 1964, 125.
[36] ebd. 126.
[37] Kant. Werke in sechs Bänden, Darmstadt 1959, III, 188.

7. Natur als »Inbegriff aller Gegenstände der Erfahrung«

Auch die Forderung nach wissenschaftlicher Erkenntnis der Natur ist nur zu erfüllen, wenn die Objekte a priori, d. h. mit Allgemeinheit und Notwendigkeit erkannt werden können. Sofern aber die sinnenhafte Erfassung des absoluten Raumes als des ersten Prinzips der Zusammensetzung der Materie, als Deduktionsprinzip nicht gegeben ist, bleibt nur übrig, das gegebene Material aus den Bedingungen der Möglichkeit menschlicher Erfahrung abzuleiten.

Apriorische synthetische Naturwissenschaft, d. h. Wissenschaft, die auch über die logische Essenz hinaus etwas über die einzigartige Weise der Existenz in Raum und Zeit aussagen will, ist nur möglich, wenn die *»oberste Gesetzgebung der Natur in uns selbst, das ist in unserem Verstande liegen müsse, und daß wir die allgemeinen Gesetze derselben nicht von der Natur vermittels der Erfahrung, sondern umgekehrt, die Natur ihrer allgemeinen Gesetzmäßigkeit nach, bloß aus dem in unserer Sinnlichkeit und dem Verstande liegenden Bedingungen der Möglichkeit ganz und gar einerlei sind«*[38], d. h. objektive allgemeingültige Naturerkenntnis kann nur dadurch erreicht werden, daß *»entweder der Gegenstand die Vorstellung, oder diese den Gegenstand allein möglich macht«*[39].

Kant entscheidet sich im Sinne einer apriorischen Wissenschaft für das letztere und formuliert: Der Verstand schöpft seine Gesetze nicht aus der Natur, sondern schreibt sie dieser vor. Er vertritt damit bewußt die antimaterialistische These, die behauptet, daß der Gegenstand die Vorstellung bedingt. Dieser Objektivismus gegenüber dem Kantschen Subjektivismus will zwar die Sache in ihrer Sachlichkeit zur Sprache bringen, dies aber auf Kosten des Subjektes, das nun *»Produkt der objektiven Verhältnisse«* wird und damit jede Freiheit und Eigenständigkeit verliert. Umgekehrt muß auch Kant eingeste-

[38] ebd. 189.
[39] KdrV B 125.

hen, daß der menschliche Verstand, der der Natur vorschreibt, wie sie Objekt des Subjektes sein soll, diese auf Kosten ihrer selbst, ihres »*An-sich-Seins*«, sich zum Gegenstand macht. Aber ein Ausweg – jenseits von skylla und charybdis – die Versöhnung von Subjektivismus und Objektivismus ist wohl so lange nicht zu finden, als das Sein in der Zeit nicht bezogen werden kann auf die absolute Raum-Zeit der göttlichen Gegenwart. Die Objekte widersprechen solange eigenwillig dem Herrschaftsanspruch des Subjektes, als sie sich nicht als eine Explikation des Subjektes erweisen lassen. Aber wer ist dieses Subjekt, dem die Objekte gehören?

Stellt der gesellschaftliche Mensch die Sammlung der Vielheit naturhaften Seins dar? Oder ist es Gott selbst, der die einzigartige Existenzform der Dinge dem menschlichen Subjekt als Weisen seines Seins für uns enthüllt? Dienen die Objekte welthaften Seins der Konstituierung der Subjekte, oder sind die Objekte Weisen der Begegnung von Subjekten, Mittel der Vereinigung von Gott und Mensch? Kant entscheidet sich für letzteres: Das An-sich-Sein, das innere Wesen der Dinge, die Weise, wie Gott sich jeweils schenkt, wird erst einsichtig im Raum der göttlichen Gegenwart. Der Mensch hier und jetzt – der Anschauung Gottes nicht teilhaftig – bleibt bezogen auf das »*Sein in der Zeit*« der Dinge. Die Zeit überbrückt als das »*transzendentale Schema*« die Gegensatzspannung von Subjekt und Objekt. Als apriorische Anschauungsform des Subjektes erweist sie sich als die »*unendliche Größe*«, in der alle Mannigfaltigkeit der Objekte als »*Einschränkung*« angeschaut wird. Mit der Erscheinung der Objekte hat die Zeit als Anschauungsform des Subjektes die Gemeinsamkeit, daß in ihr alles Mannigfaltige erscheint. Aber die Zeit, als Daseinsform der Sinnenhaftigkeit des Menschen, läßt ihn nicht »*sich selbst finden bei den Dingen*«[40]. Die Zeit vermittelt für Kant gerade nicht das In-der-Welt-Sein der menschlichen Existenz[41], sondern schränkt ihn als subjektive Anschauungsform ein auf Gegen-

---

[40] Vgl. Heidegger, Martin: in: Gesamtausgabe, Frankfurt 1975–1980, 24, 243. (Heidegger wird künftig mit Namen und Angabe des Bandes und der Seitenzahl dieser Ausgabe zitiert.)
[41] Heidegger 24, 284.

stände der Erfahrung. »*Jede einzelne Erfahrung ist nur ein Teil von der ganzen Sphäre ihres Gebietes, das absolute Ganze aller möglichen Erfahrung ist aber selbst keine Erfahrung und demnach ein notwendiges Problem der Vernunft*«[42].

8. Die Antinomie der Vernunft, die das absolute Ganze der Erfahrung denkt

Vernunftsbegriffe leisten für Kant jene Transzendenz über die gegebene Einzelerfahrung hinaus, die Heidegger der »*Zeitlichkeit des Daseins*« zuschreibt. Die Vernunft ist allein in der Lage, eine Vorstellung von der Vollständigkeit und kollektiven Einheit der ganzen möglichen Erfahrung zu geben [43]. Diese Vorstellung bleibt zwar abstrakt, bloße »*Idee*«, weil ihr Gegenstand nicht in der konkreten Erfahrung gegeben werden kann[44]. «*Denn des werden wir bald inne, daß der Natur im Raum und der Zeit das Unbedingte, mithin auch die absolute Größe, ganz abgehe, die doch von der gemeinsten Vernunft verlangt wird*«[45]. Zum Beispiel die kosmologische Idee, die nach der Totalität der Welt gemäß der Kategorie der Größe fragt: Hat die Welt der Zeit und dem Raume nach einen Anfang. Oder ist die Welt dem Raume und der Zeit nach unendlich? Besteht alles in der Welt aus Einfachem? Oder ist alles in der Welt zusammengesetzt?[46]

Die Vernunft, die das absolute Ganze der jeweiligen Erfahrung thematisch macht, verstrickt sich in Antinomien, in Gegensatzbehauptungen, deren Alternative sie nicht lösen kann, weil sie die Totalität der Erscheinungen nicht von der Sache an sich selbst unterscheiden kann, solange sie in subjektive Anschauungsformen von Raum und Zeit, unterschieden von der absoluten Raum-Zeit als der ursprünglichen Synthesis der Dinge, gebannt ist.

[42] Vgl. Kant. Werke in sechs Bänden, Darmstadt 1959, III, 198.
[43] ebd. 198.
[44] ebd. 198.
[45] KdrV B 116.
[46] Kant. Werke in sechs Bänden, Darmstadt 1959, III, 211.

> *»Wenn ich nun nach der Weltgröße, dem Raume und der Zeit nachfrage, so ist es für alle meine Begriffe ebenso unmöglich zu sagen, sie sei unendlich, als sie sei endlich. Denn keines von beiden kann in der Erfahrung enthalten sein, weil weder von einem unendlichen Raume, oder unendlich verflossener Zeit, nach der Begrenzung der Welt durch einen leeren Raum, oder eine vorhergehende leere Zeit, Erfahrung möglich ist. Das sind nur Ideen«*[47].

Über eine Sinnenwelt, von deren An-sich-Sein, unabhängig von unserer Erfahrungsart, wir nichts aussagen können, über die Existenzform einer Sinnenwelt zu spekulieren, bleibt so lange müßig, als die sinnliche Daseinsweise der welthaften Dinge nicht ableitbar ist aus ihrem ersten Prinzip, dem absoluten Raum der göttlichen Gegenwart. Gottes Dasein ist für uns aber kein *»reales Prädikat«*, das aus der Wesenserkenntnis Gottes *»herauszuklauben«* ist, sondern allein geoffenbart werden kann durch einen Akt seiner Selbstmitteilung. Unsere Sinnlichkeit unterscheidet sich von unserem Verstande nicht bloß logisch, d. h. in der Form der Deutlichkeit bzw. Undeutlichkeit, wie es die Leibniz'/Wolfsche Philosophie dachte. Und so erkennen wir durch die Sinnlichkeit die Beschaffenheit der Dinge nicht nur undeutlich, sondern gar nicht. Ursprung und Inhalt der Sinnlichkeit sind, verglichen mit dem des Verstandes, verschieden.

> *»Die Rezeptivität unserer Erkenntnisfähigkeit heißt Sinnlichkeit und bleibt von der Erkenntnis des Gegenstandes an sich selbst, ob man die Erscheinung gleich bis auf den Grund durchschauen möchte, dennoch himmelweit unterschieden«*[48].

Rezeptivität der Sinnlichkeit ist nicht nur von der Spontaneität der Begriffe prinzipiell verschieden. Nicht nur hinsichtlich des Ursprungs, sondern vor allem im Hinblick auf den Inhalt, gilt es zu sehen, daß es an sich Aufgabe der Sinne wäre, die einzigartige Existenzform der Dinge neben der allgemeinen Wesens-

---

[47] ebd. 214.
[48] KdrV B 75.

form, die vom Verstande erkannt wird, zu erfassen. Wenn die geschaffenen Dinge nicht nur graduell gestufte Abbilder göttlichen Seins sind, sondern jedes einzelne eine unvertauschbare Mitteilung göttlichen Seins darstellt, dann kann diese persönliche Existenzform göttlichen Seins eben nicht deduziert werden, vielmehr allein in der Anschauung Gottes entgegengenommen werden.

Die Physik, die die Erscheinungsweise der materiellen Dinge in Raum und Zeit gesetzhaft aussagt, könnte Metaphysik der Natur sein, wenn sie die subjektiven Anschauungsformen von Raum und Zeit vertauschen könnte mit der Ansicht der absoluten Raum-Zeit der göttlichen Gegenwart für uns. Ohne diese Anschauung muß Physik sich bescheiden. »*Bleibt ihr Platz das fruchtbare Pathos der Erfahrung*«[49]. Der Forderung der Vernunft, »*die Erscheinung auf den Grund zu durchschauen*«, entspricht die Physik, bezogen auf subjektive Anschauungsformen, nicht. Die für die Metaphysik relevanten Fragen nach dem Ursprung der Materie, nach dem Ursprung der Bewegung, bzw. nach dem Ziel aller Expansion in Raum und Zeit, vermag die Physik bei aller vielfältigen Beschreibung von Einzelphänomenen nicht zu beantworten.

Auch die prinzipielle Einsicht in die mathematische Struktur der Bewegung ermöglicht nur einen generellen Überblick über die Totalität der Erscheinungen, erlaubt aber gerade nicht, die Einsicht in Ursprung und Ziel der Gesetzmäßigkeit selbst, bzw. ihrer materiellen Basis. Die Wirklichkeit, von der die Botschaft des Christentums spricht, wird auch durch eine Metaphysik, die erweitert wird als Metaphysik der Natur, nicht eingeholt. Zwar wird Materie erstmals in der Weltgeschichte, auf Grund des Faktums des göttlichen Geistes in der Materie, systematisch durch Naturgesetze beschrieben und nicht nur von vornherein als bloßes Nicht-Sein vom Geiste abgesondert. Aber Materie wird eben gerade nicht in ihrem Wesen adäquat erfaßt. Das Naturgesetz beschreibt abstrakt das Verhalten der Materie, ohne Ursprung und damit Ziel der Bewegung zu erkennen. Die Einzigartigkeit der materiellen Existenz entzieht sich ihrer Faßbarkeit.

---

[49] Kant. Werke in sechs Bänden, Darmstadt 1959, III, 57.

Wenn der Cusaner recht hat, daß Materie, mit der Gott selbst sich bekleidet, eine *»Explikation seiner selbst«* sein muß, dann ist diese materielle Seinsweise nicht aus der verborgenen Einigung von göttlicher und menschlicher Natur in der sterblichen Knechtsgestalt ableitbar, sondern kann in ihrer Wesenhaftigkeit tatsächlich erst aufgenommen werden in der Anschauung dessen, der Materie entstehen läßt als schenkende Entäußerung seiner selbst.

Dem durch den christlichen Glauben vermittelten Wissen über die Materie entspricht nur die Entgegennahme einer Wirklichkeit im Felde der Erfahrung. So wenig der Geist von sich aus das Paradox der Verknüpfung von Geist und Materie einzusehen vermag, sondern im Glauben hinnehmen muß, so wenig vermögen wir in der Entgegennahme der sinnlichen Welt ihren Urgrund sinnenhaft anzuschauen.

Irdisch-menschliche Wirklichkeit als Synthesis von Geist und Sinnenhaftigkeit wird zwar bestätigt durch das christliche Faktum der Inkarnation, ohne daß jedoch jetzt schon seine paradoxe Einheit voll erfaßt werden kann. Die Sinnlichkeit der subjektiven Anschauungsform widerspricht, als sterbliche endliche, der göttlichen prinzipiellen Einigung von Geist und Materie. Das Faktum der Fleischwerdung selbst verweist im Zeichen des Kreuzes auf eine endgültige widerspruchsfreie Offenbarung. Die Antinomie der Vernunft, ihr Widerstreit mit sich selbst, angesichts der geforderten vollständigen Erfassung der Wirklichkeit, die Notwendigkeit, über ihr bloß logisches Wesen hinaus die Einzigartigkeit der materiellen Existenz zu ergreifen, weckt aus dem *»dogmatischen Schlummer«*.

> *»Naturwissenschaft wird uns niemals das Innere der Dinge, das ist dasjenige, was nicht Erscheinung ist, aber doch zum obersten Erklärungsgrunde der Erscheinung dienen kann, entdecken ... Die Sinnenwelt ist nichts als eine Kette nach allgemeinen Gesetzen verknüpfter Erscheinungen. Sie hat also kein Bestehen vor sich, sie ist eigentlich nicht das Ding an sich selbst und bezieht sich also notwendig auf das, was den Grund dieser Erscheinungen enthält, auf Wesen, die nicht bloße Erscheinung, sondern als Dinge an sich selbst*

erkannt werden können. In der Erkenntnis desselben kann Vernunft allein hoffen, ihr Verlangen nach Vollständigkeit im Fortgang vom Bedingten zu dessen Bedingungen einmal befriedigt zu sehen«[50].

Die Antinomien, in die die Vernunft mit sich selbst verwickelt wird, sobald sie über das absolute Ganze der Erscheinungen, ihren Ursprung, ihr inneres Wesen, eine Aussage zu machen versucht, »*zwingen die Vernunft, Dinge als bloße Erscheinungen zu betrachten und ihnen ein intelligibles Substrat zu unterlegen, wovon der Begriff nur eine Idee ist*«[51].

9. Die »theologische Idee«

Wir sollen uns denn also, um unsere Vernunft zu befriedigen, d. h. ihren Widerspruch mit sich selbst zu lösen, ein Ding an sich, als erste Ursache aller Erscheinungen, ein höchstes immaterielles Wesen denken. Denken wir uns nun diesen ersten Grund alles Seins als »*reines Verstandeswesen, so denken wir dadurch nichts Bestimmtes*«, da wir als Sinnenwesens dieses reine Verstandswesen nach dem, was es an sich selbst ist, bestimmt niemals erkennen können. Mithin »*ist unser Begriff ohne Bedeutung*«. – »*Denken wir das höchste Wesen uns mit Eigenschaften, die von den Sinnen entlehnt sind, so ist es nicht mehr reines Verstandeswesen und gehört zur Sinnenwelt*«[52].

Der »*deistische Begriff*« von Gott ist so ein »*reiner Vernunftsbegriff, welcher aber nur ein Ding, das alle Realitäten enthält, vorstellt, ohne deren eine einzige bestimmen zu können, weil dazu das Beispiel aus der Sinnenwelt entlehnt werden müßte*«[53].

> »*Hume hält sich immer daran: Daß durch den bloßen Begriff eines Urwesens, dem wir keine andere als ontologi-*

---

[50] ebd. 227 f.
[51] KdrV B 243.
[52] Kant. Werke in sechs Bänden, Darmstadt 1959, III, 230.
[53] ebd. 230.

> *sche Prädikate – Ewigkeit, Allgegenwart, Allmacht – beilegen, wir wirklich gar nichts Bestimmtes denken, sondern es müßten Eigenschaften hinzukommen, die einen Begriff in concreto abgeben können: Es sei nicht genug zu sagen, er sei Ursache, sondern wie seine Kausalität beschaffen sei, etwa durch Verstand und Willen*«[54].

Dadurch wird für Hume der Gottesbegriff anthropomorph und damit sich selbst widersprechend, aber ohne diese Konkretion wäre der Gottesbegriff auch nicht das Fundament für Religion und Sitte.

In diese unausweichliche Dialektik gerät man, sobald man nicht mehr, wie im Sinne der klassischen Metaphysik, davon ausgehen wird, daß Essenz und Existenz einfachhin zusammenfallen, d. h. ungeschieden eins sind. Sicher muß die geschöpfliche Form der Differenz unterschieden werden von der Weise der Zuordnung von Essenz und Existenz in Gott. Für das geschaffene Sein bedeutet diese Unterscheidung die Abhängigkeit der Möglichkeit von der sie realisierenden Wirklichkeit. Aber schon bei Duns Scotus haben wir gesehen, daß auch im Bereich des endlich Welthaften diese Differenz analog zur göttlichen verstanden wird. Das heißt, es wird nicht mehr der Gegensatz von Endlichkeit und Unendlichkeit in dieser unterschiedlichen Beziehung von Essenz und Existenz deutlich gemacht. Vielmehr wird trinitarisch in Gott selbst die Essenz zu einem gemeinschaftlichen Besitz von einem dreifach unterschiedenem Träger. Gottvater existiert in der Mitteilung seiner Essenz an Sohn und Hl. Geist. Die freie Mitteilung der eigenen Natur macht aber eine von dieser Natur unterschiedene Trägerschaft oder Subsistenzweise bzw. Existenzform nötig.

Dieser christliche trinitarische Gottesbegriff wird als Urbild auch für das Personsein der Geschöpfe verstanden. Auch hier unterscheidet Scotus die allgemeine Geistnatur, die Essenz, von der Einzigartigkeit der persönlichen Existenz, wie wir gesehen haben. Damit wird aber eine Metaphysik der Metaphysik im Sinne Kants notwendig. Das heißt, eine Metaphysik,

[54] ebd. 356.

die nicht nur die Allgemeinheit der logisch zu erfassenden Wesensnatur des Menschen zum Thema macht, sondern gleichrangig die einzigartige Form der Existenz, die in ihrer Einzigartigkeit gerade nicht als besonderer Fall aus der Allgemeinheit der Wesensnatur zu erschließen ist, sondern nur hingenommen werden kann als die durch die Sinne erfaßbare materielle Seinsweise des Individuums.

Eine mathematische Physik, die die Bewegung der Materie in Raum und Zeit gesetzhaft zu bestimmen sucht, und die mögliche Existenzform der Person und Äußerung der Individualität als Indicium individuationis zu beschreiben sucht, muß erkennen, daß sie nur Erscheinungen artikuliert, weil ihr das erste Prinzip von Zusammensetzung der Materie überhaupt, der absolute Raum der Gegenwart Gottes, fehlt.

10. Die Physik und die Ontotheologie

Angesichts der Physik wird die Theologie zur bloßen »*Ontotheologie*«. Die Physik weckt aus dem »*dogmatischen Schlummer*« und macht uns klar, daß wir von Gott nichts Bedeutsames für uns aussagen, wenn wir mit dem ontologischen Gottesbeweis fordern, daß zum Begriff eines »ens realissimum« auch die Existenz notwendigerweise gehöre.

Anselm von Canterbury, auf den der ontologische Gottesbeweis zurückgeführt wird, geht von dem Begriff des höchst Denkbaren aus. Gott ist das Wesen, welches größer nicht gedacht werden kann, also gehört zu ihm auch die Existenz. Denn sonst könnte etwas gedacht werden, das, durch die Existenz vermehrt, noch größer wäre. Für Anselm ist also die Existenz des Wesens, welches größer nicht gedacht werden kann, ein analytischer Satz. Für Kant dagegen wird die Existenzaussage immer nur durch einen synthetischen Satz möglich. Dies besagt: »*Aus dem Begriff eines Dinges ist seine Existenz nicht herauszuklauben*« und »*Sein ist kein reales Prädikat*«. Zur Wesensmöglichkeit gehört das Dasein nicht. Das Dasein selbst kann nur durch Erfahrung gegeben werden.

Wenn ich nun notwendigerweise eine bestimmte Vorstellung von Gott brauche, weil ich zur durchgängigen Bestimmbarkeit der Dinge über die Materie aller Prädikate als Data der besonderen Möglichkeit notwendigerweise verfügen muß, so ist doch diese Vorstellung der omnitudo realitatis nur ein Ideal der Vernunft. Damit die Vernunft in ihrem Schlußverfahren im Obersatze die notwendige ursprüngliche Bestimmbarkeit der Dinge denken kann, braucht sie die Idee der umfassenden Realität: Die wesenhafte Sachhaltigkeit. Aber darüber hinaus benötigt die Vernunft nicht auch noch die Existenz eines ens realissimum. Das Dasein eines Dinges fügt zur perfekten Wesensmöglichkeit nichts mehr hinzu. Die Existenz ist etwas anderes als das »*Reale der Möglichkeit*«, das der Begriff und seine Merkmale oder Prädikate vergegenwärtigt. Die Wesensmöglichkeit unterliegt der Beurteilung durch das Widerspruchsprinzip. Ein Beispiel ist der von Kant angeführte Satz: Eine Triangel hat notwendig drei Winkel; er bedeutet: Wenn ein Dreieck gegeben ist, sind notwendig auch drei Winkel gegeben. Das ist die formale Bedingung, unter der ein Dreieck möglich ist. Die Notwendigkeit der Dreiwinkeligkeit für ein Dreieck bezieht sich gemäß dem Widerspruchsprinzip auf die durch den Begriff zu erfassende Wesensmöglichkeit eines Dinges. Über das Dasein eines Dinges ist damit aber noch nichts ausgesagt. Auch in »*Der einzig mögliche Beweisgrund . . .*« hatte Kant schon 1762 die Seinsnotwendigkeit von einer bloß logischen Notwendigkeit unterschieden. Damals war die Existenz ebensowenig etwas für ihn, das mit der Wesensmöglichkeit verwechselt werden könnte. Vielmehr setzte die Essenz die Existenz als das »*worin*« bzw. als »DESSEN FOLGE« sie sein kann, voraus. Die logische Möglichkeit ist nicht das Erklärungsprinzip für die bestehende Wirklichkeit. So ist der Satz: »*Gott ist allmächtig*« ein notwendiges Urteil, denn das Prädikat kann nicht widerspruchsfrei aufgehoben werden, wenn ein unendliches Wesen gesetzt ist, mit dessen Begriff die Allmacht identisch ist. Wenn aber gesagt wird: Gott ist nicht, so werden damit das göttliche Wesen und seine Prädikate aufgehoben.

Im Gegensatz dazu referiert Kant die Leibniz'/Wolfsche Position: Das allerrealste Wesen hat alle Realität, und da seine

Merkmale nichts widersprechendes enthalten, drückt dieser Begriff die innerlich mögliche Realität aus. Also ist das Dasein in dem Begriff von einem Möglichen schon impliziert[55].

Die innere widerspruchsfreie Möglichkeit unterscheidet Kant aber gerade prinzipiell vom tatsächlichen Dasein. Die einzigartige Verknüpfung der widerspruchsfreien Wesensmöglichkeit kann uns nur in der Erfahrung gegeben werden. Sie ist nicht a priori ableitbar aus dem Wesen. Nur in der Anschauung könnte uns gegeben werden, wie z .B. im »*ens realissimum ein unendlicher Intellekt und eine unendliche Persönlichkeit vereinbar sind*«. Das unendliche Wesen muß eine ihm entsprechende Existenzweise haben. Die Aussage, daß es notwendig existiere, besagt über die Art und Weise seiner Existenz nichts[56].

Die innere Wesenszusammengehörigkeit von der Essenz und der Existenz Gottes müßte einsichtig sein, ohne daß die Existenz nur die Realisierung der Möglichkeit wäre, vielmehr die Einzigartigkeit der Trägerschaft der göttlichen Wesenheit präsentiert. Wenn schon die Erfassung der individuellen Existenzweise welthafter Dinge nicht ohne Anschauung in Raum und Zeit möglich ist, wie soll uns das Dasein Gottes erfaßbar sein, wenn damit nicht nur die logische, sondern darüber hinaus die entsprechende seinsmäßige Notwendigkeit einer einzigartigen Existenz gemeint ist? Angesichts der Physik genügt es aber nicht mehr, im Sinne des Idealismus nur von der ousia als der Wesensgestalt zu sprechen, der alleine sachhaltige Realitas zukommt, und der gegenüber Materie nur als vorübergehendes einschränkendes Akzidenz verstanden wird. Seit der mittelalterlichen Scholastik wird mit Scotus diese Materie als das Indicium jenes Individuationsprinzips angesehen, das als zweites Formprinzip neben der Allgemeinheit der Essenz die Einzigartigkeit der Trägerschaft dieser Essenz bzw. die Existenz bestimmt. Um also einer Physik bzw. einer Metaphysik, die auch die materielle Seinsweise als eine zweite Substanz einbezieht, entsprechen zu können, müßte die einzigartige Existenz-

---

[55] vgl. Schmucker, Josef: Das Problem der Kontingenz der Welt, Freiburg u. a. 1969, 54.
[56] ebd. 63.

form Gottes neben seiner Wesenhaftigkeit als Urbild bzw. als erstes Prinzip irdischer materialer Individualität erfaßt werden können. Kant stellt zu Recht in der entscheidenden Einsicht, daß die Existenz synthetisch zur Essenz hinzukommt und nicht analytisch ableitbar ist, fest, daß uns diese Existenz der einzigartigen Wirklichkeit Gottes fehlt. In dem Satze: »*Gott existiert*«, ist Sein also kein »*reales Prädikat*«, sondern »*nur ein logisches*«. D. h., es wird mit der Existenz Gottes keine Erweiterung seines Subjektbegriffes vorgenommen, sondern lediglich dieses Subjekt »*beziehungsweise auf meine Begriffsbestimmung gesetzt*«.

Kant drückt sich auch so aus: Sein, bzw. Existenz, ist keine inhaltliche Bestimmung, die zur Realitas, zur Sachhaltigkeit der Sache hinzukommt. Es ist bloß die »*Position eines Dinges*«, die Beziehung einer Sache zu ihrem Begriff. Durch diese Beziehung, die das rein logische Prädikat »*existiert*« ausdrückt, wird der Gegenstand selbst nicht erweitert, d. h., deswegen weiß ich noch gar nichts über das wirkliche Dasein dieser Sache selbst, sondern stelle nur fest, welche Beziehung er zu meiner Art des logischen Denkens hat. Der Begriff holt die einzigartige Existenzweise Gottes nicht ein. Er bleibt bezogen auf die allgemeine Wesensmöglichkeit. Mir fehlt deshalb auch so lange der zureichende Erklärungsgrund für die irdische Existenzform der Dinge, als mir die nicht ableitbare Notwendigkeit der göttlichen Existenz in der Anschauung der absoluten Raum-Zeit der göttlichen Gegenwart nicht zuteil wird.

Die Kantsche Erklärung von der ›Unmöglichkeit‹ der ontologischen wie kosmologischen oder physikoteleologischen Gottesbeweises vernichtet nicht jede Form der Gotteserkenntnis, sondern zieht lediglich die Grenze einer begrifflichen, allgemeinen Erkenntnis angesichts dessen, daß die Wirklichkeit durch die Einzigartigkeit personaler Existenz charakterisiert ist. Kant leugnet nicht die Existenz Gottes, vielmehr will er nur den Respekt vor einer Wirklichkeit Gottes lehren, die nicht einfachhin Objekt meines begrifflichen Zugriffs ist, sondern umgekehrt, sich uns zu erkennen gibt in der Entäußerung materialer Existenz[57].

[57] Vgl. ebd. 30.

V. Kapitel II
Personsein als Sein in der Zeit

1. Die Frage nach der Unsterblichkeit der Seele

Die vier Fragen der Philosophie: »*1. Was kann ich wissen? 2. Was soll ich tun? 3. Was darf ich hoffen?*« kulminieren in der letzten Frage: »*Wer ist der Mensch?*«[58].

Ich weiß wohl, daß ich nicht Ursache meiner selbst, vielmehr verursacht bin von Gott, dessen essentieller Gehalt mir zwar als oberster Bestimmungsgrund meines Denkens in Form einer Idee gegeben ist, dessen einzigartige Existenzform mir aber entzogen ist. Was kann ich angesichts dieser Situation für meine eigene Existenzweise erhoffen? Wie ist mein Endzweck zu bestimmen – was soll ich tun? Welche »*Stelle nehme ich in der Schöpfung ein, aus der ich lernen kann, was man sein muß, um Mensch zu sein*«?[59] Bin ich ein »*sterblicher Weltbürger*« oder »*Bürger des zukünftigen Reiches Gottes auf Erden*«? Bin ich »*Selbstzweck*« oder »*Mittel zum Zweck*«? Kann ich auf eine einzigartige Existenzform »*um meiner Selbst willen*« hoffen, oder muß ich eine Funktion im Entwicklungsschritt dieser Welt erfüllen?

Besitze ich Freiheit und Unsterblichkeit als Seinsweisen meiner perfekten Geist-Seele? Das sind die Fragen, die eine Metaphysik im Zusammenhang mit der Frage nach der Existenz Gottes zu beantworten hat.

Gilt der im Sinne der klassischen griechischen bzw. scholastischen Mataphysik geführte Beweis für die Unsterblichkeit der Seele noch, nachdem die neuzeitliche Naturwissenschaft festgestellt hat, daß die Materie nicht nur als ein ungeordnetes Akzidenz zu betrachten ist, das zur Substanz des Geistes äußerlich hinzukommt?

---

[58] KdrV B 833.
[59] Schmucker, Josef: op. cit. 63.

Wie ist es mit der Substanzialität und mit der Unauflöslichkeit bzw. Einfachheit der Seele bestellt, wenn sie in Wechselwirkung mit der teilbaren Materie existiert? Ist ihre untangierte Weiterexistenz gesichert, wenn im Tode die Trennung von Geist und Materie erfolgt? Gehört zum Menschsein die materiale Existenz oder ist sie nur ein vorübergehender zeitlicher Modus des In-der-Welt-Seins des Menschen, der mit dem An-sich-Sein der menschlichen Geist-Person nichts zu tun hat?

Ist die materielle Seinsweise des Menschen notwendige Bedingung seiner Funktionalität in der Arbeitswelt, oder gehört sie an sich zum »*Selbstsein des Menschen*«? Was bedeutet dann der Tod – nicht nur Auflösung der materiellen Natur, sondern auch Vernichtung der Geist-Seele? Ist Materie wirklich die notwendige und damit einzig mögliche Existenzform der menschlichen Geist-Seele?

Kant versucht sich im Paralogismus-Kapitel der Kritik der reinen Vernunft, dem einfachen Entweder-Oder der rationalistischen Position Descartes bzw. der Leibniz'/Wolfschen Schule auf der einen Seite und der empirischen Lösung auf der anderen Seite zu entziehen. Weder ist die Materie bloßes Akzidenz der Geist-Substanz des Menschen und damit belanglos für die Frage der Weiterexistenz der Seele, noch ist sie die allein bestimmende Substanz, zu der der Geist nur noch als Reflexionsform gehört. Geist und Materie sind vielmehr zwei eigenständige Realitäten, um deren einzigartiges Verhältnis es gerade im Menschsein geht.

Kant unterscheidet die »*Elemente der Materie*« von den geistigen Einheiten im Gegensatz zu Leibniz, für den Materie nur eine graduell unterschiedene Subsistenzform des Geistes ist. Die Einfachheit, bzw. Substantialität der Seele verbürgt dann aber nicht ohne weiteres die Unauflöslichkeit der Seele, wenn diese eben nicht einfachhin das ist, woraus ich mein »*beharrliches Dasein*« schließen kann. Wenn zu meiner menschlichen Seinsweise die Materie als eine zweite eigenständige Realität, die Einzigartigkeit der Existenz, neben die der Essenz des Geistes, gehört, dann bleibt mein Begriff von einer Geist-Seele leer, solange ich ihm nicht eine entsprechende Anschauung in der Welt materialer Ausdehnung vermittele. Mag ich auch meine Geist-Seele, »*das denkende Selbst*«, ein letztes Subjekt im Sinne einer Substanz nennen, welches selbst nicht wieder als Prädikat eines anderen Dinges vorgestellt werden kann, so bleibt eben diese Definition abstrakt belanglos, solange ich die Substantialität der Seele nicht empirisch faßbar zeigen kann.

Der Beharrlichkeit meines Daseins in der Zeit müßte also meinem Begriff von der Unauflöslichkeit der Seele korrespondieren. Aber gerade hier liegt der entscheidende Mangel: Ich kenne keine Selbstanschauung in der absoluten Raum-Zeit-Dimension der göttlichen Gegenwart, sondern lediglich eine Selbsterfahrung in den subjektiven Anschauungsformen von Raum und Zeit. Ich habe nur ein konkretes Bewußtsein von mir als Dasein in der Zeit, als Gegenstand der inneren Selbstanschauung. Als »*Erscheinung des inneren Sinnes*« erfasse ich mich – aber eben nur als in der Zeit seiend und gerade nicht außerhalb dieser meiner subjektiven Bedingung der Erfahrung. In dem Satze: »*ich bin*« wird dieses »*empirische Ich*«, das Ich der empirischen Psychologie, getrennt von seinem Subjekt des Bewußtseins, dem Ding an sich selbst, als dem Grund der Erscheinung[60]. »*Denn das Ich ist gar kein Begriff . . . Es ist nichts mehr, als ein Gefühl eines Daseins, ohne den mindesten Begriff und nur Vorstellung desjenigen, worauf alles Denken in Beziehung steht*«[61]. Dieses Ich der reinen Apperzeption, bzw. das Subjekt des Selbstbewußtseins, das »*ich denke, das alle meine Vorstellungen begleitet*«, kennt sich nicht als Ding an sich, sondern ist sich selbst nur bewußt als Gegenstand der Anschauungsformen von Raum und Zeit, also als Erscheinung.

Das menschliche Bewußtsein bricht in zwei Teile auseinander: das transzendentale Selbst und die Selbstvermittlung seiner selbst, das Ich als Objekt der Selbstanschauung. Die Unmittelbarkeit der Selbsterfassung ist nur dem möglich, der sich selbst hervorbringt, bzw. in der Teilnahme an dieser göttlichen Seinsmächtigkeit. Nun verfügen wir zwar über die Idee der omnitudo realitatis. Aber wir haben gerade keine Einsicht in

---

[60] Kant. Werke in sechs Bänden, Darmstadt 1959, III, 209.
[61] ebd. 205.

die Einzigartigkeit der göttlichen Existenz. Folglich können wir auch solange aus dem Begriff der Substanz der Seele die Art ihrer Existenz nicht bestimmen, als uns zu dem Begriff nicht die Anschauung der göttlichen Existenz als Bestimmungsgrund für unsere eigene gegeben wird. »*Dasein ist kein reales Prädikat.*« Es muß synthetisch vermittels der Anschauung mit der Essenz verknüpft werden.

An die Stelle der nichterfahrbaren Gegenwart Gottes als »*ersten Prinzips der Zusammensetzung von Materie überhaupt*« sind unsere Anschauungsformen von Raum und Zeit als Formen des inneren Sinnes getreten. Sie sind die Bedingung der Möglichkeit menschlicher Erfahrung, aber sagen nichts über das Dasein der Dinge an sich selbst als Dinge des absoluten raum-zeitlichen Geschaffenseins aus. Beharrlichkeit, die wir der Seele im Sinne von Unsterblichkeit zusprechen wollen, kennen wir nur als Modus unserer Zeitvorstellung. Das Verhältnis eines Daseins zu einem anderen kann in der Zeit nur bestimmt werden, sofern es etwas gibt, an dem ich »*Folge*« bzw. »*Zugleich-Sein*« messen kann. Dieses Etwas ist das Beharrliche. Ohne das Beharrliche ist kein Zeitverhältnis als Nacheinander oder Zugleichsein möglich. Folglich ist das Beharrliche, also das Substratum der empirischen Vorstellung die Zeit selbst und damit Bedingung der Möglichkeit von Erfahrung.

> »*Wenn wir also aus dem Begriff der Seele als Substanz auf Beharrlichkeit derselben schließen wollen, so kann dieses von ihr doch nur zum Behuf möglicher Erfahrung, und nicht von ihr als einem Dinge an sich selbst und über alle mögliche Erfahrung hinaus gelten . . . Also kann die Beharrlichkeit der Seele nur im Leben des Menschen (deren Beweis man uns wohl schenken wird, aber nicht nach dem Tode, als woran uns eigentlich gelegen ist) dargetan werden, und zwar aus dem allgemeinen Grunde, weil der Begriff der Substanz, sofern mit dem Begriff der Beharrlichkeit als notwendig verbunden angesehen werden soll, dieser nur nach einem Grundsatz möglicher Erfahrung und also auch nur zum Behuf derselben sein kann*«[62].

[62] ebd. 200–207.

2. Die Spannung von transzendentalem und empirischem Ich

>*»Wer kann es wohl ertragen, daß wir von der Natur unserer Seele zum klaren Bewußtsein des Subjektes und zugleich zu der Überzeugung gelangen, daß seine Erscheinungen nicht materialistisch können erklärt werden, ohne zu fragen, was denn die Seele eigentlich sei und, wenn kein Erfahrungsbegriff hinzureicht, allenfalls ein Vernunftbegriff anzunehmen . . .«*[63].

Das Bewußtsein meiner Selbst als eines eigenständigen Subjektes, das durch die Spontaneität seines Denkens Einheit in die Mannigfaltigkeit der empirischen Erfahrung bringt, hütet mich vor dem Materialismus, der das Subjekt zum bloßen Produkt der Erfahrung macht und ihm damit jede Freiheit und Einzigartigkeit nimmt. Der leere Begriff des Selbst – das *»ich denke«* – rettet mich bei aller Abstraktheit vor der Auflösung in materielle Prozesse. Aber Einsicht in mein Inneres ist mir solange versagt, als die Zeit – als Form des inneren Sinnes – meine Selbstanschauung bestimmt. *»Gott erhält das Substantiale, das Innere der Substanzen selbst . . . Seine Gegenwart ist die innigste . . . aber nicht lokal«*[64].

Die einzigartige Formung meiner Geist-Seele durch Gott kann ich nicht mit der subjektiven Anschauungsform der Zeit erfassen. Die göttliche Gegenwart selbst ist mir entzogen. Die mathematischen Axiome der Newtonschen Physik beziehen sich auf die Extension der Erscheinung, nicht aber auf das *»Sensorium Dei«*. Der Stoff der Vorstellungen, *»womit wir das Gemüt besetzen«*, stammt aus der Außenwelt. Er affiziert als Gegebenes das Innere. Wir erleben unser Inneres also affiziert von außen. In den Anschauungsformen von Raum und Zeit geben wir dem empfangenen Material seine *»objektive Stelle«*. Das heißt, wir setzen die Gegebenheiten als Erscheinungen entweder zueinander in ein Verhältnis oder bringen diese

---

[63] ebd. 226.
[64] vgl. Heimsoeth, Heinz: Ein Kommentar zu Kants Kritik der reinen Vernunft, Berlin 1966–1971 (4 Bände), 2, 213.

räumliche Ordnung der Dinge nun auch in ein Verhältnis zu uns selbst. Die Zeit als Anschauungsform des inneren Sinnes sorgt dafür, daß selbst mein empirisches Bewußtsein durch die empfangenen Eindrücke welthafter Ereignisse nicht materialistisch gebildet wird, sondern dieses Material als Weise der Selbstanschauung bei sich entgegennimmt. Die Zeit ist die *»Vorstellungsart meiner Selbst als Objekt«*. Sie regelt das Nacheinander der Erscheinungen als Gegenstände meiner Erfahrung. An sich ist das Ich, dessen Bestimmungen als Veränderungen in der Zeit beschrieben werden, nicht zeitlich. Ich kann zwar sagen: Meine Vorstellungen folgen einander, aber das heißt nur, wir sind uns ihrer Zeitfolge bewußt. Vermittels des Zeitbewußtseins gewinne ich also nicht nur eine bestimmte Erfahrung meiner Selbst, als in der materiellen Welt der Veränderungen Lebender, sondern die Zeit ist zugleich das formale Prinzip der sinnlichen Welt selbst. Denn alles irgendwie Wahrnehmbare kann nur gedacht werden als entweder nebeneinander oder nacheinander gesetzt, also in dem *»Zuge der einzigen Zeit gleichsam eingebettet und an bestimmter Stelle sich aufeinander beziehend, so daß durch diesen Begriff, der für alles Sinnhafte primär ist, notwendig das formelle Ganze entsteht, was kein Teil eines anderen ist, d. h. die Welt der Erscheinungen«*[65]. Die Zeit als Form der inneren Selbstanschauung ordnet nicht nur das von außen kommende sinnliche Material, die Welt der Erscheinungen untereinander im Hinblick auf mich, vielmehr wird der innere Sinn auch von uns selbst affiziert und nimmt so unser Ich als Erscheinung wahr. *»Ich bin mir meiner selbst bewußt«* – ein Gedanke, der schon ein *»zweifaches Ich«* enthält, das Ich als Subjekt und das Ich als Objekt.

> *»Wie es möglich sei, daß ich, der ich denke, mir selber ein Gegenstand der Anschauung sein und mich so von mir selbst unterscheiden könne, ist schlechterdings unmöglich zu erklären, obwohl es ein unbezweifelbares Faktum ist. Es zeigt ein über alle Sinnenanschauung soweit erhabenes Vermögen an . . .«*[66].

---

[65] De mundi sensibilis atque intelligibilis forma et principiis, § 14.
[66] Kant: Fortschritt der Metaphysik, in: Werke 5.

Gerade diese eigentliche menschliche Fähigkeit der Selbstreflexion gegenüber bloß instinkhaftem Wissen, kann ich nicht erfüllen. Das Ich als Objekt der Selbstreflexion wird nur als »*Erscheinung, als Gegenstand jener Zeit, die ihren Ursprung im Subjekte selber hat*«[67], erkannt. Mein eigenes Dasein in der Zeit kann dadurch nicht bestimmt werden. Schmerzlich ist es also, das transzendentale Bewußtsein meines Daseins überhaupt von meinem Dasein in der Zeit unterscheiden zu müssen. Das Ich der transzendentalen Apperzeption ist nur »*ein logisches Subjekt*« – das den »*Verstandesakt des bestimmenden Subjektes überhaupt*« bezeichnet, das heißt, die Spontaneität des »*Ich denke*«, das die Einheit des Bewußtseins als Bestimmungsgrund aller Kategorien ausdrückt. Von diesem transzendentalen Ich, das als Ich »*alle meine Vorstellungen begleitet*«, weiß ich nur, daß es tätig ist, nicht aber wie und als was. Aber daß der Mensch Vorstellungen als seine haben kann, sie auf sich beziehen kann, »*erhebt ihn unendlich über allen anderen auf Erden lebenden Wesen*«. – »*Er hat ein Ich, auch wenn er es noch nicht sprechen kann, wenn er noch kein Wort für die ›Ichheit‹ hat. Ein Kind beginnt erst ziemlich spät von sich als ich zu sprechen. Vorher fühlt es bloß sich selbst, jetzt denkt es sich selbst*«[68]. Das empirische Ich, das Ich als Objekt der Wahrnehmung bzw. des inneren Sinnes, enthält dagegen eine Mannigfaltigkeit von Bestimmungen. Aber diese »*Bestimmungen*« sind nichts weiter als Affektion äußerer Anschauung. Sie vermitteln mir bestenfalls ein Bewußtsein, niemals mein An-sich-Sein in der Zeit.

3. Die Zeit als Form der Selbstanschauung

Die Zeit der Anschauungsform meines empirischen Bewußtseins ist zwar die einzige Brücke zum transzendentalen Ich, aber sie stellt doch nichts weiter als eine »*schematische Vermittlung*« her. Sie verknüpft wohl das transzendentale Bewußtsein mit dem empirischen. Sie sorgt dafür, daß wir nicht schizophren

---

[67] Werke 1, 365–462.
[68] Eisler, Rudolf: op. cit. 259.

als »*Doppelpersönlichkeit*« erscheinen, indem sie das Mannigfaltige der sinnlichen Wahrnehmung geordnet in ihren Anschauungsformen der kategorischen Bestimmungen der transzendentalen Apperzeption zugängig macht. Verstandesformen und äußere Anschauungen werden in Beziehung gebracht, aber bloß zum Zwecke möglicher Erfahrung. Das wahre Verhältnis von Anschauung und Begriff kann nicht erfaßt werden durch eine Zeitvorstellung, die bloß die Form der inneren Selbstanschauung ist, aber nicht die Zeit der göttlichen Gegenwart ist, in der der Geist sich entäußert, um Sein-für-den-Anderen zu sein.

Nicht als »*Sein für*« wird Zeit erfüllt, sondern im Gegenteil. Sie wirft uns zurück auf uns selbst. Aber nicht einmal uns selbst macht sie faßbar, sondern paradoxerweise fällt der Versuch der Selbsterfassung vermittels der Zeit zusammen mit der leeren Zeit, mit dem leeren Zeitbewußtsein. Die Vergegenwärtigung der puren Zeit zeigt uns aber die Hinfälligkeit des leiblichen Lebens, das von Moment zu Moment sich nur bewahrt, um von neuem dem Andrang der Dinge ausgesetzt zu werden. Wir stehen vor der Aporie, uns entweder leidenschaftlich in uns selbst zu verlieren oder die unendlich leere Zeit als Lebensüberdruß zu empfinden. Wo die Leidenschaft der Selbstverliebtheit müde wird, überfällt uns die Langeweile. Sie läßt uns empfinden, welchen Wert das Leben – eingesperrt in zeitliches Dasein – für uns haben kann. Er sinkt unter Null. (Vgl. Gerhard Krüger)

Der Mensch, der als Endzweck nur sich selbst sucht, endet im Wahnsinn oder Lebensüberdruß. Gibt es eine Möglichkeit, aus dem Zirkelschluß der »*Selbstbegaffung*« erlöst zu werden? Gibt es einen Weg zum Ding an sich? Muß Zeit, mit Heidegger zu sprechen, als »*Naturzeit*« verstanden werden, oder hat sie eigentlich personalen Charakter? Fällt nur deshalb die Einheit des Selbstbewußtseins in transzendentales und empirisches Bewußtsein auseinander, weil die Zeit als »*Naturzeit*« zwar vielleicht zur Grundlage der Interpretation des empirischen Bewußtseins dienen kann, aber niemals zugleich die Erfassung der Spontaneität des reinen »*Ich denke*« möglich macht?

Kant stellt eindeutig fest, daß die zur Rezeptivität des empirischen Bewußtseins gehörige Zeit den Akt der Selbstanschauung des reinen »*Ich denke*« nicht leisten kann:

> »*Das* ›*Ich denke*‹ *drückt den Aktus aus, mein Dasein – d. h. mein Vorhandensein – zu bestimmen. Das Dasein ist also dadurch schon gegeben, aber die Art, wie ich es bestimme, wie ich das Mannigfaltige, zu demselben Gehörige in mir setzen soll, ist dadurch nicht gegeben. Dazu gehört Selbstanschauung, die eine a priori gegebene Form, die die Zeit zu Grunde liegen hat, welche sinnlich und zur Rezeptivität des Bestimmbaren gehörig ist. Habe ich nun nicht noch eine andere Selbstanschauung, die das Bestimmende in mir, dessen Spontaneität ich mir nur bewußt bin, ebenso vor dem Aktus des Bestimmens gibt, wie die Zeit das Bestimmbare, so kann ich mein Dasein als eines selbsttätigen Wesens nicht bestimmen, sondern ich stelle mir nur die Spontaneität meines Denkens, die des Bestimmens vor, und mein Dasein bleibt immer nur sinnlich, d. h. als Dasein einer Erscheinung bestimmbar. Doch macht diese Spontaneität, daß ich mich Intelligenz nenne*«[69].

Gibt es noch eine andere Anschauungsart meiner Selbst als die Zeit als Form des inneren Sinnes? Hat Heidegger recht: Muß ich um der Spontaneität des »*Ich denke*« gerecht werden zu können, nur die Zeit anders verstehen? »*Vielleicht ist doch gerade die Zeit das Apriori des Ich*«[70].

Mit derselben Erkenntnisart, mit der man die Natur mißt, die Zeit mit ihren Modi: Beharrlichkeit, Folge und Zugleichsein, kann man auch der Person gerecht werden, stellt Heidegger fest.

Aber hier liegt gerade die doppelte Schwierigkeit: Wenn ich das Ich nicht in eine leiblich empirische Seite der Rezeptivität und eine geistige der Spontaneität auseinanderbrechen will, brauche ich offenbar doch eine einzige Form der unmittelbaren Selbsterfassung. Daß die Zeit als Einigungsform des mannigfal-

---

[69] KdrV B 158 Anm.
[70] Heidegger 24, 206.

tigen Gegebenen bestenfalls als vermittelndes Schema fundieren kann, leuchtet ein. Aber damit weist Kant doch schon auf ein »*ursprünglicheres Zeitverständnis*« hin, das allein in der Lage sein könnte, der ungeteilten Wirklichkeit zu entsprechen. Der Newton-Schüler Kant legt die Diskrepanz zwischen dem Sensorium Dei und den mathematischen Prinzipien offen und bezieht diese allein auf die Erscheinungsweise der Dinge in Raum und Zeit als subjektive Anschauungsform. Kant hebt damit das Sensorium Dei nicht auf. Die absolute Raum-Zeit der göttlichen Gegenwart bleibt das Ding an sich. »*Ein Grundbegriff, kein Gegenstand äußerer Empfindung*«[71], nicht »*lokal*« ist die »*Allgegenwart Gottes*«, sondern »*virtual*«. Der Raum ist nur das »*Phänomen*«, ein Symbol der göttlichen Gegenwart. Die Gegenwart des »*vollkommensten Geistes*« kann nicht im Raum gedacht werden, nicht nach der unmittelbaren, aber nicht »*innigen Weise der Newtonschen Attraktion aller Dinge untereinander*«[72].

4. Das Sittengesetz als Weise der Gegenwart Gottes in uns

Das »*Faktum*« des »*moralischen Gesetzes in mir*« läßt uns auf »*innige*« Weise die Gegenwart Gottes für uns erfahren. Das Sittengesetz: »*Handle so, daß die Maxime deines Willens jederzeit zugleich als Prinzip einer allgemeinen Gesetzgebung gelten könne*«[73], ruft mich zur eigenen Spontaneität auf. Der kategorische Imperativ: »*Handele so, daß du die Menschheit sowohl in deiner Person als in der Person eines jeden anderen jederzeit zugleich als Zweck, niemals bloß als Mittel brauchst*«[74], fordert mich als moralische Person an.

Die logische Persönlichkeit erfährt sich zugleich als »*praktische moralische Persönlichkeit*«, das geforderte sittliche Handeln ist

---

[71] Kant, Werke 2, 1000.
[72] Heimsoeth, Heinz: op. cit. 2, 213.
[73] KdpV A 54.
[74] Kant: Grundlegung zur Metaphysik der Sitten, B A 66.

mehr als eine bloße logische Verknüpfung des gegebenen Materials zur Einheit des Bewußtseins. Hier in der praktischen Tat sind wir ursprünglich schöpferisch, nicht Einordnung des Gegebenen, sondern ein Neuanfang, ein »sich machen«, sich verhalten als »Ursache des Gegenstandes« ist gefordert[75]. Das Ich der »Personalitas moralis« findet sich nicht einfachhin vor – sondern hat eigenständig Stellung zu nehmen, zu sich als einem »vernünftigen Sinneswesen«.

Diese geforderte Selbstbestimmung – im Gegensatz zur bloßen Selbstreflektion – setzt die »Tatsache der Freiheit« voraus. Ihre »Realität« läßt sich in wirklichen Handlungen, mithin in der Erfahrung dartun[76]. Freiheit als ein praktisches Vermögen der Selbstbestimmung und schöpferischen Hervorbringung läßt sich nicht theoretisch erweisen. Sie folgt so wenig wie die einzigartige Existenzform, die durch sie begründet wird, logisch notwendig aus dem Selbstbesitz der Geist-Seele. Der freie Wille ist ein unableitbares zweites Vermögen, das zur Vernunft hinzukommt. Wäre der Wille nur Funktion der Vernunft, so müßte er vollstrecken, was sie erkennt. Als eigenständige Potenz vermag er dagegen Stellung zu nehmen zu dem, was die Vernunft erkannt hat. Dieser freie Wille wird offenbar mit der Forderung des kategorischen Imperativs: »Du kannst – weil du sollst.« Es gibt nicht nur den kausalen Zusammenhang der Naturerscheinungen, der ihre Aufeinanderfolge gesetzhaft bestimmt. Es gibt auch die personale Gemeinschaft, die die Selbstbestimmung der Freiheit zur Voraussetzung hat. Gottes Gegenwart erweist sich nicht vornehmlich im Sensorium Dei als in der durch Naturgesetze geregelten gemeinschaftlichen Ordnung der Dinge im Raume. Primär erweist sich Gottes Dasein als gemeinsamer Grund für das Zusammenwirken von Personen. Die Freiheit ist das Vermögen: Von selber anzufangen, selber Ursache zu sein und nicht bloß verursacht zu werden. Diese Spontaneität des Selbstbeginns ist zu unterscheiden von Veränderungen, die den Naturprozeß charakterisieren. »Aus bloßer Natur« ist eben kein erster Anfang begreiflich zu machen, auch nicht der Anfang der

---

[75] Kant im Brief an Markus Herz (1772).
[76] Heimsoeth, Heinz: op. cit. 3, 468; 474.

Natur selber, die auf Naturgesetze bezogene Vernunft verwikkelt sich in Antinomien, wenn sie über den kausalen Nexus der Wirkung hinaus etwas über den absoluten Anfang der Erstursache sagen soll. Erst das personale Phänomen der Freiheit erlaubt, den nicht notwendigen Anfang der Selbstbestimmung nachzuvollziehen. Veränderung zielt auf die Erlangung des noch Ausstehenden, sie befriedigt den Mangel. Der absolute Neuanfang der persönlichen Freiheit kennt diese Notwendigkeit nicht. Sie erstreckt sich auf etwas, was nicht sein muß, zum Zwecke der Ergänzung. Sie bestimmt den Selbstzweck. Sie achtet die Person um des anderen willen. Die Freiheit ist jene »*Grundkraft*«[77], die die Bedingung der Möglichkeit personaler Gemeinschaft ist.

Sie erweist sich als das Gegenteil zur Naturzeit, die die notwendige Sukzession beinhaltet. Durch die »*Kausalität der Freiheit*« beginnt etwas, was nicht vorher durch die Raum-Zeit-Stelle des Vorausgegangenen, auf die es gesetzhaft folgt, bestimmt ist. Vielmehr umgekehrt: Es beginnt etwas in der Zeit – »*ereignet*« sich oder geschieht, wie Kant sich ausdrückt, das seine Ursache allein in der Selbstbestimmung der Person hat. Die Wirkung dieser Selbstbestimmung, die als Folge davon in der Zeit aufspürbar ist, ermöglicht nun ein geradezu umgekehrtes Zeitverständnis. Zeit bedeutet nicht mehr die Anschauung eines »*reinen Nacheinander*«, sondern meint die persönliche Selbstbestimmung in Relation zu einem anderen. Zeit wird damit ursprünglich als Versinnlichung der Freiheit und gerade nicht als Naturgesetz sichtbar. Naturzeit und Spontaneität der Freiheit müssen einen ausschließenden Widerspruch für Kant bilden, wenn »*die Gegenstände der Sinnenwelt für Dinge an sich selbst genommen werden und die angeführten Naturgesetze als Gesetz der Dinge an sich selbst*«[78]. Ist aber Naturnotwendigkeit bloß auf Erscheinung bezogen und Freiheit bloß auf Dinge an sich selbst, so entspringt kein Widerspruch[79].

---

[77] ebd. 2, 223.
[78] Kant. Werke in sechs Bänden, Darmstadt 1959, III, 216.
[79] ebd. 216.

5. Verwandlung der Naturzeit

Freiheit ist die Seinsweise des Dinges an sich selbst; die Wirkung seiner Selbstbestimmung in der Zeit können wir nicht adäquat erfassen. Wir haben zwar das »*Hineindenken*« in das Phänomen der Freiheit, aber kein »*Hineinschauen*«. Wir können nur die Wirkung der Freiheit entgegennehmen gemäß den Bedingungen unserer sinnlichen Rezeptivität, den Anschauungsformen von Raum und Zeit. Uns fehlt aber die Gemeinschaft mit dem Ursprung, aus dem heraus wir die Unableitbarkeit der freien Handlung mitvollziehen könnten. Wir sind der Gegenwart Gottes nicht unmittelbar teilhaftig. Aber wir können die Wirkung dieses ursprünglichen Seins für uns in der Tatsache der Freiheit konstatieren. Im Hören des Sittengesetzes nehmen wir die persönliche Freiheit zum anderen als anderem wahr. »*Wir können, weil wir sollen*« ein Miteinandersein gestalten, das die Aufhebung und Umkehrung der Naturzeit notwendig macht.

> »*Das Wesentliche aller Bestimmung durch das sittliche Gesetz ist: Daß er als freier Wille, mithin nicht bloß ohne Mitwirkung sinnlicher Antriebe, sondern selbst mit Abweisung aller derselben, und mit Abbruch aller Neigungen, sofern sie jenem Gesetze zuwider sein könnten, bloß durch Gesetz bestimmt werden*«[80]. – »*Hiermit stimmt aber die Möglichkeit eines solchen Gebotes als: Liebe Gott über alles und den Nächsten als dich selbst, ganz wohl zusammen! Denn es fordert doch als Gebot Achtung für ein Gesetz, das Liebe befiehlt und überläßt es nicht der beliebigen Wahl, sich diese zum Prinzip zu machen*«[81]. – »*Das moralische Gesetz ist in der Tat ein Gesetz der Kausalität durch Freiheit und also der Möglichkeit einer übersinnlichen Natur*«[82].

Die Naturzeit, die mir Selbstverwirklichung, Befriedung meines Interesses nahelegt, muß überformt werden. Der Trieb

---

[80] KdpV A 129.
[81] KdpV A 147–149.
[82] KdpV A 82.

nach Glückseligkeit »*als der Annehmlichkeit des Lebens*« muß überwunden werden. Rousseau hat Kant gelehrt, daß der Fortschritt der Kultur nichts mit einem Fortschritt der Moralität zu tun hat. Durch Entwicklung von Wissenschaft und Kunst wird der Mensch nicht besser und deshalb auch nicht glücklicher. Im Gegenteil, das ausschließliche Streben nach Glückseligkeit ist gerade die Ursache für die Unersättlichkeit der Habgier und führt konsequentermaßen zum Kampfe aller gegen alle[83]. Der Egoismus der Naturzeit muß verwandelt werden in ein Miteinandersein aller als Realisation jener Freiheit, die vom Ursprung der Freiheit zum anderen um des anderen willen ist. Die Spontaneität der moralischen Persönlichkeit entreißt uns der triebhaften »*Selbstanschauung*« und eröffnet uns ein Sein beim anderen. Wenn ich die Freiheit nicht mißbrauche als potenzierten Rückbezug auf mich selbst, erschließt sie mir das »*Ganzsein-Können*«, nicht wie Heidegger meint, das Ganzsein meiner selbst in der Erfassung meines alle Augenblicke überschreitenden »*Seins zum Tode*«; es geht nicht um Absolutsetzung der Naturzeit, sondern um ihre Transzendierung. Das Ganzsein-Können des einzelnen in der Weltzeit lebenden Menschen bedeutet für Kant gerade nicht die Weise »*des Sichfindens in den Dingen*«[84], sondern umgekehrt: Dasein für alle anderen um ihrer selbst willen. So wird »*der Begriff der Zeit als der einzigen unendlichen und unveränderlichen, in dem alle Dinge sind und beharren, die Ewigkeit der gemeinsamen Ursache in der Erscheinung*«[85] in seinem ursprünglichen Sinne offenbar: Unsere gemeinsame Herkunft aus dem Sein Gottes für uns ermöglicht ein Miteinandersein der reinen Liebe.

Glückseligkeit kann nicht durch Fortschritt der Naturzeit erreicht werden, sondern allein durch »*tugendhaftes Streben*«, das Selbstbestimmung am Sittengesetz mißt. Gottes Dasein ist ursprünglich nicht ein zur Physik gehörender, sondern ein zur Moral gehörender Begriff[86]. Gott offenbart sich uns als der Geber des Sittengesetzes[87]. Zeit ist ursprünglich die Wirkung

---

[83] Vgl. Krüger, Gerhard: Philosophie und Moral in der Kantischen Kritik, Tübingen 1931.
[84] Heidegger 24, 243.
[85] Kant: De mundi sensibilis . . . § 22.
[86] KdrV A 252.
[87] ebd. op. post. 810 ff.

der Spontaneität der Freiheit. Naturzeit wird sie erst, nachdem ihr personales Sein für den anderen pervertiert wird zum Sein vermittels des anderen. Dann wird aus dem möglichen Miteinandersein das Nacheinander, die reine Sukzession als Bedingung der Möglichkeit der Selbstanschauung!

Allein die Personalitas moralis gibt uns angesichts des Faktums der Freiheit bzw. des Sittengesetzes »*das Gefühl unserer wirklichen Existenz*«. In der Forderung des Sittengesetzes »*Du kannst, weil Du sollst*« wird mir mein Dasein, das zur Spontaneität der Handlung aufgerufen ist, »*fühlbar bemerkbar*«. – Die persönliche Handlungsweise, die Stellungnahme zu mir als einem vorgegebenen Selbst ist geboten. Das persönliche Verhalten im Hinblick auf den anderen als anderen wird verlangt. Das heißt aber nicht, daß ich diese Praxis so einholen könnte, daß mir die einzigartige Existenzform meines Selbst »*offenbar*« sein könnte – es sei denn, in jenem »*Reiche Gottes, in welchem Natur und Sitte in eine jede von beiden für sich selbst fremde Harmonie durch einen heiligen Urheber komme*«[88].

»*Kant steht mit der Grundabsicht seiner Philosophie nicht am Anfang des modernen Denkens, sondern am Ende der alten Theistischen Metaphysik. Die Kantsche Kritik ist der letzte Versuch, sie zu retten*«[89]. Gerettet kann die Theistische Metaphysik nur werden, wenn durch eine »*Metaphysik der Metaphysik*« gezeigt wird, wie der Geist der Materie »*innigst*« gegenwärtig ist. Zeit darf nicht nur das gesetzhafte Schema der Vermittlung sein, vielmehr Versinnlichung der Freiheit als Dasein für den anderen.

---

[88] KdrV A 222.
[89] Krüger, Gerhard: op. cit. 227.

V. Kapitel III
Biologie als Wissenschaft

1. Die Bildungsgeschichte der Organismen läßt sich nicht durch mechanische Ursachen erklären

Die mathematische Naturwissenschaft hat im Rückgriff auf die christliche Botschaft der Inkarnation des Geistes die Materie unseres Kosmos' als Natur des Geistes interpretiert. Die Sterblichkeit der Materie, die dem Selbstbesitz des Geistes widerspricht, gehört nur zur Erscheinungsweise einer Natur, die Gegenstand jenes Subjektes ist, das die Freiheit zum anderen als Akt der Selbstvermittlung durch den anderen mißbraucht hat und damit Zeit als Weise des Miteinanderseins pervertiert hat in den Prozeß des Nacheinander. Tod und Tötung *»als Gesetz der Naturzeit«* werden von Kant als dem Interpreten der Newtonschen Physik unterschieden vom *»Raum der göttlichen Gegenwart«*, in welchem *»Natur und Sitte«* geeint sind. Nicht die Naturzeit entwickelt durch Aufhebung des Vorausgegangenen das Nächstfolgende. Die Fähigkeit der Naturen, sich von selbst zur Ordnung und Vollkommenheit zu erheben, demonstriert für Kant den *»schönsten Gottesbeweis«*. Gott ist es, der die Materie so zusammensetzt, daß sie sich selbst in eigenständigen Einheiten besitzt.

Materie, ohne Rückbezug auf den *»absoluten Raum als erstes Prinzip ihrer Zusammensetzung«*, verliert ihre Einzigartigkeit und damit Unsterblichkeit. Sie sinkt herab zu einer Menge austauschbarer Partikel.

»Die Bildungsgeschichte der Weltkörper selbst und den Ursprung ihrer Bewegung aus dem ersten Zustand der Natur durch mechanische Gesetze herzuleiten«, gelingt der mathematischen Naturwissenschaft nur insofern, als sie lediglich einen von Gott verursachten Expansionsprozeß beschreibt, dessen Ursachen und damit Wesen sie aber nicht kennt.

Aus den allgemeinen »*Bedingungen möglicher Erfahrung*« auf das spezifische und d. h. unableitbare Wesen des Einzelorganismus zu schließen, ist nur möglich, wenn ich das Einzelwesen nur als Teilstück jenes Endproduktes der Natur betrachte, das als Mensch den Selbstherstellungsakt der Materie abschließt.

Wenn die Bedingungen der Möglichkeit menschlicher Erfahrung zugleich die Bedingungen der Selbstreflexion der Natur darstellen würden, wie Marx meint, müßte in der Tat aus den mechanischen Gesetzen der mathematischen Naturwissenschaft die Entwicklungsgeschichte der Natur mit allen Teilstücken der Evolution prinzipiell abgeleitet werden können.

Für Kant aber besitzt Gott allein den intellectus archetypos. Dem Menschen aber, der sich schuldhaft in den Widerspruch zu Gott begeben hat, ist der Zugang zum »*Innenwesen*« der Dinge versagt.

> »*Ist man imstande zu sagen, gebt mir Materie, ich will euch zeigen, wie eine Raupe erzeugt werden könne? Bleibt man hier nicht bei dem ersten Schritte aus Unwissenheit der wahren inneren Beschaffenheit des Objektes und der Verwicklung der in demselben vorhandenen Mannigfaltigkeit stecken? Man darf es sich also nicht befremden lassen, wenn ich mich unterstehe zu sagen: Daß die Bildung aller Himmelskörper, die Ursache ihrer Bewegungen, kurz der Ursprung der ganzen gegenwärtigen Verfassung des Weltbaues, könne eingesehen werden, ehe die Erzeugung eines einzigen Krauts oder einer Raupe, aus mechanischen Gründen deutlich und vollständig kund werden wird*«[90].

> »*Schlechterdings kann keine menschliche Vernunft die Erzeugung auch nur eines Gräschens aus bloß mechanischen Ursachen zu verstehen hoffen. Es ist notwendig, den obersten Grund dazu in einem ursprünglichen Verstande als Weltursache zu suchen*«[91].

---

[90] Kant. Werke in sechs Bänden, Darmstadt 1959, I, 237.
[91] Kant, KdU (Reclam 1878) § 77. Vgl. Zimmermann, Walter: Evolution. Die Geschichte ihrer Probleme und Erkenntnisse, Freiburg; München 1953, 336.

Eine rein gesetzmäßige Aufeinanderfolge der Materieteilchen – wie sie die Physik für die Bildung der Sonnensysteme im Sinne der Kant-Laplaceschen »*Himmelsmechanik*« annimmt – ist im Bereich des Lebendigen nicht ausreichend. Neben die mechanisch-kausale Erklärung der Organismen tritt notwendigerweise die teleologische Betrachtung »*als Fremdling in der Naturwissenschaft*«.

> »*Es liegt zwar der Vernunft unendlich viel daran, den Mechanismus der Natur in ihren Erzeugnissen nicht fallenzulassen . . ., weil ohne diesen keine Einsicht in der Natur der Dinge erlangt werden kann . . . Dabei dürfen wir aber niemals aus den Augen verlieren, daß wir die Produkte der Natur doch zuletzt der Kausalität nach Zwecken (dem teleologischen Prinzip) unterordnen müssen*«[92].

Drei Formen von Zweckmäßigkeit unterscheidet Kant in der Natur: 1. Ist der Organismus als eine Ganzheit zu betrachten: »*Zu einem Dinge als Naturzweck wird nun erstlich gefordert, daß die Teile (ihrem Dasein und ihrer Form nach) nur durch ihre Beziehung auf das Ganze möglich sind. Denn das Ding selbst ist ein Zweck, folglich unter einem Begriff oder einer Idee befaßt, die alles, was in ihm enthalten sein soll, a priori bestimmen muß*«[93]. Die Teile des Organismus verbinden sich dadurch zur Einheit eines Ganzen, »*daß sie voneinander wechselseitig Ursache und Wirkung ihrer Form sind*«[94]. Auf diese Weise bestimmt die Idee des Ganzen die Form und die Verbindung aller Teile. »*In einem solchen Produkt der Natur wird ein jeder Teil so, wie er nur durch alle übrigen da ist, als um der anderen und des Ganzen willen existierend als Werkzeug (Organ) gedacht . . . Nur dann und darum wird ein solches Produkt als organisiertes und sich selbst organisierendes Wesen ein Naturzweck genannt werden können*«[94].

Ein lebendiger Organismus ist also nicht bloß eine Maschine, etwa einem Uhrwerk vergleichbar. In einem Uhrwerk ist zwar

---

[92] KdU (Reclam 1878) § 78, B 354, 364; Zimmermann, W.: op. cit. 328.
[93] KdU (Reclam 1878) § 65, B 290; Zimmermann, W.: op. cit. 326.
[94] Kant. Gesammelte Schriften, Berlin 1900–1955, 5, 373–376.

auch »*ein Teil um des anderen willen da, aber nicht durch denselben*«. Naturzwecke sind im Unterschied zur Maschine »*sich selbst organisierende Wesen, als solche haben sie nicht nur bewegende, sondern bildende Kraft*«[95]. – »*Organisierte Wesen sind . . . also Zweck der Natur*«[96]. Diese »*unerforschliche Eigenschaft*« der »*Selbstorganisation der Organismen*« macht sie zu Naturzwecken, deren »*objektive Realität*« der Naturwissenschaft zu einer besonderen Betrachtungsweise der Teleologie Grund gibt.

Neben dieser Grundfähigkeit der Organismen, sich selbst entsprechend einer vorgegebenen Form als Ganzes von Teilen zu einer inneren sich selbst gehörenden Einheit zusammenzuschließen, ist 2. von Zweckmäßigkeit in der Natur in einer mehr äußerlichen Hinsicht bei Kant die Rede: Die Zuordnung der einzelnen Organismen untereinander. Entscheidend wird dann 3. die Hinordnung der Organismen auf den letzten Zweck, den Endzweck.

Wenn man nun im Sinne der mechanistischen Erklärungsweise die innere Form der Organismen, z. B. »*den Bau eines Vogels, die Höhlung in seinen Knochen, die Lage seiner Flügel zur Bewegung des Schwanzes und zum Steuern usw. zu erklären sucht, so sagt man, daß dies alles nach dem bloßen Nexus effectivus in der Natur, ohne eine besondere Art der Kausalität, nämlich die der Zwecke (Nexus finalis) zu Hilfe zu nehmen*« – geschehen könne[97].

> »*Es ist vernünftig, ja verdienstlich, dem Naturmechanismus zum Behuf einer Erklärung der Naturprodukte so weit nachzugehen, als es mit Wahrscheinlichkeit geschehen kann, ja diesen Versuch nicht darum aufzugeben, weil es an sich unmöglich sei, auf seinem Wege mit der Zweckmäßigkeit der Natur zusammenzutreffen, sondern nur darum, weil es für uns als Menschen unmöglich ist*«[98].

---

[95] ebd.
[96] ebd.
[97] KdU (Reclam 1878) § 61, B 269 ff.
[98] KdU (Reclam 1878) § 80, B 368.

2. Die Zusammenknüpfung von Wirk- und Zielursache durch Gott

Was Aristoteles für gegeben hielt, schließt Kant für die menschliche Betrachtung aus: Das einsichtige Zusammenwirken von causa finalis und causa efficiens. Beide, Aristoteles wie Kant, gehen davon aus, daß die causa finalis als erste der vier Ursachen, die für das Werden der Dinge verantwortlich sind, zu betrachten ist. Im Beispiel des Aristoteles: Der Silberschmied muß zunächst den Zweck der Sache bestimmen können, bevor er die Form – etwa die Silberschale – entsprechend dieser Bestimmung aus der Materie gewinnt. Der Silberschmied, der gemäß seiner Absicht die bestimmte Form, etwa zum Kultgebrauch, herstellt, ist aber nicht mit Gott als dem Schöpfer der Natur zu verwechseln. Wir können zwar durch experimentelle Analyse der Naturobjekte den Mechanismus studieren, der die Materie im Sinne der causa effectivus zusammensetzt. Aber, »*damit der Naturforscher nicht auf reinen Verlust arbeite, muß er immer . . . irgendeine ursprüngliche Organisation zugrunde legen, welche jenen Mechanismus selbst benutzt, um andere organisierte Formen hervorzubringen*«[99].

Die innere Form der Naturdinge, das eidos des Schneeglöckchens, war für Aristoteles noch Abbild der höchsten Allgemeinheit des unveränderlichen göttlichen Geistes. Sein materielles Werden galt nur als eine widersinnige, weil sterbliche Vereinzelung eines an sich unveränderlich bleibend gültigen Typus. Gegenstand der Wissenschaft war allein die dem Typus zugrunde liegende Idee. Empirisch abgelesene Einzelmerkmale der Materie waren höchstens Objekte einer unverbindlichen Beschreibung.

Nachdem aber – im Rückgriff auf die Inkarnation des göttlichen Geistes – das Werden der Naturformen als innere Bildungsgeschichte der Selbstorganisation von Organismen aufgefaßt werden muß und die vielfältigen Formen nicht mehr einfachhin als Abbild der höchsten Allgemeinheit allein dem prinzipiellen

[99] ebd.

Denken zugängig sind, vielmehr die einzigartige Vielfältigkeit der Formen als Ausdruck der dreifaltigen Schöpfungsgeschichte einen unvertauschbaren Wert bekommen hat, läßt sich dieser Formgehalt der Organismen nicht mehr einfachhin von seiner vereinzelnden materiellen Bildungsgeschichte abstrahieren.

Beides zusammen zu erfassen oder gar zu reproduzieren: die einzigartige Form, die im Ganzen aller Organismen einen unvertauschbaren Zweck besitzt und zugleich die Gesetzmäßigkeit ihrer Selbstherstellung berücksichtigen, hieße mit Kant zu sprechen, den intuitus archetypus besitzen bzw. der Anschauung Gottes teilhaftig zu sein. Die Anschauung ist es, die über die Allgemeinheit des Denkens hinausgehend, das Einzigartige erfaßt; nicht die empirische – sie kann bestenfalls eine Statistik von Besonderheiten aufrechnen –, sondern die intellektuelle Anschauung des Geistes, die die Vereinzelung, die Fleischwerdung der Idee betrachtet.

»Der Endzweck« der vielfältigen einzigartigen Organismen, ihr Zusammenhang in einem einzigartigen Kosmos *»übersteigt all' unsere teleologische Erkenntnisse weit. Die Erkenntnis dieses Endzweckes der Natur bedarf einer übersinnlichen Beziehung. Denn der Zweck der Natur muß über die Natur hinausgesucht werden«*[100].

»Die Zusammenknüpfung« beider Prinzipien, der causa effectiva und der causa finalis, ist nur dem intellectus archetypos Gottes möglich. Der Mensch ist nicht die Ursache, aus der die Entstehung der Dinge abgeleitet werden könnte. Durch die Sünde von Gott unterschieden, können wir die Totalität der uns gegebenen Objekte nicht erfassen. Die Welt als Ganzes ist uns nicht gegeben. Wir sind deshalb nicht in der Lage, den Totalzusammenhang der in ihr wirkenden mechanischen Kausalitäten final zu verstehen. Andererseits müssen wir die in der Natur vorgefundenen Organismen als *»nach Zwecken handelnde Wesen«* betrachten, zu deren Erklärung wir der *»Idee eines Naturzwecks«* als *»konstitutivem Prinzip«* bedürfen. Weil uns

---

[100] Vgl. KdU (Reclam 1878) § 67, B 299 ff.

nun aber der Einblick in die Entstehung und Zielsetzung der Natur als Ganzes nicht mehr vergönnt ist und wir statt dessen nur noch die Bildungsgeschichte der einzelnen gegebenen Objekte studieren können, erscheinen uns die Organismen, deren Endzweck bzw. Totalzusammenhang wir nicht verstehen, als Zufallsbildung mechanisch bewegter Materie!

Kant weist diese Vorstellung entschieden ab: Mit einem Begriff *»organisierter Materie«* ist wenig geholfen, denn erstens gibt es in der Erfahrung kein Beispiel dafür, daß Leben aus lebloser Materie entstanden ist, und zweitens gehört zum physischen Begriff der Materie, daß sie *»eine Vielheit der Dinge ist, die für sich keine bestimmte Einheit der Zusammensetzung an die Hand geben kann«*[101]. Zur Wesensform der Organismen gehört aber gerade die wechselseitige Einheit vom Ganzen und seinen Teilen. Der Begriff *»organisierte Materie«* erweist sich also als Selbstwiderspruch.

Die beiden unterschiedlichen Ursachenreihen, die causa effectiva und die causa finalis, können nur in Gott *»unter einem gemeinschaftlichen Prinzip stehen«*. Das *»Übersinnliche«* (Gott) wäre also *»der Natur als Phänomen«* zu *»unterlegen«*[102]. Wenn die uns gegebene Natur auf Gott als die erste Ursache ihrer Zusammensetzung hin durchsichtig wäre, könnten wir die causa effectiva im Dienste der causa finalis wirken sehen.
Da uns diese Einsicht in die Schöpfungstätigkeit Gottes versagt ist, bleibt für unsere Naturerklärung nur übrig, die mechanische Bildungsgeschichte der Organismen nach unseren *»Ideen«* zu ordnen. Eine systematisch wissenschaftliche Erfassung der Naturprodukte verlangt die *»Natureinheit«* als *»regulatives Prinzip«*. Aus diesem aller Einzelbetrachtung vorausliegenden apriorischem Prinzip *»Natureinheit«* können dann die *»Gesetze der Spezifikation der Natur«*, d. h. die Gliederung der Organismen in Gattung und Art abgeleitet werden.

---

[101] Kant. Gesammelte Schriften, Berlin 1900–1955, 5, 411.
[102] ebd. 412.

3. »Natureinheit« als regulatives Prinzip aller Naturerklärung

An die Stelle der causa finalis als konstitutivem Prinzip der göttlichen Schöpfertätigkeit tritt also bei Kant, aus Mangel an Einsicht in diese umfassende Schöpfungsursache, das bloß regulative Prinzip der ordnenden menschlichen Vernunft. Auf die causa finalis als »*regulatives Prinzip*« kann die Naturwissenschaft nicht verzichten. Der »*organisierende Bildungstrieb*« der Organismen zeigt, daß hier »*eine unerforschliche Kraft*« am Werke ist, die nicht nur den Einzelorganismus mit sich selbst einigt, sondern darüber hinaus alle Organismen auf einen »*Endzweck*« versammelt. Wenn dieser Endzweck der Natur als »*übersinnlicher*« sich unserer Einsicht entzieht, bleibt für Kant nur übrig, »*Natureinheit*« als »*regulatives Prinzip*« wissenschaftlicher Naturerklärung festzuhalten.

Da wir »*die Zusammenstimmung und Einheit der besonderen Gesetze und Formen*«[103], das Zusammenwirken der mechanischen und teleologischen Prinzipien in Gott nicht widerspruchsfrei einzusehen vermögen, müssen wir die zweckmäßige Schöpfungstätigkeit Gottes als erstes Prinzip aller Naturerklärung vertauschen mit unserer »*Idee*« von der »*Einheit der Natur*« als regulativem Prinzip der Verstandestätigkeit.

»*Merkwürdigerweise*« erweist sich nun der »*empirische Gebrauch*« der causa finalis als »*regulatives Prinzip*« der Naturerklärung »*heuristisch*«. Ohne das transzendentale, aller Einzeluntersuchung vorausliegende Prinzip der »*Spezifikation der Natur*« würde aber der empirische Versuch, die Gliederung der Natur nach Gattungen und Arten, nach Gemeinsamkeiten und Verschiedenheiten zu erfassen, schnell verenden.

> »*Die Vernunft bereitet also dem Verstand*«, d. h. der empirischen Naturbetrachtung, »*sein Feld: 1. Durch ein Prinzip der Gleichartigkeit des Mannigfaltigen und der höheren Gattungen. 2. Durch einen Grundsatz der Varietät des*

[103] ebd. 409.

Gleichartigen und der niederen Arten; und um die systematische Einheit zu vollenden fügt sie 3. noch das Gesetz der Affinität aller Begriffe hinzu, welches einen kontinuierlichen Übergang von einer jeden Art zu jeder anderen durch stufenartiges Wachstum der Verschiedenheit gebietet. Wir können sie die Prinzipien der Homogenität, der Spezifikation und der Kontinuität der Formen nennen. Das letztere entspringt dadurch, daß man die zwei ersteren vereinigt, nachdem man, sowohl im Aufsteigen zu höheren Gattungen, als im Herabsteigen zu niederen Arten, den systematischen Zusammenhang in der Idee vollendet hat; denn alsdann sind alle Mannigfaltigkeiten untereinander verwandt, weil sie insgesamt durch alle Grade der erweiterten Bestimmung von einer einzigen obersten Gattung abstammen«[104].

Der Naturerklärung, die mit der vorausgesetzten »Idee« der »Natureinheit« als Einheit alles Mannigfaltigen arbeitet, entspricht die systematische Zusammenfassung ihrer beiden Prinzipien Einheit und Vielheit unter dem Gesetz der Kontinuität der Formen. Der Übergang von der Einheit zur Vielheit wird durch stufenförmiges Wachstum erklärt. Vielheit widerspricht nicht der Einheit, sondern soll als verwandtschaftliche Verzweigung der Einheit verstanden werden.

»Man sieht aber leicht« – so argumentiert Kant weiter – *»daß diese Kontinuität der Formen eine bloße Idee sei, der ein konkurrierender Gegenstand in der Erfahrung gar nicht aufgewiesen werden kann, nicht allein um deswillen, weil die Species in der Natur wirklich abgeteilt sind und daher an sich ein Quantum discretum ausmachen müssen und wenn der stufenartige Fortgang in der Verwandtschaft derselben kontinuierlich wäre, sie auch eine wahre Unendlichkeit der Zwischenglieder, die innerhalb zweier gegebener Arten lägen, enthalten müßten, welches unmöglich ist; sondern auch, weil wir von diesem Gesetz gar keinen bestimmten empirischen Gebrauch machen können«*[105].

[104] KdrV A 657 f.
[105] KdrV A 660 f.

»Ebenso ist es mit der Behauptung oder Anfechtung des so berufenen von Leibniz in Gang gebrachten und durch Bonnet trefflich aufgestutzen Gesetzes der kontinuierlichen Stufenleiter der Geschöpfe nichts als eine Befolgung des auf den Interessen der Vernunft beruhenden Grundsatzes der Affinität ... Die Sprossen einer solchen Leiter, so wie sie uns Erfahrung angeben kann, stehen viel zu weit auseinander, und unsere vermeintlich kleinen Unterschiede sind gemeiniglich in der Natur so weite Klüfte, daß auf solche Beobachtungen ... als Absichten der Natur gar nicht zu rechnen ist. Dagegen ist die Methode, nach einem solchen Prinzip Ordnung in der Natur aufzusuchen, und die Maxime, eine solche, ob zwar unbestimmt, wo und wie weit in einer Natur überhaupt als gegründet anzusehen, allerdings ein rechtmäßiges und treffliches regulatives Prinzip der Vernunft«[106].

Als methodisches Ordnungsprinzip für die Naturerklärung läßt Kant also die Kontinuität der Formen bzw. die Stufenleiter des Lebendigen gelten. Die Natur selbst kann so nicht aufgefaßt werden. Hätten wir den Einblick in die zwecksetzende Schöpfungstätigkeit Gottes, würde uns die unvertauschbare Einzigartigkeit des jeweiligen Formprinzips der Organismen und ihre übersinnliche Grundstruktur deutlich erfaßbar sein, so würden wir das *»Quantum discretum«*, die *»wirkliche Abteilung der Spezies«* erkennen.

Der *»unerforschliche Bildungstrieb«* versammelt die Elemente einer Spezies so, daß *»die Idee des Ganzen die Form und Verbindung aller Teile bestimmt«*[107]. Die Naturelemente sind nicht einfachhin Teile, Bausteine der sich entwickelnden Natureinheit, sondern immer Teile dieses Organismus. Die Natur organisiert sich kraft dieses von Gott verliehenen Bildungstriebes in jeder Spezies selbst.

Eine mechanische Naturerklärung, die den Zweck des Einzelorganismus als Zwischenphase im Entwicklungsprozeß des Lebens überhaupt verrechnet, mißachtet, daß *»ein höchster*

---

[106] KdrV A 668.
[107] KdrV (Reclam 1878) § 65, 253 ff.

Architekt die Formen der Natur, so wie sie von jeher sind, unmittelbar geschaffen, bzw. prädeterminiert hat«[108]. Wenn wir auch die »*Handlungsart und die Idee desselben . . . gar nicht kennen*«[109], so müssen wir doch die »*Unwandelbarkeit dieser Zielsetzung*« im Hinblick auf die zweckmäßige Einrichtung des Einzelorganismus berücksichtigen.

Die mechanisch-technische Erklärungsweise der Natur kann nur als Methode, als heuristisches Prinzip zur Auffassung der beiden Strukturprinzipien der Natur – Einheit und Vielheit – dienen. Die Verknüpfung beider: Die Einmaligkeit des Vielen ist »*übersinnlich*« und nur als Schöpfungsgeheimnis des »*Dreieinen*« zu erfahren. Die schematische Verknüpfung beider in der Zeit zeigt nur die Erscheinungsweise des Ewigen.

4. Evolutionstheorie als heuristisches Prinzip der Naturerklärung

Durch die schematische Betrachtung der Natur als Ganzheit hört die Biologie auf, eine bloß Einzelheiten beschreibende Disziplin zu sein. Sie wird Wissenschaft, der mathematischen Physik an Allgemeingültigkeit und Notwendigkeit vergleichbar – als »*Geschichte der Biologie*«. Der systematische Zusammenhang der Organismen wird als ihre Bildungsgeschichte aus der »*Einheit der Natur*«, als dem obersten Prinzip aller Naturerklärung abgeleitet. Biologie wird Evolutionstheorie, um die Einheit der Natur zu demonstrieren!

Aber diese Einheit, die den »*Übergang*« von der Einheit zur Vielfalt, von Gattungen zu Arten als Entwicklungsgeschichte darstellen soll, ist für Kant nur ein heuristisches Prinzip, eine »*Idee*« der Vernunft zur Anweisung für die Erforschung jener einzigartigen Vielseitigkeit, die allein durch den intellectus archetypos wirklich zu einigen ist.

---

[108] KdrV (Reclam 1878) § 78, 298.
[109] ebd.

Die Geburt der Biologie als systematischer Geschichtswissenschaft wird bezahlt mit der Preisgabe der causa finalis als einem *»konstitutiven Prinzip«* der Naturerklärung. Die Unterscheidung der causa finalis als einem konstitutivem Prinzip der göttlichen Schöpfungstätigkeit und der causa finalis als einem bloß regulativem Prinzip für den menschlichen Vernunftgebrauch führt nun praktisch zur einseitig mechanistischen Betrachtungsweise der Natur. Die von der causa finalis, als konstitutivem Prinzip der Organismen isolierte causa effectiva – kann nur noch ganz allgemein für die Bewegungsgeschichte der Naturwesen überhaupt verantwortlich gemacht werden. Ihr *»Dienst«* dient *»als Verwirklichungsgeschichte«* des spezifischen Bildungstriebes des jeweiligen Einzelorganismus und kann nicht mehr berücksichtigt, weil nicht systematisch erfaßt, werden.

Die Erfassung der *»Natur als Ganzes«* wird erkauft mit dem Verlust der Bildungsgeschichte des Einzelorganismus. Biologie wird systematische Wissenschaft durch die Alleinherrschaft der causa effectiva. Trotzdem bleibt es für Kant *»dreist zu hoffen, daß noch etwa dereinst ein Newton aufstehen könne, der auch nur die Erzeugung eines Grashalmes nach Naturgesetzen, die keine Absicht geordnet hat, begreiflich machen werde«*[110].

Kant ist sich voll bewußt, daß die Biologie als allgemeine Geschichte der Naturentwicklung nur eine Evolutionstheorie als heuristisches Prinzip darstellt. Eine wirkliche, sich auf Realübergänge in der Natur beziehende Evolution lehnt er konsequentermaßen ab.

Aufgrund der *»komparativen Anatomie«* aller Pflanzen- und Tiergattungen infolge der *»Analogie der Formen«* könnte man erwarten, daß sie, *»bei aller Verschiedenheit, gemäß einem gemeinschaftlichen Urbilde erzeugt und eine gemeinschaftliche Urmutter hätten«.* Es steht von daher *»dem Archäologen der Natur frei . . ., den Mutterschoß der Erde, die eben aus ihrem chaotischen Zustande herausging (gleichsam als großes Tier), anfänglich Geschöpfe von minder-zweckmäßiger Form, diese*

---

[110] Kant. Gesammelte Schriften, Berlin 1900–1955, 5, 400.

wiederum andere, welche angemessener, ihrem Zeugungsplatze und ihrem Verhältnisse untereinander, sich ausbildeten, gebären zu lassen . . .«[111].

»Ein gewagtes Abenteuer der Vernunft« nennt Kant Hypothesen dieser Art. Um die Entstehung von Organismen erklären zu können, müßte man den Übergang von der anorganischen zur organischen Materie im Sinne der *»generatio aequivoca«* erklären – das aber wäre für Kant *»völlig ungereimt«*! Eine gattungsmäßige Verschiedenheit zwischen Ursache und Wirkung widerspricht der Vernunft, die dem Satz der Identität als dem Grundprinzip der Logik verpflichtet ist. Preisgabe dieses obersten Denkprinzips würde Rückfall in den Mythos mit allen Konsequenzen bedeuten.

Wirkliche Evolution würde Rückfall in den Mythos mit allen Konsequenzen eines doppelten Widerspruchs bzw. Streites zwischen der niederen Eltern- und der überragenden Tochtergeneration bedeuten. Allein die Gleichheit von Ursache und Wirkung überwindet den tötenden Entwicklungskampf der Generationen zur Freiheit des Miteinanderseins.

5. Der von Gott gegebene Bildungstrieb des Einzelorganismus

Die kausalmechanistische Betrachtungsweise der Biologie als Wissenschaft könnte dazu verleiten, die artbildenden Formunterschiede der Organismen zu übersehen. In Wirklichkeit ist es aber gerade umgekehrt. Der *»Bildungstrieb der Organismen«*, auf Grund dessen sich die Organismen selbst zu spezifischer Form entfalten, ist Ausdruck des vorgegebenen Artlogos. Kant spricht von einer *»generischen Präformation«* der Lebewesen, d. h. die spezifische *»Form«* eines Organismus ist *»virtualiter«* im Sinne einer aktiven, sich selbst entwickelnden Potenz vom intellectus archetypos, vom Schöpfergott gegeben.

---

[111] ebd. 5, 419.

Leibniz, der die verschiedenen Monaden in einer ununterbrochenen Stufenfolge nach dem Gesetz der Kontinuität in prästabilierter Harmonie vereinigt sieht, nimmt sogar an, daß jeder Organismus in seiner Individualität durch Gott präformiert ist. Jede einzelne fensterlose Monade stellt für ihn, kraft immanenter Wirksamkeit, das Ganze des Universums in einzigartiger Form als diesen unvertauschbaren Gedanken Gottes dar.

Auf Grund dieses von Gott als Ausdruck seiner selbst gegebenen Artlogos besitzt der Organismus sich so, daß er nicht nur sich selbst entfalten, sondern auch sich selbst im Sinne der Zeugung weitergeben kann. Die Begattung wird von Kant nicht nur als die materielle Basis betrachtet, der Gott sein Formprinzip schenkt, wie etwa Malebranche denkt. Auch den Prästabilismus von Leibniz und seiner Schule lehnt er mit dem Argument ab: Hier hätte die göttliche Weisheit nur die *»Anlage«* gebracht, vermittels deren ein organisches Wesen seinesgleichen hervorbringt und die Spezies sich selbständig erhält[112].

Auf diese Weise – so argumentiert Kant weiter – *»geht alle Natur verloren«*, d. h. die Eigenständigkeit der Natur wird auf Kosten einer *»hyperphysischen«* Erklärungsweise aufgehoben! Deswegen zieht Kant die *»Epigenesis«* vor: *»Unter der höheren Anleitung und Anweisung des Bildungstriebes«* als Vermögen des virtualiter gegebenen Formprinzips der jeweiligen Organismen, zeugt der Organismus sich artspezifisch als dieser weiter. Bei diesem *»unerforschlichen Prinzip einer ursprünglichen Organisation«* hat auch der Naturmechanismus einen unverkennbaren Anteil[113].

Für Kant ist also das dem jeweiligen Organismus von Gott mitgegebene Formprinzip der Grund der Möglichkeit der artspezifischen Zeugung. Bei dieser Epigenesis fällt die Natur nicht aus, weil Gott nicht die entwickelte Endform mitteilt, vielmehr einen artspezifischen Bildungstrieb, der die Selbstorganisation dieses Organismus als Ausbildung seines ihm *»virtualiter«* gegebenen Formprinzips besorgt.

[112] KdU,§ 81, B 375.
[113] Kant. Gesammelte Schriften, Berlin 1900–1955, 5, 424.

Der Akt der Mitteilung des Formprinzips, wie die Art der
Entgegennahme dieser von Gott gegebenen Bildungskraft,
entzieht sich unserer empirischen Nachforschung. Wir können
nur den mechanischen Prozeß, das heißt die Entwicklungsgeschichte der causa effectiva beobachten, die ausführt, was
durch die causa finalis vorgegeben ist. Die Erfahrung zeigt uns,
darauf verweist Kant, daß Zeugung im Sinne der Gleichheit
von Ursache und Wirkung nur als »*generatio univoca*« bzw.
»*homonyma*« zu verstehen ist, aber gerade nicht als »*generatio
aequivoca*« auf einen gemeinsamen Stammbaum verweist.
Zum Beispiel:

> »*Ein Baum zeugt erstlich einen anderen Baum nach einem
> bekannten Naturgesetz. Der Baum aber, den er erzeugt, ist
> von derselben Gattung; und so erzeugt er sich selbst der
> Gattung nach . . . Zweitens erzeugt ein Baum auch sich
> selbst als Individuum . . . Die Materie, die er hinzusetzt,
> verarbeitet dieses Gewächs vorher zu spezifisch-eigentümlicher Qualität, die der Naturmechanismus außer ihr nicht
> liefern kann*«[114].

Sowenig wir den »*unerforschlichen Akt der Selbstorganisation*«
der artspezifischen Formen der Organismen erklären können,
sowenig kennen wir das wirkliche Endziel dieser Bildungsgeschichte; beides hängt zusammen. Aber um überhaupt die
bloß mechanische Vorstellung der Evolutionstheorie als eines
regulativen Prinzips der Naturbetrachtung von dem wirklichen
Zeugungsakt der »*aus sich selbst seienden Organismen*« unterscheiden zu können, dürfen wir uns nicht mit der »*Idee der
Einheit der Natur*« als heuristischem Prinzip der Naturforschung begnügen, sondern müssen nach dem letzten »*Endzweck*« der Natur als ganzer Ausschau halten.

6. Der Endzweck der Natur

Die objektiv in der Natur vorkommende, aber subjektiv nur
bedingt faßbare Zweckmäßigkeit der Einzelorganismen setzt

[114] KdU, § 64, B 287.

die Zweckmäßigkeit der Natur als ganzer voraus. Diese Zweckmäßigkeit der Natur überhaupt war der Angelpunkt der Theodizee. Kritisch setzt sich Kant in der Schrift: »*Über das Mißlingen aller philosophischen Versuche in der Theodizee*« mit Leibniz diesbezüglich auseinander. Rein philosophisch – vor dem »*Gerichtshof der Vernunft*« – ist so lange nichts zu machen, als wir keine Einsicht nehmen können in die »*Handlungsart*« des Schöpfers. Die abstrakte Forderung nach dem zureichenden Grund für die vorliegende Wirkung reicht für die Biologie als systematische Wissenschaft nicht aus. Sie braucht die konkrete Einsicht in den Endzweck der Natur, um aus ihm den Akt der jeweiligen Selbstorganisation der Organismen ableiten zu können. Die rein theologische Auskunft, die Verehrung Gottes sei das Ziel der Schöpfung, hilft der Biologie praktisch auch nicht. Die Vermittlung von Theologie und Biologie mißlingt so lange, wie wir die »*Handlungsart Gottes*« nicht einzusehen vermögen. Inzwischen könnte nun der Mensch mit seiner »*gesetzgebenden Vernunft*« als Endzweck der Natur betrachtet werden. Das wehrt Kant aber entschieden ab: »*Dann hätte die Welt selbst ihrer Existenz nach einen Endzweck*«[115]. Zwar ist der Mensch »*betitelter Herr der Natur*«, aber das bedeutet gerade nicht, daß er von Natur aus zur Glückseligkeit geschaffen ist. Nicht die Naturgüter können ihn befriedigen. Im Gegenteil: Der Mensch leidet unter dieser Natur wie alle anderen Geschöpfe auch: »*Wassergefahren, Pest, Hunger, Frost*« bedrängen ihn.

Der Mensch könnte zwar ein vermittelnder Endzweck der Natur sein, wenn er »*es verstünde und den Willen hätte*«, der Natur und sich selbst die richtigen Zwecke zu setzen. Als »*Herr der Natur*«, als »*moralisches Subjekt*«[116], könnte der Mensch die Natur zur größeren Ehre Gottes gebrauchen. Er könnte sie als Weise der Inkarnation Gottes selbst verstehen, als Mittel personaler Schenkung von Gott und Mensch.

Menschliche »*Kultur*« kann auch gegenteilige Ziele setzen und die Gottseligkeit (fortuna sancta) vertauschen mit der Glückse-

---

[115] Vgl. KdU, § 83, B 391.
[116] Kant. Gesammelte Schriften, Berlin 1900–1955, 5, 432 ff.

ligkeit aller Menschen. Hatte die Natur des Kosmos ursprünglich den Zweck, Gott und den Menschen als gemeinsamer Wohnsitz der gegenseitigen Liebe zu dienen, so konnte dieses Paradies – der Garten Eden – durch die Freiheit des Menschen auch in das Gegenteil pervertiert werden und als »*Genußmittel*« für die »*Vergnüglichkeit*« der wenigen mißbraucht werden. Dagegen verwehrt sich Kant. Die Natur als solche macht den Menschen nicht glückselig. Sie kann nicht Endzweck für den Menschen sein. Der kulturelle Fortschritt ist erkauft durch die »*Ungleichheit unter den Menschen*«. Wenn die größere Zahl der Menschen »*nicht die Notwendigkeit des Lebens gleichsam mechanisch besorgt*«, so fehlt es der kulturtragenden, genießenden Minderheit an »*Gemächlichkeit und Muße*«. Sittlicher macht uns die kulturelle Bearbeitung der Natur nicht!

Theologie als Auslegung der christlichen Offenbarung und Biologie fallen auseinander. Die naturwissenschaftliche Erfassung des Kosmos kann bestenfalls als »*Propädeutik*« für die Theologie dienen, aber gerade nicht die »*Eigenschaften Gottes*« in der Natur ansichtig machen.

Nur in Verbindung mit der »*Moraltheologie*« können die Naturwissenschaften den Dienst einer Propädeutik leisten. Diese »*treibt uns zwar an, eine Theologie zu suchen, kann aber keine hervorbringen*«[117].

Der kategorische Imperativ, der uns sittliches Handeln befiehlt, muß auch erfüllbar sein! Der Endzweck der Schöpfung, die Verehrung Gottes als Voraussetzung für die Glückseligkeit aller Menschen, muß, wenn nicht hier, weil sich der Mensch in seiner Freiheit anders entschieden hat, so doch in einem »*zukünftigen Reich Gottes auf Erden*« realisierbar sein. Menschliche Verpflichtung zu sittlichem Handeln kann nur der »*moralischen Absicht*« göttlicher Schöpfungstätigkeit entsprechen. Ohne Ethik ist Biologie als Naturwissenschaft nicht mit der Theologie zu vermitteln. Die Natur, so wie sie uns unter dem bloß regulativen Prinzip der Einheit stiftenden Vernunfttätigkeit erscheint, kann nicht mit der zu verehrenden Güte Gottes in Einklang gebracht werden.

[117] ebd. 5, 440.

Leid und Sterblichkeit der Natur widersprechen der Güte Gottes! Nur wenn »*die zwecksetzende*«, moralische Tätigkeit des Menschen in Betracht gezogen wird, der die Natur als Gegenstand der Gnade Gottes in das Gegenteil pervertiert und damit als Mittel der Unterdrückung mißbraucht hat und entsprechend die Verantwortung für die Not der Schuld trägt, kann Natur wieder ein Objekt der Theodizee werden.

Ohne die entscheidende Mittlerrolle des Menschen zwischen Gott und Natur, ohne die Verknüpfung von Ethik und Biologie ist keine Brücke zur Theologie zu bauen!

In der Auseinandersetzung mit Linné verwahrt sich Kant deswegen dagegen, den Menschen bloß als Mittel zum Zweck in der Natur zu betrachten. Der Mensch hat nicht nur eine bestimmte Funktion im Gesamtzusammenhang der Natur auszuüben, sondern an ihm als vermittelndem Endzweck hängt weitgehend das Schicksal der Natur überhaupt. Der Mensch ist nicht der Natur unterzuordnen, sondern ihm ist die ganze Natur »*teleologisch untergeordnet*«.

Kant will also nicht mit Linné sagen:

> »*Die gewächsefressenden Tiere sind da, um den üppigen Wuchs des Pflanzenreiches . . . zu mäßigen, die Raubtiere, um der Gefräßigkeit jener Grenzen zu setzen, endlich der Mensch, damit – indem er diese verfolgt und vermindert – ein gewisses Gleichgewicht unter den hervorbringenden und zerstörenden Kräften der Natur gestiftet werde. Und so würde der Mensch, so sehr er auch in gewisser Beziehung als Zweck gewürdigt sein möchte, doch in anderer wiederum nur den Rang eines Mittels haben*«[118].

Die Auffassung von der Konstanz der Art teilt Kant trotz aller erkenntniskritischen Überlegung mit Linné. Anfänglich (1737) formulierte Linné:

> »*Es gibt so viele Arten, wie der unendlich eine Gott am Anfang als verschiedene Formen hervorgebracht hat . . .*

---

[118] KdU, B 383.

Jede Gattung ist natürlich im Uranfang unmittelbar so geschaffen. Deshalb kann sie auch nicht mutwillig oder nach irgendeiner Theorie schamlos zerrissen oder vermischt werden«[119].

Später (1751) heißt es verkürzt nur noch:

»*Alle Arten derselben Gattung dürften am Anfang als eine Art dargestellt haben, aber späterhin durch Kreuzung fortgepflanzt worden sein . . .*«[120].

An der Konstanz der Gattung als einem von Gott geschaffenen Formprinzip hält er fest, so daß er auch noch 1751 davon ausgeht, daß »*diese Formen nach den feststehenden Gesetzen der Zeugung zahlreiche, sich selbst immer ähnliche Nachkommen erzeugen*«[121].

7. Kants Entwurf einer Metaphysik der Natur als Antwort auf die Inkarnation des Logos

Fassen wir zusammen: Kant hat eine »*Metaphysik der Metaphysik*« entworfen. Der Gegenstand seiner Reflexion ist nicht der Geist der klassischen Metaphysik in seiner Identität mit sich selbst, sondern der Geist der Natur. Im Rückgriff auf das Faktum der Inkarnation des göttlichen Geistes ist, wie wir gesehen haben, die mathematische Physik und, in Abgrenzung zu ihr, auch die »*Biologie als Geschichte*« entstanden. Der systematische Charakter der Naturwissenschaft, der die Deduktion des Einzelgeschehens aus dem vorausgesetzten obersten Prinzip der »*Natureinheit*« verlangt, wäre ohne die christliche Botschaft, die bezeugt, daß die materielle Natur als zweite Natur des göttlichen Geistes verstanden werden darf, nicht möglich gewesen. Endliche, in Einzelmomente auseinanderfallende Natur darf als ein geordnetes Ganzes analog dem

---

[119] Syst. nat. 1735, 72, Vgl. Zimmermann, Walter: op. cit. 197.
[120] Fundamentum fructificationis, Amoenitales academicae, Vd. VI, 296.
[121] Phil. bat. 1763, Aph. 157.

Selbstbesitz des Geistes betrachtet werden. Materielle Einzelelemente sind nicht als Widerspruch zum Ganzen, sondern als Spezifikation des Ganzen darzutun. Aber dieser Gliederungsprozeß der Natur als ganzer in ihre sterblichen Teile bleibt so lange nur ein schematischer Ordnungsgedanke, wie die »*innigste*« Einheit von Geist und Natur als der Einheit des Mannigfaltigen nur faktisch als Ereignis der Inkarnation des göttlichen Geistes in der Natur des Menschen vorliegt. Mit dem Faktum der Inkarnation des Geistes ist der Charakter dieser Einheit aber noch nicht deutlich. Erst im Lichte der Wiederkunft Christi wird die Materie auf den sie schenkenden göttlichen Geist hin durchsichtig sein.

Die Naturwissenschaft holt als »*Metaphysik der Natur*« im Denken das sie begründende Faktum der Offenbarung Gottes im Fleische nicht ein. Als »*heuristisches Prinzip*« verweist sie über sich hinaus sowohl auf die »*unerforschliche*« Einzigartigkeit der Selbstorganisation der Einzelorganismen wie auf den sie begründenden dreifaltigen Gott, der nicht nur den Geist als Abbild seines perfekten Selbstbesitzes schafft, vielmehr – analog zu dem Akt seiner verschenkenden Selbstmitteilung – auch eine Natur mit dem moralischen Endzweck, Möglichkeit anverwandelnder Liebe zu sein.

VI. Kapitel I
Inkarnation des Geistes als Produktionsgeschichte des Geistes
Dialektische Verknüpfung von Geist und Materie durch Hegel

1. Inkarnation des Geistes als Angelpunkt der Weltgeschichte

Gott ist wahrhaftig Geist und zugleich Mensch, Wirklichkeit dieser Welt. *»Das ist der Angelpunkt, um den die Weltgeschichte sich dreht.«*

Mit Christus, als dieser Identität, ist die Zeit erfüllt und Geschichte im Prinzip vollendet. Die Erde ist damit für den Geist geworden[1].

In Christus wird für Hegel zum ersten Mal offenbar, was Weltgeschichte prinzipiell beinhaltet: Die Naturgeschichte des Geistes bzw. die Geistwerdung der Natur. Die aparte Geschichte der Theologie und der Metaphysik – so argumentiert Hegel – konnte es nur so lange geben, wie der göttliche Geist sich noch nicht bewußt war, was an und für sich ist – Geist dieser Welt. Gott und Menschen sollen nicht länger im Glaubensakt bloß faktisch aufeinander bezogen werden bzw. unterschieden werden, vielmehr ist das bloße Faktum der Inkarnation – so fordert Hegel – in die *»Faktizität der Vernunft«*

---

[1] Vgl. Hoffmeister, Johannes (Hrsg.): Hegel. Vernunft in der Geschichte. Hamburg: PhB Meiner 1955, 157.
(Dieses Werk wird künftig zitiert als »ViG« mit Angabe der Seitenzahl. Hegels Werke werden, wenn nicht anders angegeben, zitiert mit Angabe des Bandes und der Seitenzahl nach: Sämtliche Werke, Jubiläumsausgabe in 20 Bänden, hrsg. von H. Glockner, Stuttgart (3. Aufl.) 1958. Die in §§ eingeteilte »Enzyklopädie« und »Rechtsphilosophie« werden zitiert als »E« und »R« mit Angabe des §.)

aufzuheben, damit die notwendige Zusammengehörigkeit von Denken und Sein – von Geist und Materie – einsichtig wird.

Was das Denken sucht, die realisierte geistige Welt, das Reich Gottes auf Erden, ist prinzipiell schon vollbracht. Der *»herrliche Sonnenaufgang der Französischen Revolution«* muß für Hegel in die Tat umsetzen, was bislang die christliche Botschaft nur verkündet hat. Die christlichen Ideale Freiheit, Gleichheit und Brüderlichkeit sind nicht einer jenseitigen Hoffnung preiszugeben, vielmehr hier und jetzt, so fordert Hegel, zur Wirklichkeit dieser Welt zu gestalten.

Das Gnadengeschenk der Inkarnation der zweiten Person der Gottheit wird von Hegel als dialektische Grundgestalt des Seins überhaupt interpretiert. Der unableitbare Akt der sich entäußernden göttlichen Freiheit wird als Reflektionsprinzip objektiviert. Gott ist für Hegel nicht *»übersinnlich«* zu verstehen. Schöpfung und Erlösung unserer Geschichte werden von ihm nicht mehr als Selbstverschenkung, sondern in Perversion dazu als Weisen der Selbstvermittlung Gottes betrachtet! *»Denn der Geist ist das Wissen seiner selbst in seiner Entäußerung, das Wesen, das die Bewegung ist, in seinem Anderssein, die Gleichheit mit sich selbst zu behalten«*[2]. Der transzendente Gott der Metaphysik bzw. der Offenbarung, der die Schöpfung aus Güte, aus verschenkender Selbstmitteilung, werden läßt, wird von Hegel mit dem Werdeprozeß dieser Welt als dem Akt der Selbstherstellung identifiziert. Die Transzendenz Gottes wird als Immanenz, die Freiheit seiner Schenkung in Notwendigkeit seiner Selbstbefriedigung pervertiert. Christus offenbart uns nicht das Geheimnis der dreifaltigen Liebesbewegung Gottes. Im Gegenteil: In ihm erfährt der Geist im Anderssein die *»Gleichheit mit sich selbst«*. *»Der Gang Gottes in die Welt«* stellt für Hegel eine notwendige Entwicklungsphase im Prozeß der Selbstreflektion des absoluten Geistes dar. An die Stelle des innertrinitarischen Gespräches, der Zeugung des Sohnes und der Hauchung des Heiligen Geistes, an die Stelle der

---

[2] Hoffmeister, Johannes (Hrsg.): Hegel. Phänomenologie des Geistes, Hamburg: PhB Meiner 1937, 528.

liebenden Selbstmitteilung der göttlichen Natur tritt bei Hegel die Geschichte der »*Selbstentzweiung des Geistes*« bzw. der »*Rückkehr des Geistes*« zu sich selbst aus der Zerrissenheit seiner Selbstobjektivation. Schöpfung ist für Hegel nicht mehr als das freie Werk der drei göttlichen Personen, nicht als die »*positio ad extra*«, zu verstehen. Vielmehr muß die »*geschaffene Welt als die Wahrheit des Wahren*«[3] aufgefaßt werden.

Der Geist des Absoluten gelangt erst durch die Epochen der Weltgeschichte – als den Gestalten seiner Selbstobjektivation – zur wissenden Erfahrung seiner selbst. Der unableitbare Akt der innertrinitarischen Zeugung – wie die »*unerforschliche Schöpfungstätigkeit Gottes*« – werden von Hegel in dem Prozeß der notwendigen Selbstreflektion des absoluten Geistes aufgehoben.

> »*Das Absolute erweist sich als Selbstproduktion, als Weg, durch sich selbst für sich zu werden*«[4]. – »Als lebendiger Geist ist Gott dieses: »*sich von sich zu unterscheiden, ein anderes zu setzen, und in diesem anderen die Identität seiner mit sich selbst zu haben*«[5].

Kants erkenntniskritische Frage, wie der endliche, menschliche Geist Einsicht in die einzigartige Schöpfungstätigkeit des unendlich guten Gottes nehmen könnte, wird dialektisch gelöst: In Christus wird »*die Einheit der göttlichen und menschlichen Natur dem Menschen zum Bewußtsein gebracht.*« Durch ihn ist deutlich geworden, daß »*Endlichkeit, Schwäche, Gebrechlichkeit der menschlichen Natur nicht unvereinbar sei mit dieser Einheit der ewigen Idee*«[6]. – Gott ist »*das Prinzip der Identität mit der anderen Seite*«[7], das Prinzip der »*Identität der Nichtidentität*«.

Christus offenbart für Hegel nicht mehr die entäußernde Geschichte göttlicher Liebe, die den Menschen von Sünde und

---

[3] ViG 75.
[4] Hegel, Philosophie der Religion (ed. Lasson), Bd. 12, 32 (Künftig zitiert als »Religionsphilosophie« mit Angabe des Bandes und der Seitenzahl).
[5] ebd. II,279.
[6] ebd. II,286.
[7] ebd. II,281.

Tod erlöst, vielmehr im Gegenteil das Prinzip der Selbstproduktion des göttlichen Geistes. Inkarnation des Geistes bedeutet nicht länger Versinnlichung der Freiheit, sondern notwendige Selbstobjektivation. Die Menschwerdung Gottes dient der notwendigen »*Verleiblichung der Idee*«. Zur wahren Einheit des Selbstbewußtseins gelangt der Geist erst im Durchgang durch die Stufen der Nichtidentität der unbewußten Natur.

Die Fragen der Metaphysik – wie der menschliche Geist mit der sterblichen Materie, die Natur des Menschen mit dem transzendenten Gott in Beziehung gebracht werden könne – werden von Hegel als Probleme des »*bornierten Verstandes*« überholt. Die Schwäche, ja sogar die Sterblichkeit der menschlichen Natur, wird von Hegel als »*notwendiges Moment*« der Selbstproduktion des absoluten Geistes erklärt und die menschliche Geschichte als die »*andere Seite*« im Prozeß der Selbstherstellung des göttlichen Geistes begriffen. Irdische, materielle Natur, zusammengefaßt in der Natur des Menschen, wird als Weise der Selbsterzeugung des göttlichen Geistes gesetzt und aufgehoben.

2. Natur – als Weise der Selbstobjektivation des Geistes

Sonne, Mond, Tiere, Pflanzen sind nicht vorzugsweise als Werke Gottes zu betrachten ... sie sind Äußerlichkeiten, durch die der Geist mit sich selber ist[8]. – »*Natur*« wird von Hegel »*als der Abfall der Idee von sich selbst*« verstanden. Sie ist als Weise der notwendigen Selbstentäußerung des Geistes, als Form seiner Selbstobjektivation, zum Zwecke seiner Selbstreflektion zu betrachten. Aber der Geist bekundet auch im anderen seiner selbst – in der Natur – »*die Macht der Unterscheidung*«. Die von ihm als Objektivation seiner selbst freigesetzte Natur bleibt auch in dieser Gegensatzspannung das Material seiner Selbstverwirklichung. In der Vielheit unmittelbarer zufälliger Einzelheiten beweist sich die Materie nur als das vorübergehende »*Außersichsein*« des Geistes. Sofern das Material seine Funk-

---

[8] Vgl. § 248.

tion, die Vereinzelung des Geistes zum Zwecke der Reflektion seiner Teile, erfüllt hat, wird es aufgehoben. An sich hat die Materie keinen Sinn. Durch Unterscheidung, durch Vergegenständlichung seiner Momente, durch naturhafte Vereinzelung bildet sich der Geist des Absoluten. Er braucht einen Augenblick die materielle Fixierung seiner Teile, um sich – am Widerspruch zu ihnen – als »*Identität der Nichtidentität*«, »*als Herr der Teile*«, zu erwirken.

So erweist sich für Hegel der Geist der Natur als vernünftig. Er befriedigt sich selbst durch seine Entäußerung! Das Faktum der Inkarnation des Geistes ist vollständig aufgehoben in die »*Faktizität der Vernunft*«: Die Geschichte der entäußernden Liebe wird vertauscht mit dem Prozeß der Selbstbefriedigung!

3. Naturwissenschaft, der Prozeß der Selbstorganisation des göttlichen Geistes

Naturwissenschaft braucht entsprechend für Hegel nicht mehr auf einen transzendenten Geist verweisen, dessen einzigartige »*Handlungsart*« dem rechnenden Verstand verborgen bleibt. Im Gegenteil: Naturwissenschaft entfaltet für Hegel die Entwicklungsgeschichte des Geistes selbst. Der Geist, dessen Selbstbewußtsein durch die Stufen seiner Naturwerdung vermittelt ist, kann nur durch die Naturwissenschaft erklärt werden.

Naturwissenschaft ist also nicht länger als Geschichte der freien Entäußerung des göttlichen Geistes zu betrachten, vielmehr für Hegel als »*Bildungsgeschichte*« des göttlichen Geistes selbst! Evolutionstheorie muß nicht nur im Sinne Kants als ein allgemeines Forschungsprogramm, das die wirkliche Generationenfolge niemals einholen kann, betrachtet werden. Vielmehr ist für Hegel die wirkliche Evolutionsgeschichte als der Prozeß der »*Selbstorganisation*« des Geistes durch die Natur zu entwickeln!

Solange die Natur, wie bei Kant, unterschieden vom Geiste behandelt wird, solange die Evolutionstheorie bloß die Entwicklungsgeschichte der Tiere und Pflanzen zu verfolgen hat, muß sie die wahre Wirklichkeit verfehlen. Hegel macht Kant gegenüber deutlich, daß die Natur als solche keine selbständige Einheit gegenüber dem Geiste ist. Deswegen hat es keinen Sinn, nach einer systematischen Abfolge der Naturformen zu suchen. *»Der unerforschliche Bildungstrieb«*, den Kant als die vom Schöpfergott verliehene Kraft der *»Selbstorganisation«* der einzelnen Organismen betrachtete, muß als die *»unendliche Triebkraft«* des Geistes selbst begriffen werden, der die Natur nur als das Material seiner Selbstartikulation gebraucht.

Es gilt also für Hegel nicht, Evolutionstheorie als Geschichte der Organismen zu betreiben, vielmehr aus der zu entwickelnden Einheit des Geistes die Vielheit der Organismen abzuleiten.

Der Geist des Absoluten wird von Hegel nicht mehr im Sinne der klassischen Metaphysik als eine unteilbare Einheit, die unmittelbar mit sich selbst im Sinne der höchsten Wahrheit, Güte und Schönheit identisch ist, betrachtet. Der Geist, der erst *»im Gang durch die Welt«* aus seiner anfänglichen *»Unbestimmtheit«* zum Selbstbewußtsein erwacht, muß als *»Ganzes von Teilen«*, als *»Einheit des Mannigfaltigen«* begriffen werden. Der Einzelorganismus, die Gestalt dieser oder jener Naturspezies bzw. der Geist dieses persönlichen Individuums, drücken nur noch wechselnde Stufen im Entwicklungsprozeß des absoluten Geistes aus. Individuelle Lebendigkeit existiert nur zerstreut *»in gleichgültiger Zufälligkeit und in unbestimmter Regellosigkeit«*[9]. Sie *»ist in jedem Moment ihrer Existenz mit einer anderen Einzelheit befangen«*[10].

Die vielen einzigartigen Einzelexistenzen stellen nicht mehr das Paradox der unableitbaren Entäußerung jenes Geistes dar, der als Dreifaltiger das Urbild schenkender Selbstmitteilung seiner einfachen Einheit ist. An die Stelle des unvertauschbaren

---
[9] E § 250.
[10] E § 248.

Individuums, das sein Telos in sich selbst besitzt, tritt bei Hegel eine Einzelheit, die keinen »*Rückbezug auf sich selbst*« kennt, und kein substantielles Eigensein beanspruchen kann, vielmehr als auswechselbares Teilmoment der Entwicklungsgeschichte des Ganzen gehört.

Materiale Vielheit wird von Hegel also im Gegensatz zu Kant und der christlich-mittelalterlichen Auffassung nicht mehr als einzigartige Vervielfältigung der perfekten Einheit des göttlichen Geistes, sondern, im Gegenteil, als Entwicklungsprodukt jener Einheit verstanden, die sich aus ihren Teilen selbst herstellt. Materielles Sein verliert damit seinen bleibenden Sinn. »*Die Natur ist nach ihrer bestimmten Existenz – wodurch sie eben Natur ist – nicht zu vergöttern. An sich – ihrer Idee nach – (ist die Natur) göttlich, aber so wie sie ist, entspricht ihr Sein ihrem Begriffe nicht*«[11]. Natur als solche, materiale Einzelheit hat für Hegel die »*Eigentümlichkeit des Negativen*«, weswegen die Alten die Materie als das *non ens* aufgefaßt haben[12]. Als »*Äußerlichkeit des Geistes*« hat die materielle Natur für Hegel nur die vorübergehende Funktion, die Geschichte der Selbstobjektivation des Absoluten auszudrücken. Materie darf nicht »*als ein Wahres einerseits und der Geist als ein Ding andererseits vorgestellt*« werden. »*Der Geist ist die existierende Wahrheit der Materie, da die Materie selbst keine Wahrheit hat*«[13].

4. Der Geist als Wahrheit der sterblichen Materie

Der Geist – als Ganzes von Teilen – erweist seine Kraft in seiner Entzweiung, der Setzung und Aufhebung naturhafter Einzelelemente.

Der Tod wird entsprechend von Hegel nicht mehr als der Stachel der Sünde, als der Ekel, von dem sich der Geist mit

---

[11] E § 248.
[12] Vgl. ebd.
[13] E § 389.

Schrecken wendet, betrachtet, wie es Kant getan hat. Der Tod braucht nicht mehr als Verlust einer einzigartigen, unvertauschbaren Ganzheit verstanden zu werden. Wenn der Einzelorganismus nur als Teilmoment eines sich durch ihn hindurch vermittelnden Ganzen aufzufassen ist, müssen Tod und Tötung sogar umgekehrt als Erlösung, als Rückführung des Teiles in seine vorausgesetzte Ganzheit, verstanden werden.

Einzelheit, die als Teil und nicht mehr als eine sich selbst angehörenden Ganzheit verstanden wird, ist schon im Ansatz getötet. Sie besitzt kein eigenständiges Leben mehr, das als dieses überhaupt zerstört werden könnte. Ein Prozeß, der die Entwicklung des Ganzen durch Setzung und Aufhebung seiner Teile begreift, braucht sogar den Tod als die Aufhebung des vorübergehend für sich gesetzten Teiles zur Herstellung des Ganzen. Der objektiv in der Natur herrschende Tod wird also von Hegel nicht länger als Schicksal beklagt, sondern als Prinzip der Weiterentwicklung des Ganzen erklärt. Durch die Negation des Vorausgegangenen ist der Fortschritt vermittelt.

> *»Zur Einzelheit fortgebildet, ist die Art des Tieres, sich an und durch sich selbst von den anderen unterscheidend, und durch die Negation derselben für sich. So in feindlichem Verhalten anderer zur anorganischen Natur herabsetzend, ist der gewaltsame Tod das natürliche Schicksal der Individuen«*[14].

Die Macht der Unterscheidung – Tötung – entwickelt das Für-sich-selbst-Sein! Der Teil entspricht in seinem Für-sich-Sein dem Ganzen nicht. Die *»Unangemessenheit (der Einzelheit) zur Allgemeinheit ist (die ursprüngliche Krankheit und der angeborene Keim des Todes). Das Aufheben dieser Unangemessenheit ist selbst das Vollstrecken dieses Schicksals.«* Der Tod bildet *»der Allgemeinheit seine Einzelheit«* ein[15].

Die Identität von Einzelheit und Allgemeinheit wird für Hegel durch das Aufheben der Unmittelbarkeit erreicht.

---

[14] E § 368.
[15] E § 375.

Durch den Tod des Individuums als der »*fixierten materialen Einzelheit*« erlangt die vorausgesetzte Allgemeinheit des Geistes wieder ihre unterschiedslose Gleichheit mit sich selbst. Sie hat die Negativität ihrer selbst, den Artikulationsprozeß in materiale Teilmomente, überwunden. Sie bewährt sich als das Leben des Geistes, der den »*unendlichen Schmerz*« des Todes erträgt[16].

Ist der Tod des einzelnen wirklich Bedingung der Versöhnung des Ganzen mit sich selbst? – Wenn naturhaft Seiendes nur Material des Selbstwiderspruchs des Geistes wäre, ist Versöhnung allerdings nur durch Aufhebung der Gegensätze denkbar! Aber ist für Hegel der Todesschmerz wirklich Trauer über die Aufhebung des Widerspruchs? Er müßte dann in Freude über die Rückkehr zum Ursprung umschlagen! Oder ist die Trauer über den Tod des einzelnen legitim, weil das einzelne Lebendige eine unwiederholbare Kostbarkeit des Seins ist, die nicht als austauschbarer Teil zum Zwecke der Selbstdifferenzierung der vorausgesetzten Ganzheit zu verrechnen ist?

»*Der Geist hat für uns die Natur zu seiner Voraussetzung, deren Wahrheit und damit deren absolut Erstes er ist. In dieser Wahrheit ist die Natur verschwunden . . .*«[17]. Der Geist ist dadurch mit sich identisch geworden, daß er seine Entäußerung als Natur aufgehoben hat. Er ist diese seine Identität somit zugleich nur als »*Zurückkommen aus der Natur*«[18].

Durch Unterscheidung und Aufhebung seiner für sich gesetzten Momente kommt der Geist zu sich selbst. Er bewährt sich als jene Einheit, die im Unterscheiden sich von allen Einzelheiten distanziert, bzw. sie als Naturgrund des Geistes botmäßig macht und darin seine Freiheit erweist.

Was ist das für ein Geist, der durch Setzung und Aufhebung naturhaften Seins sich zu sich selbst vermittelt bzw. seine Freiheit begründet?

[16] Vgl. E § 382.
[17] E § 381.
[18] ebd.

Sicher nicht der Geist, auf den er sich bezieht. *»Offenbaren«* bedeutet für das christliche Selbstverständnis nicht *»das Werden der Natur«* als *»Offenbarung des Geistes«*[19]. Die Inkarnation der zweiten Person der Gottheit offenbart uns im Gegenteil eine *»Natur«* Gottes, die sich gerade nicht durch welthaftes Sein selbst vermittelt, vielmehr sich selbst, die göttliche Natur, zum Unterpfand für den Bestand des einzelnen Seienden macht. Nicht *»Gleichmachung«* durch Aufhebung des einzelnen im Allgemeinen ist die Voraussetzung für die Wiedervereinigung mit dem für sich Gesetzten, sondern *»unvermischt«* wird das Getrennte in seiner unverwechselbaren Einzigartigkeit heimgeholt. Freiheit ist nicht Ausdruck des machtvollen Selbst, das Herr ist über seine Negativität; Freiheit der Offenbarung bezeugt die Freiheit der Liebe, die bei dem anderen um des anderen willen ist. Liebe unterscheidet sich vom Triebe dadurch, daß sie dem anderen als Selbstzweck einen bleibenden Bestand bei sich einräumt. Das *»Verschwinden«* des anderen als Bedingung der Selbstwerdung der *»Identität der Nichtidentität«* stellt die genaue Perversion dar.

5. Der Geist entwickelt seine Freiheit im Kampf auf Leben und Tod

Der Geist, der die Andersheit als Gegenstand seiner Selbstobjektivation braucht, entwickelt sein Selbstbewußtsein nicht nur durch die Unterwerfung unbewußter Natur. Adäquater Gegenstand seiner Selbstreflektion kann nur ein anderes Selbstbewußtsein als Objekt der unmittelbaren Selbstanschauung sein.

Das Ich des anderen Selbstbewußtseins ist einerseits das Objekt meiner Selbstanschauung, andererseits aber ein selbständiges eigenes Wesen; *»dieser Widerspruch gibt den Trieb, sich als freies Selbst zu zeigen«*[20]. Freiheit bedeutet für Hegel Freiwerdung, Entwicklung der persönlichen Freiheit durch Aufhebung vorgefundener Abhängigkeit. In diesem Sinne kann das ein-

---

[19] Vgl. E § 384.
[20] E § 430.

zelne Selbstbewußtsein erst wirklich frei werden, sofern es sich von entgegenstehenden Subjekten dadurch unabhängig macht, daß es diese in ihrer Eigenständigkeit aufhebt und zum Objekt eigener Selbstbestimmung macht. »*Der Prozeß des Anerkennens*« ist ein »*Kampf auf Leben und Tod*«, denn »*ich kann mich im andern nicht als mich selbst wissen, insofern das andere ein unmittelbar anderes Dasein für mich ist. Ich bin daher auf die Aufhebung dieser seiner Unmittelbarkeit gerichtet. Aufhebung der Unmittelbarkeit bedeutet Tötung der leiblichen Existenz; denn diese Unmittelbarkeit ist zugleich die Leiblichkeit des Selbstbewußtseins, in welcher es sein eigenes Selbstgefühl und sein Sein für andere hat*«[21].

Durch Tötung des einen wird zwar der Widerspruch nach der einen Seite gelöst: Ich habe dem anderen mein Selbstsein bekundet. Aber zugleich tritt die andere Seite des Widerspruchs noch stärker hervor: Es fehlt die Anerkennung durch den anderen. Vermittelt wird der Widerspruch durch das Verhältnis von Herrschaft und Knechtschaft. »*Einer der Kämpfenden zieht das Leben vor*« und gibt dafür sein »*Anerkanntsein*« preis. Die nun entstandenen Gegensätze werden versöhnt durch die Gemeinsamkeit der Bedürfnisbefriedigung. Der Herr arbeitet seine »*rohe Zerstörungskraft*« ab durch »*Vorsorgen für den Knecht*«, und der Knecht überwindet seinen Eigenwillen in der Arbeit für den Herrn. »*Vermöge der Negation der Begierde und Unmittelbarkeit*« fallen die Unterschiede. Beide, Herr und Knecht, wissen sich anerkannt vom anderen, so daß ein Bewußtsein der Gegenseitigkeit oder ein allgemeines Bewußtsein entsteht.

Die Entwicklungsgeschichte des Geistes zum Selbstbewußtsein wird durch »*selbstsüchtige Begierde*« vorangetrieben. Derselbe »*Trieb*«, der den Widerspruch auf der jeweiligen Stufe des Prozesses inszeniert, ist es auch, der für die Befriedigung bzw. den Ausgleich der Gegensätze in der Weise sorgt, daß ein neuer, umfassenderer Widerspruch erzeugt wird. Der Geist, der die Natur als Weise seiner Selbstbestätigung, seiner Selbstreflektion setzt, bleibt an diese zum Zwecke der Selbstproduk-

---

[21] E § 431, of.

tion verhaftet. Die Einigung von Subjekt und Objekt, von Natur und Geist des einzelnen Subjektes mit anderen Subjekten, bedeutet niemals Vereinigung zweier Selbständiger, sondern Aufhebung des einen im anderen. Identität, die durch Unterscheidung, durch Negation, herbeigeführt wird, zwingt konsequentermaßen zur »*Verzehrung*« des einen, zum Zwecke der Selbstpotenzierung bzw. Höherentwicklung des anderen.

Die Naturwerdung des Geistes bzw. die Geistwerdung der Natur zum Zwecke der selbstbewußten Geistwerdung stellt an jeder Stelle die Perversion jener Naturwerdung des Geistes dar, die als Faktum der Erlösung zur »*Faktizität der Vernunft*« erhoben werden soll. Nur wenn Natur, als Seinsweise des Endlichen, als freie Verschenkung des vollendeten Selbstbesitzes des göttlichen Geistes verstanden werden kann, Natur also gerade nicht zur Freiwerdung des absoluten Selbst dient, vielmehr dieses voraussetzt, kann sie auch dementsprechend Mittel des freien Miteinanderseins von Personen sein. Natur als Medium der Selbsterfassung des absoluten Geistes muß auch auf der Stufe menschlicher Natur zur Bedürfnisnatur degradiert werden und damit menschliches Miteinandersein zum »*Kampf*« um den Besitz dieser Natur als notwendiges Befriedigungsmittel entstellt werden.

Wir stehen vor der Alternative: Natur entweder als Hingabeform an den anderen, als Form des Entgegenkommens, als Weise der Einigung mit dem anderen in seiner einzigartigen Andersheit zu verstehen oder aber als Mittel der Unterwerfung. Gegenseitige Anerkennung durch Absolutsetzung der »*zerstörenden Begierde*« zu erzielen, ist wohl nur denkbar, wenn Anerkennung »*die Furcht des Herrn*« beinhaltet – und gerade nicht die Freude angesichts der sich schenkenden Gegenwart des anderen.

Die gegenseitige Objektivation des Menschen durch den Menschen, das bestenfalls vertauschbare Wechselspiel von »*Herrschaft und Knechtschaft*« als Freiwerdung, als Prozeß der Selbsterfassung des absoluten Geistes vorzustellen, ist wohl nur denkbar als Weiterführung der »*herrlichen Revolution*«. Ob aber Revolution die Ideale des Christentums »*zur Wirklichkeit* einer Welt gestaltet« oder aber »*die Gewalt jener Freiheit heraufführt*«, die sich im anderen als die Macht »*der absoluten Negativität*« manifestiert, wird sich zeigen!

6. Das Privateigentum als Mittel zur Selbstverwirklichung der Freiheit

»*Als Wille tritt der Geist in Wirklichkeit*«[22]. Die Entwicklungsgeschichte des absoluten Geistes, der die Gestalten der Weltgeschichte als Objekte seiner Selbstartikulation braucht, kann sich nicht mit einer durch menschliches Wissen gewonnenen abstrakten Subjektivität begnügen. Es gilt vielmehr, die errungene »*Freiheit*« des Selbstbewußtseins auch praktisch, d. h. »*zur Wirklichkeit der Welt*« zu realisieren. Der Geist, der die materielle Natur als Weise seiner Selbstverwirklichung benötigt, kommt erst durch die »*Anerkennung*« seiner sinnlichen Verhältnisse zu sich selbst. Wenn die Freiheit sich nicht in der Verschenkung der materialen Natur manifestiert, braucht sie die Entwicklungsgeschichte ihrer Selbstwerdung durch das Privateigentum! Die »*sinnliche Besitzergreifung*«, wodurch der andere aus dem Besitz »*ausgeschlossen*« wird, tilgt erst jedes »*Verhältnis der Abhängigkeit von etwas anderem*« und läßt die Person wahrhaft freier Wille werden, der sich »*auf nichts als auf sich selbst bezieht*«[23].

Die Forderung der Freiheit, sich zur Wirklichkeit welthaften, dinglichen Seins zu gestalten, Freiheit des Geistes praktisch realisieren zu müssen – in völliger Unabhängigkeit von anderen – zwingt zum Kampf um den Privatbesitz. Nur durch die »*Arbeit*« des »*Knechtes*« können die Dinge zum konkreten Material des Selbstgenusses werden. Wenn das Eigentum aber als jenes »*Mittel*« verstanden werden soll, durch das die Freiheit real wird, bzw. die Persönlichkeit ihr »*Dasein*« erhält[24], wird »*die Sache*« – die Dinge dieser Welt, nicht die »*Mittel*«, durch

---

[22] E § 469.
[23] Vgl. R § 23.
[24] Vgl. E § 489.

die sich die Personen zusammenschließen, sondern bei der Begrenztheit der Mittel – zum notwendigen »*Gegenstand*« der Auseinandersetzung.

»*Wenn die Freiheit ihre Objektivität*« im »*Genusse dieser Objektivität*« sieht, ist das Verhältnis von »*Herrschaft und Knechtschaft*« als »*Kampf auf Leben und Tod*« unabdingbar.

Der konkrete Selbstgenuß als »*absolutes Bei-sich-selbst-Sein der Freiheit*« braucht nicht nur die abstrakte Anerkennung der anderen Subjekte, sondern nun auch ihren »*Dienst*« zur Befriedigung seiner Begierde.

In der Kritik Hegels bleibt die Kantsche Forderung des kategorischen Imperativs, den anderen als Selbstzweck zu achten, abstrakt. Praktisch müsse es darum gehen, das Interesse zu erweisen, daß Eigentum sein müsse. Wenn »*Eigentum das Dasein der substantiellen Persönlichkeit*« ist, dann müßte auf der Ebene dieser Realität aus dem Kampf um den Privatbesitz ein sittliches Verhältnis, das Miteinander-Sein, erwachsen, und »*die Sache*« tatsächlich »*vermittelnde*« Mitte und nicht Gegenstand des Ausschlusses werden.

7. Die Familie als »Prinzip der absoluten Besonderung«

Die Familie wird von Hegel im System der Sittlichkeit von 1802 als die »*Indifferenz des Herrschafts-Knechtschafts-Verhältnisses*« beschrieben. Erst in der Familie wird für Hegel aus dem »*Eigentum als dem willkürlichen Moment des besonderen Bedürfnisses ein bleibendes und sicheres Vermögen, wird die Eigensucht der Begierde, in der Sorge für ein Gemeinsames, in ein Sittliches aufgehoben*«[25]. Gelingt es tatsächlich, »*die absolute Besonderung der Individualität, kraft deren ein jeder sich Selbstzweck ist*«, in der Familie abzuarbeiten[26]?

---

[25] Vgl. R § 170. Vgl. Marcuse, Herbert: Ideen zu einer kritischen Theorie der Gesellschaft, Frankfurt 1969, 108 ff.
[26] Vgl. R § 182.

Wie kann die Familie, die »*sittliche Wurzel des Staates*«, zur »*konkreten Wirklichkeit der Freiheit*« werden[27]?

»*Der selbstsüchtige Zweck in seiner Verwirklichung, so durch die Allgemeinheit bedingt, begründet ein System allseitiger Abhängigkeit*«[28].

Die Entwicklungsgeschichte des Triebes ist »*vernünftig*«. Der Trieb wird in seiner »*unendlichen Gier*« über sich selbst hinaus getrieben zum anderen als dem Mittel seiner Befriedigung. Ist nun aber die Selbstbefriedigung zugleich die Bedingung und der Weg zur Entwicklung des Ganzen, der Familie, der Gesellschaft, der Gemeinde, des Staates – oder beschreibt die Entwicklungsgeschichte des Triebes die »*Tyrannei des Eigennutzes*«?

Das Verhältnis von Mann und Frau wird von Hegel als das »*unmittelbare Sich-Erkennen des gegenseitigen Erkanntseins*« beschrieben[29]. Dieses »*natürliche Erkennen ist nicht das Sittliche* ... *Es hat daher seine Wirklichkeit nicht an ihm selbst, sondern am anderen, dem Kinde, dessen Werden es ist und worin es selbst verschwindet*«[30].

Die Beziehung von Mann und Frau ist als Verhältnis der einzelnen nur »*natürliche Lust*« bzw. »*bewußtlose Begierde*«. Sittlichkeit aber bedeutet Notwendigkeit und Allgemeinheit.

Die private Beziehung von Mann und Frau muß aufgehoben werden im Kinde als Teil des herzustellenden Ganzen. Das Volk erhält seinen Bestand, insofern als die Bedingungen seines Wachstums, die privaten Verhältnisse der Lust in ihm verschwinden. Voraussetzung für das Werden des Neuen ist das Verschwinden des Vorausgegangenen.

> »*Als Tochter muß nun das Weib die Eltern mit natürlicher Bewegung und sittlicher Ruhe verschwinden sehen, denn*

---

[27] R § 255, 257, 260.
[28] R § 183.
[29] Hegel, Phänomenologie des Geistes (ed. Glockner), Stuttgart 1927, 347. (Dieses Werk wird künftig als »Phä« mit Angabe der Seitenzahl zitiert).
[30] ebd. 348.

nur auf Unkosten dieses Verhältnisses kommt sie zum Für-sich-Sein, dessen sie fähig ist«[31].

»Die Lust auf dem Wege zur sittlichen Allgemeinheit hört auf, sich an bestimmte Objekte zu verlieren. Im Hause der Sittlichkeit ist es nicht dieser Mann, nicht dieses Kind, sondern ein Mann, Kinder überhaupt; nicht Empfindung, sondern das Allgemeine, worauf sich die Verhältnisse des Weibes gründen«[31].

Der Mann dagegen besitzt schon als Bürger die selbstbewußte Kraft der Allgemeinheit und erkauft sich damit das Recht der Begierde.

Die Vermittlung von Einzelheit und Allgemeinheit vollzieht sich bei Mann und Frau entgegengesetzt. Aufgabe der Frau ist der Übergang vom Einzelnen zum Allgemeinen. Der Mann dagegen muß bei aller Beschäftigung mit dem Allgemeinen der Einzelheit, der Begierde, Raum geben. Der Trieb, zunächst auf einzelne Objekte der Befriedigung gerichtet, soll verallgemeinert werden; die Teilbeziehung der privaten Lust müssen aufgehoben werden in dem Wachstumsprozeß des Ganzen der Gesellschaft.

Die Wahrheit der besonderen Befriedigung ist die Allgemeine. Durch den vielfältigen Prozeß der negierten Einzelbeziehungen soll das Allgemeine, die Gesellschaft, hergestellt werden. Die Kraft des Negativen ist die Lust nach größerer Gewichtigkeit. Der einzelne dient nicht in der Beziehung zum Einzelnen dem Ganzen. Diese Bindung der Treue an den einzelnen als einzelnen ist natürlich nur denkbar, wenn jeder einzelne schon als einzigartige Existenz das allgemeine Wesen darstellt und nicht erst als aufzuhebender Teil Glied des Ganzen werden muß. Die menschliche Person als Abbild des dreipersonalen Gottes ist schon eine unteilbare Einheit in einzigartiger Existenzform. In der Hingabe an diesen einzelnen vollzieht sich zugleich die Anerkennung dessen, der in einzigartiger Selbstmitteilung der Grund für diese unvertauschbare Einmaligkeit der personalen Ganzheit ist.

[31] Phä 349.

8. Die bürgerliche Gesellschaft – »das System allseitiger Abhängigkeit«

Nicht durch »*Vernichtung der Mutter*« entwickelt sich die Tochter. Der Widerspruch führt auch in der äußersten Gegensatzspannung nicht zum Umschlag in die Qualität des Neuen. Im Gegenteil: Der Widerspruch ist überhaupt nur denkbar als Zerstörung einer in Freiheit zu vollziehenden Einigung: Das Wachstum des Volkes durch Zusammenhalt der Generationen. Die Triebdialektik, die den einzelnen gegenüber den einzelnen auf der Ebene der Familie ausspielt, verschärft sich im gesellschaftlichen Prozeß: Das Gegeneinander »*selbstsüchtiger Zwecke*« begründet ein »*System allseitiger Abhängigkeit*«[32]. Sofern aber der einzelne seine Zwecke ohne Beziehung auf andere nicht erreichen kann, sind die anderen Mittel zum Zweck des Besonderen. So werden »*die Bedürfnisse und die Mittel ihrer Befriedigung das reelle Dasein« ein Sein für andere*«[33]. *Das besondere Individuum wird auf diese Weise also an die Allgemeinheit gebunden, so daß der ganze Zusammenhang sich zum System der Bedürfnisse ausbildet*[34].

> »*In dieser Abhängigkeit und Gegenseitigkeit der Arbeit und der Befriedigung der Bedürfnisse schlägt die subjektive Selbstsucht in den Beitrag zur Befriedigung der Bedürfnisse aller anderen um, in die Vermittlung des Besonderen durch das Allgemeine als dialektische Bewegung, so daß, indem jeder für sich erwirbt, produziert und genießt, er eben damit für den Genuß der übrigen produziert und erwirbt*«[35].

Die steigende Befriedigung und Entwicklung des selbstsüchtigen Triebes bindet den einzelnen notwendig an die allgemeine Produktionsgemeinschaft. Das Prinzip der Besonderheit geht eben damit, daß es sich für sich »*zur Totalität entwickelt, in die Allgemeinheit über*«[36]. Der Übergang vom Einzelnen in das

---

[32] R § 183.
[33] R § 192.
[34] Vgl. R § 182 und § 201.
[35] R § 199.
[36] R § 186.

Ganze der Gesellschaft wird uns von Hegel als natürlicher Entwicklungsvorgang geschildert. Es leuchtet unmittelbar ein, daß zur allseitigen Befriedigung des potenzierten Bedürfnisses der gesellschaftliche Arbeitsprozeß in Anspruch genommen werden muß. Wie aber jeder, indem er für sich produziert und genießt, den Genuß der anderen produziert und erwirbt, bleibt das Geheimnis einer Dialektik, die die Negation als Position ausgibt. Nur wenn ich alle anderen wie auch mich als Teile einer vorgängigen Ganzheit betrachte, kann ich behaupten, daß durch meine Befriedigung eo ipso auch die anderen profitieren. Wenn Befriedigung des Teiles Aufhebung dieses Moments in das Ganze bedeutet, gewinnt allerdings auf diese Weise auch die Allgemeinheit gleichermaßen. In Wahrheit muß also Befriedigung des sich geltend machenden Einzelbedürfnisses zugleich als Rückführung dieses Teilanspruches in das übergeordnete Gesamtstreben begriffen werden. Befriedigung bedeutet Aufhebung, Vernichtung des Teiles.

Die Entwicklung des Triebes, der Vorgang bzw. Übergang vom Einzelnen zum Allgemeinen, ist in Wirklichkeit die Geschichte von Tod und Auferstehung. Nur schlägt wohl der Tod nicht naturnotwendig in Auferstehung um, selbst dann nicht, wenn der einzelne nicht mehr ist als ein Teil, den ich beliebig aus seiner Sonderstellung in das allgemeine Ganze zurückstellen könnte. Auch der Teil gehört wohl nie so als Nichtsein in das allgemeine Sein, daß seine Aufhebung gleichzusetzen wäre mit dem Übergang in das Sein. Nicht aus der Vernichtung der Teile entwickelt sich das Ganze der Teile, nur durch die absolut schillernde, bis ins Gegenteil sich abwandelnde Verwendung des Begriffes Nichtsein, kann das Zauberstück gelingen, aus dem Nichts das Sein *»herauszuklauben«*. Wenn ich behaupte, daß der Teil zutreffend mit Nichtsein zu bezeichnen wäre, weil der Teil nicht das Ganze und folglich nicht als Sein zu definieren sei, und dann weiter folgere, daß durch die Negation der Negation notwendig die Position entstehen müßte, weil eben durch Aufhebung des Nichtseins konsequentermaßen das Sein entstehen müßte, so ist die Täuschung perfekt: Der Teil ist nicht nichtig, so daß ich durch Aufhebung des Negativen tatsächlich etwas Positives bewirken würde. Der Teil bleibt auch als Teil immer eine Position, so daß seine Aufhebung

Negation bedeutet, und am Ende durch Aufhebung aller Teile wirklich das Nichts herbeigeführt wird – und nicht etwa das Sein!

Angesichts der bestehenden Wirklichkeit muß Hegel auch selbst eingestehen, »*daß bei dem Übermaße des Reichtums die bürgerliche Gesellschaft nicht reich genug ist, dem Übermaße der Armut und der Erzeugung des Pöbels zu steuern*«. Er empfiehlt deshalb als »*direktestes Mittel*«, »*die Armen ihrem Schicksal zu überlassen*« und »*sie auf den öffentlichen Bettel anzuweisen*«[37].

Marx kritisiert zu Recht: »*Von Tag zu Tag wird es mir klarer, daß die Produktionsverhältnisse, in denen sich die Bourgeoisie bewegt, nicht einen einheitlichen, einfachen Charakter haben, sondern einen zwieschlechtigen: daß in denselben Verhältnissen, in denen der Reichtum produziert wird, auch das Elend produziert wird*«[38]. Der Reichtum, gewonnen durch subjektive Selbstsucht, verzehrt den Besitz bzw. die Arbeitskraft des anderen.

Der dialektische Übergang vollzieht sich gerade nicht. Die Gegensätze sind nicht nur Ausdruck der Selbstentgegensetzung der Gesellschaft zum Zwecke ihrer endgültigen Selbstbefriedigung. Der Gegensatz entsteht nicht durch Entleerung bzw. Auffüllung desselben, sondern durch Unterwerfung des einen durch den anderen. Es handelt sich um zwei eigenständige Subjekte: den Armen und den Reichen, Gott und den Menschen, und nicht um den Prozeß der Selbstentgegensetzung des einen, des absoluten Geistes, der durch Unterscheidung bzw. Vergegenständlichung seiner Momente sich zum Staate als der absoluten Macht auf Erden entwickelt.

Die bürgerliche Gesellschaft als System allseitiger Abhängigkeit befriedigt die Bedürfnisse des einen auf Kosten des anderen. Das als Recht anerkannte Eigentum schützt nicht vor der

---

[37] R § 245.
[38] Landshut, Siegfried (Hrsg.): Karl Marx. Die Frühschriften, Stuttgart 1971, 511. (Die »Frühschriften« sind außerdem erschienen in der Marx-Engels-Gesamtausgabe, Berlin 1932. Sie werden künftig zitiert mit Angabe des Erscheinungsjahres der jeweiligen Ausgabe und der Seitenzahl.)

»*Macht der Habgier*«, die den anderen zum Mittel der Bedürfnisbefriedigung degradiert. Als Ganzes bleibt die bürgerliche Gesellschaft von »*äußerer Zufälligkeit und Willkür*« durchherrscht. Die durch sie repräsentierte Allgemeinheit ist zunächst nichts anderes, als die »*gegenseitige Angewiesenheit der selbstsüchtigen Individuen*«, die Welt der privaten Bedürfnisbefriedigung[39].

Durch diese ihre Dialektik von Armut und Reichtum wird für Hegel die bürgerliche Gesellschaft über sich selbst hinausgetrieben, um in anderen Völkern »*die nötigen Subsistenzmittel zu suchen*«[40]. – »*Wie für das Prinzip des Familienlebens die Erde, fester Grund und Boden, Bedingung ist, so ist für die Industrie das nach außen sie belebende Element, das Meer.*« Die Sucht des Erwerbs versetzt »*Genüsse und Begierden mit dem Elemente der Flüssigkeit*«. Der »*Verkehr*« erweist sich dabei als »*das größte Bildungsmittel*«, und der »*Handel*« gewinnt »*welthistorische Bedeutung*«[41].

»*Die begrenzten Kreise bürgerlichen Lebens*«[42] ermöglichen die Verwirklichung der absoluten Freiheit nicht. Im Gegenteil – der Welthandel setzt nur auf umfassenderer Ebene den Widerspruch von »*Herrschaft*« und »*Knechtschaft*« fort. Er stellt keine »*sittliche*« Lösung dar. Der »*Verkehr*« bildet kein absolutes Wissen aus, um der Freiheit das Bei-sich-selber-Sein zu verschaffen.

Wo ist dann aber der Ort »*der vernünftigen Existenz*« des Menschen als »*Verwirklichung seiner Freiheit*« zu finden?

9. Der Staat – »sittlicher Geist« oder »die ungeheure Macht des Negativen«?

»*Der Staat ist*« – für Hegel – »*. . . der sittliche Geist, als der offenbare . . . der substantielle Wille, der sich denkt und weiß*

---

[39] Vgl. Marcuse, Herbert: op. cit. 98.
[40] R § 246.
[41] R § 247.
[42] Vgl. ebd.

und das, was er weiß und sofern er es weiß, vollführt . . . An dem Selbstbewußtsein des einzelnen hat er seine vermittelnde Existenz . . . so wie dieser in ihm als seinem Wesen seine substantielle Freiheit hat«[43].

»Der zur organischen Sittlichkeit der Staatsverfassung entwikkelte Geist«[44] erweist sich nicht nur als »*Resultat*« der Gegensatzspannung von Familie – als Prinzip der »*absoluten Besonderung*« – einerseits, und der bürgerlichen Gesellschaft als dem »*System allseitiger Abhängigkeit*« andererseits.

> *»In der Wirklichkeit ist der Staat überhaupt vielmehr das erste, innerhalb dessen sich erst die Familie zur bürgerlichen Gesellschaft ausbildet«*[45]. – »*So ist die Wirklichkeit und Tätigkeit jedes einzelnen, für sich zu sein und zu sorgen, bedingt sowohl durch das vorausgesetzte Ganze, in dessen Zusammenhang allein vorhanden, als auch ein Übergehen in ein allgemeines Produkt«*[46].

Wie ist dieser »*Staat als wahrhafter Grund*«[47], als Erscheinungsweise des absoluten Geistes, zu verstehen?

Wer ist der »*Geist des Volkes*«, der alle Individuen freiheitlich zu einen vermag?

Kann das tötende, den anderen aus dem Besitz »*ausschließende*« Verhältnis von »*Herrschaft*« und »*Knechtschaft*« durch ihn sittlich überwunden werden?

War der Gegensatz von Einzelheit und Allgemeinheit, von Armut und Reichtum, von selbstbewußt und unbewußt nur eine entwicklungsbedingte Entgegensetzung des absoluten Geistes selbst, der sich nun im »*Gange durch die Weltgeschichte*« als »*christlich-germanischer Staat*« in seiner »*Substantialität*« erfaßt?

[43] R § 257.
[44] Vgl. E § 517.
[45] R § 256.
[46] E § 515.
[47] R § 256.

Wie soll das sittlich geforderte Gute: Gleichheit, Brüderlichkeit, Freiheit, zur allgemeinen, verbindlichen Staatsverfassung werden?

Wie kann das abstrakte Postulat des kategorischen Imperativs durch die politische Praxis zur »*Wirklichkeit einer Welt*« gestaltet werden? – Führt die »*vernünftige Entwicklung des Triebes*« jenen »*Volksgeist*« herauf, der das verlorengegangene göttlich geeinte Leben uns zurückschenkt?

Ist es möglich, das allgemeine Gut, die Glückseligkeit aller, durch konsequente Entwicklung des Weltgeistes zu erreichen?

Wird die Forderung der Freiheit überholt durch die eingetretene Notwendigkeit allseitiger gesellschaftlicher Befriedigung?

Wie kann der Staat die »*Wirklichkeit der konkreten Freiheit*« sein und sich zugleich als die »*Wirklichkeit der sittlichen Idee*«[48] erweisen, in welcher »*das absolute Sollen ebensosehr Sein ist*«[49]?

Dieser als Staatsverfassung sittlich gewordene Volksgeist ist nicht als Äußerung der individuellen – bzw. der vereinigten individuellen – Willen zu verstehen. Das Allgemeine muß nicht bloß von den einzelnen Gemeintes – es muß Seiendes sein; als solches ist es eben im Staate vorhanden: »*es ist das, was gilt*«[50].

Umgekehrt: der Volksgeist vereinzelt sich

> »*in Personen, von deren Selbständigkeit er die innere Macht und Notwendigkeit ist. Die Person aber weiß als denkende Intelligenz die Substanz als ihr eigenes Wesen, hört in dieser Besinnung auf, Akzidenz derselben zu sein; schaut sie als ihren absoluten Endzweck in der Wirklichkeit sowohl als erreichtes Diesseits an – als sie denselben durch ihre Tätigkeit hervorbringt –, aber als etwas, das*

---

[48] R § 257.
[49] E § 514.
[50] Philosophie der Weltgeschichte I (ed. Lassan), Leipzig 1917, 92. Vgl. Marcuse, H. op. cit. 104.

vielmehr schlechthin ist. So vollbringt sie ohne die wählende Reflexion ihre Pflicht als das Ihrige und Seiende, und hat in dieser Notwendigkeit sich selbst und ihre wirkliche Freiheit«[51].

Der Volksgeist wird von Hegel als »*innere Macht und Notwendigkeit*« der einzelnen Person beschrieben. Er ist das »*Wesen und Endzweck*« der Menschen. In ihm realisiert sich die absolute Freiheit als Bei-sich-selbst-Sein. Aber auch umgekehrt vollbringt der »*Volksgeist*« den Endzweck als »*erreichtes Diesseits*« nur vermittels der Tätigkeit der einzelnen Personen.

Die Versöhnung der durch den Widerspruch Getrennten – Gott und Mensch – wird bereits im »*Diesseits*« angeschaut:

> »*Das Wort der Versöhnung ist der daseiende Geist für Hegel, der das reine Wissen selbst als allgemeinen Wesens in seinem Gegenteile, in dem reinen Wissen seiner als der absolut in sich seienden Einzelheit anschaut – ein gegenseitiges Anerkennen, welches der absolute Geist ist*«[52].

Der daseiende Geist des Volkes erweist sich für Hegel als das realisierte Erlösungswerk. »*Das Wort ist Fleisch geworden.*« Der in die Natur entäußerte Geist kehrt endgültig zu sich zurück, schaut sich selbst an, schaut sich selbst als allgemeines Wesen in seinem Gegenteile, den welthaften Existenzen letztlich den Volksgeist an und erkennt durch ihr »*Anerkennen*« sich selbst. Was die »*absolute Religion*« des Christentums für ein zukünftiges Reich Gottes auf Erden verheißen hat, erfüllt sich für Hegel hier und jetzt durch den »*christlich-germanischen Staat*«. Der Staat ist »*göttlicher Wille als gegenwärtiger*«, der sich zur wirklichen Gestalt und Organisation einer Welt entfaltende Geist, der den »*ungeheuren Überschritt des Inneren in das Äußere*«, der »*Vernunft in die Realität*«, vollzogen hat. Deswegen verhalten sich diejenigen, die bei der Form der Religion gegen den Staat stehenbleiben, wie die, die in der Erkenntnis das Rechte zu haben meinen, wenn sie nur immer beim Wesen

---

[51] E § 514.
[52] Kojève, Alex: Heyne, Stuttgart 1958 S. 45–46.

bleiben und von diesem Abstrakten nicht zum Dasein fortgehen[53].

Der Gott des Christentums erweist sich für Hegel als das *»Selbst aller«*. *»Die absolute Religion ist dies Wissen, daß Gott die Tiefe des seiner selbst gewissen Geistes ist«*[54].

Gott erfährt die Tiefe seines Selbstbewußtseins als Geist des Volkes, der sich in der Staatsverfassung ausspricht. Deshalb ist *»die Verfassung«* – obgleich für Hegel in der Zeit hervorgegangen – auch nicht als ein *»Gemachtes«* anzusehen, *»denn sie ist vielmehr das schlechthin an und für sich Seiende, das darum als das Göttliche und Beharrende und als in der Sphäre dessen, was gemacht wird, zu betrachten ist«*[55].

Als *»substantieller göttlicher Wille vollführt«* der Staat das, was er *»weiß«*[56]. An der Sitte, an dem Selbstbewußtsein der einzelnen hat, er seine vermittelte Existenz. *»Das Individuum gehorcht den Gesetzen und weiß, daß es in diesem Gehorsam seine Freiheit hat«*[57]. – *»Ohne wählende Reflektion vollbringt es seine Pflicht und hat in dieser Notwendigkeit sich selbst und seine Freiheit . . .«*[58]

»Nur im Staate« ist – für Hegel – *»die Selbständigkeit der Individuen vorhanden«*[59], weil hier der Geist aus der Entzweiung von Individuum und Allgemeinheit zu sich zurückgefunden hat. Als Geist des Volkes ist er das *»alle seine Verhältnisse durchdringende Gesetz, die Sitte und das Bewußtsein seiner Individuen«*[60].

Das *»besondere Selbstbewußtsein«* der einzelnen Individuen ist zu seiner Allgemeinheit erhoben. Durch dieses gegenseitige

---

[53] Vgl. R § 270.
[54] Hegel, Jenener Realphilosophie (ed. Hoffmeister), Leipzig 1931, Bd. 2, 266.
[55] R § 273.
[56] Vgl. R § 257.
[57] Philosophie der Weltgeschichte I, 99.
[58] E § 514.
[59] Marcuse, Herbert: op. cit. 106; Philosophie der Weltgeschichte I, 99.
[60] R § 274.

»*Anerkennen*« aber »*tritt*« die Tiefe der absoluten Religion zutage – der sich selbst wissende Geist, »*der Begriff, die absolute, reine Macht*«[61].

Sofern der Geist sich im anderen seiner selbst als das »*Selbst aller*« erfaßt hat, erweist er sich auch als die »*Macht*« der Notwendigkeit. Der göttliche Geist ist »*vernünftiger, substantieller Wille*« geworden, freier Wille, der alle Abhängigkeit von etwas anderem getilgt hat und sich auf »*nichts als auf sich selbst bezieht*«.

Die Willkür der Einzelentscheidung des besonderen Egoismus ist für Hegel im Staate überwunden. »*Was gilt*«, ist allein das Gesetz der Wirklichkeit: In einem vernünftigen Volksorganismus erhält jedes Glied, indem es sich für sich erhält, eben damit die anderen in ihrer Eigentümlichkeit[62]. »*Das Volk als Staat ist der Geist in seiner substantiellen Vernünftigkeit – und unmittelbare Wirklichkeit –, Geist, der im Dasein jedes einzelnen sich selbst anschaut und daher absolute Macht auf Erden*«[63].

Wer ist dieser Geist, der als »*Geist des Volkes*« von Hegel zum absoluten Herrn dieser Welt gekrönt wird?

Ist es »*grundloser Wille*« als letztes »*In-sich-selbst-Sein*« monarchischen Selbstes? Jener Geist, der im anderen sich selbst anschaut, führt mit Notwendigkeit jenen absoluten Willen herauf, der, bekleidet mit dem Mantel der versöhnenden Liebe, die »*ungeheure Macht des Negativen*« zu spüren gibt. Der Staat, der die Wirklichkeit der Religion, die »*absolute Versöhnung*« für sich in Anspruch nimmt, hebt damit nicht nur die Religion, sondern zugleich die Person des einzelnen auf, die in Wahrheit nicht nur Moment der Selbstanschauung des Absoluten ist, vielmehr eigenständiges Subjekt, das in eine unvertauschbare und unüberholbare, einzigartige Liebesgeschichte mit einem Gott eintreten kann, der die Weltgeschichte nicht braucht als den Prozeß seiner Selbstvermittlung, sondern im Gegenteil sie ermöglicht als den Ort der freien Bewegung.

---

[61] Realphilosophie, Bd. 2, 266.
[62] Vgl. R § 286.
[63] R § 331.

Der christlich-germanische Staat Hegels kann die Versöhnung mit der geschichtlich gewordenen Realität nur insofern darstellen, als er die Natur und den Menschen, selbst Gott als Material seines Selbstgenusses mißbraucht und an die Stelle der freien Einigung von Gott und Mensch die Aufhebung beider vollstreckt.

Der Volksgeist, als das alle Verhältnisse durchdringende »*Gesetz*«, erweist sich eben nicht als das in Freiheit vollzogene sittliche Bewußtsein des einzelnen angesichts der Gegenwart des Absoluten. Vielmehr erwirkt sich bei Hegel das Absolute selbst sein Dasein als das »*Selbst aller*« durch die »*Macht der Notwendigkeit*«, die alle Abhängigkeit von anderen tilgt und sich auf nichts anderes als auf sich selbst bezieht.

Der Geist, der die Vielheit welthafter Wesenheiten als Entwicklungsgeschichte seiner Einheit setzt, muß am Ende der Geschichte seiner Selbstobjektivation die für sich gesetzten Momente zurückerobern. Aus der »*Zufälligkeit der Einzelexistenzen*« muß die »*Macht der Notwendigkeit*« werden, mit der der »*absolute Geist sich selbst erfaßt*«. Alle Entwicklungsphasen, die der Geist »*im Gang durch die Weltgeschichte*« durchmißt, sind durch »*harte unwillige Arbeit und durch unendlichen Kampf, durch Umarbeitung des vorigen, der niederen Stufe hervorgegangen*«[64].

> »*Jede folgende Stufe ist Umbildung der vorigen, ein höheres Prinzip, hervorgegangen durch das Aufheben und den Untergang des Vorigen*«[65]. – »*Die Übergänge, in denen gleichzeitig die Auflösung des Alten, die Erhebung und das Hervorgehen des Neuen erfolgt*[66], *sind verknüpft mit Zertrümmerung und Zerstörung, mit großen Kollisionen und Umwälzungen*«[67].

Nur ein Geist, der sich ursprünglich in reiner Perfektion selbst besitzt, kann die von ihm geschaffenen Vielheiten welthaften

---

[64] Hegel, Philos. der Geschichte I, 132, 134, 161, 75, 153.
[65] ebd. 134.
[66] ebd. 161.
[67] ebd. 75, 153.

Seins zur Eigenbestimmung freigeben, weil er sie nicht als Mittel der Selbsterfassung braucht!

Der absolute Geist Hegels, der die Vielheit nicht als Weise der ungeschuldeten Schenkung des Höchsten versteht, sondern umgekehrt, als Werkzeug der Selbstauszeugung braucht, kann das Ziel seiner Selbstherstellung nur auf Kosten der Einzelexistenzen realisieren.

VI. Kapitel II
Entwicklung – der letzte große Gedanke

1. Entwicklung des Formprinzips durch Aufhebung der Einzelelemente

»Hegel hat den entscheidenden Begriff Entwicklung in die Wissenschaft gebracht.« Die letzte große wissenschaftliche Bewegung des Darwinismus wurde dadurch präformiert. *»Ohne Hegel kein Darwin!«* Hegel wagte als erster im *»Durchgriff«* durch die logische Tradition die *»Artbegriffe auseinander zu entwickeln«*[68].

An die Stelle des von Gott verliehenen Bildungstriebes, der zur Ausarbeitung des Einzelorganismus als Selbstzweck befähigt, tritt bei Hegel der *»unendliche Trieb als Substanz des Daseins überhaupt«*. Nicht durch Zuordnung der Teile im Hinblick auf die vorausgesetzte Form des Einzelorganismus, wie der Bildungstrieb, wirkt die unendliche Triebkraft Hegels. Die Form liegt für Hegel nicht als Abbild des perfekten Urbildes wie in der Kantschen Vorstellung schon vor und bedarf nur noch der mechanischen Herstellung durch die causa efficienz. Im Gegenteil, Hegel denkt – entsprechend seinem Grundansatz –, daß die Form erst im Entwicklungsprozeß des Geistes erarbeitet werden muß. Nicht um einzigartige Vervielfältigung der perfekten Urform geht es Hegel, sondern um Ausarbeitung der Urform selbst durch Zwischenformen. Nicht Darstellung der unteilbaren Gestalt des Artlogos in der Vielfältigkeit der materialen Einzelelemente, sondern Entwicklung der Form durch *»Aufhebung«* der Einzelelemente, ist die Aufgabe der Triebdialektik Hegels. Durch *»Auflösung des Alten, erfolgt das Hervorgehen des Neuen«*. Durch *»Zertrümmerung und Zerstörung des Vorausgegangenen«* gewinnt Hegel das Material für

---

[68] Vgl. Nietzsche, Fröhliche Wissenschaft, Nr. 357.

die Bildung der Zwischenformen. Auch die endgültige Gestalt des Geistes, sein »*absolutes Wissen um sich selbst*«, wird nur durch Aufhebung aller eigenständigen Gestalten, selbst »*der Volksgeister*«, errungen. Durch Negation der Negation gelangt der »*unendliche Trieb*« zur Position ins Ziel der Selbsterfassung des Absoluten. In ihm soll das Aufgehobene verwandelt »*auferstehen*«. Zu was? – Zu neuem Material der Formwerdung des Geistes?

2. Das Böse – ein notwendiges Konstitutionsprinzip der Entwicklung

Der Schrecken der Weltgeschichte, Tod und Tötung, werden von Hegel versöhnt durch den Mechanismus einer doppelten Negation, die mit Notwendigkeit ins Ziel der Selbsterlösung führen soll! Tod und Tötung brauchen nicht länger als Folge von Schuld, als das Böse der Weltgeschichte begriffen werden.

Nicht die Umkehr des Sünders, nicht Aufgabe des triebhaften Egoismus tut not. Versöhnung, bei Hegel als Vermittlung von Gegensätzen gedacht, bekehrt nicht, wandelt nicht das Böse zum Guten, sondern macht einsichtig, daß das Böse nur scheinbar dem Guten entgegengesetzt ist. An sich gehören beide Momente, das Gute und das Böse, Leben und Tod, das Unendliche und Endliche, Gott und Mensch wesensnotwendig zusammen. Die spekulative Dialektik belehrt uns, daß Umkehr als Umwendung des Geistes begriffen werden muß, der aus dieser »*höheren Sicht*« erkennt, daß das Böse, das Schwache, Endliche, nur die »*andere Seite*« des Bewußtseins ist, das zum Selbstbewußtsein fortschreitet. Das Ziel der Welt- und Heilsgeschichte ist für Hegel nicht die Vereinigung freier Personen – Gott und Mensch in der gegenseitigen Schenkung ihrer Naturen. Gott schließt nicht in seinem Fleische einen ewigen Bund mit den Menschen. Sondern umgekehrt: Für Hegel muß die vorübergehend von Gott entäußerte Menschennatur verinnerlicht, d. h. »*aufgehoben*« zum »*Verzehr des göttlichen Selbstgenusses*«, werden.

Liebe, bezogen auf individuelle Einzelheit, muß ihr Objekt so einverleiben, daß es als Element des Geistes aufersteht. Liebe wird zur Eigenliebe pervertiert. Sie genießt sich selbst im aufgezehrten Material des anderen. Die Perversion ist perfekt: Liebe sucht nicht den Bestand des anderen, heißt nicht Anverwandlung in der schenkenden Hingabe, sondern Aufhebung des anderen zum Zwecke der Selbstbestätigung.

Konsequentermaßen muß für Hegel die gesamte christliche Offenbarung nur als Vorstufe der Entwicklungsgeschichte des göttlichen Geistes zu sich selbst liegenbleiben. Sie wird überholt durch die Arbeit des Begriffes.

3. Identität der Nichtidentität als Grundprinzip der Triebdialektik »Ihr werdet sein wie Gott«

Die Triebdialektik Hegels nimmt in Anspruch, das Schicksal der Weltgeschichte endgültig zu versöhnen. Der Widerspruch, die entgegensetzende Zerreißung alles Lebendigen, muß als alle Not wendendes Mittel verstanden werden. Das, was die Weltgeschichte bislang bewegt hat, Schuld und Erlösung, braucht uns nicht länger zu beunruhigen. Die Geschichte ist vermittels des *»wunderbaren Prinzips des Widerspruchs«*[69] zur letzten Vollendung vorangeschritten. Sie erkennt, daß das, was die Schlange im Paradies versprochen hat, eingetreten ist: Ihr werdet sein wie Gott! Nicht in Adam – im Anfang der Geschichte – konnte sich diese Botschaft erfüllen; der Mensch als einzelner muß sterben, aber in Christus, dem zweiten Adam.

In ihm wurde das Prinzip der Göttlichkeit des Geistes zum erstenmal bewußt: Als Gedanke gehört die menschliche Natur zur Idee des absoluten Geistes, als Geist ist der Mensch Gegenstand des Interesses Gottes, als Geist ist er unsterblich[70].

---

[69] Religionsphilosophie II, 267.
[70] ebd. II, 268.

Jetzt, in den Tagen der höchsten Entwicklungsstufe, hat die Dialektik Hegels den entscheidenden weltgeschichtlichen Schritt vollzogen: Erlösung ist nicht der flüchtige Genuß Gottes, der Gegenwärtigkeit Gottes im Fleische, vielmehr »*Realisierung des Geistes*«. Die Geschichte der »*Verleiblichung der Idee*«, der »*Akt der Erscheinung Gottes*«, seine Vorstellung vor uns als Vorstellung vor sich, »*die Manifestation in der Welt*«, sein Dasein, haben wir am Ende philosophisch zu betrachten, d. h. sein Dasein als Dasein in Gedanken zu fassen[71]. Das Absolute zeigt sich in der Philosophie als »*Selbstproduktion*«, als Weg durch sich für sich zu werden. Gott ist das Resultat der Philosophie, »*das Resultat seiner ihn reflektierenden Teile*«[72].

Der Mensch begreift auf dem Standpunkte der vernünftigen Spekulation Hegels das Allgemeingültige seiner Existenz: Durch seine Reflexion vermittelt sich göttlicher Geist zu sich selbst. Um »*sein wahrhaftes Selbst als das allgemeine zu produzieren*«, hebt sich der Mensch als dieser auf. So wird die besondere Einzelheit zur sich, aus sich selbst bestimmenden Allgemeinheit[73]. Das Wissen des Menschen um Gott ist das Wissen Gottes um sich selbst – behauptet Hegel. Das Wissen des Menschen um Gott ist das Wissen des Menschen um sich selbst, korrigiert Feuerbach[74].

Gott, dessen Wissen um sich vermittelt ist, durch das Wissen des Menschen, weiß sich, liebt sich als Mensch. »*Allein der menschgewordene Gott ist nur die Erscheinung des gottgewordenen Menschen*«[75]. Gott liebt den Menschen – ein Orientalismus – auf deutsch, das höchste Wesen ist die Liebe des Menschen[76].

Die Erfüllung der Botschaft Christi, seine Wiederkunft als Endgericht dieser Weltgeschichte, hat die Philosophie Hegels vollbracht. Das Licht der vernünftigen Reflexion, die wahre Anschauung Gottes, die in unseren Tagen durch die dialekti-

---

[71] Religionsphilosophische Bd. 12, 32.
[72] ebd.
[73] ebd. Bd. 12, 142.
[74] Feuerbach, Ludwig: Das Wesen des Christentums, Leipzig 1924, 1, 30.
[75] ebd. 57.
[76] ebd. 65–66.

sche Spekulation erreicht wird, läßt das Wesen der menschlichen Natur durchsichtig werden. Der Mensch wird erhoben in Gott. Sein empirischer Einzelcharakter, die harte Wirklichkeit seiner Sonderexistenz, wird aufgelöst in die Flüssigkeit des Allgemeinen, der Mensch in Gott verwandelt, ist unterschiedslos eins geworden mit ihm.

Am Ende der weltgeschichtlichen Tage hat der Mensch sein Ziel erreicht. Er ist Gott gleich geworden. Die verbotene Paradiesesfrucht ist endlich verdaut. Der Mensch ist durch den Widerspruch, als Prinzip der Erkenntnis, zu sich selbst gekommen. Das Verbot: »*Du sollst nicht essen*« – war in Wahrheit für Hegel das verhüllte, noch nicht entwickelte Gebot der Verheißung, der Widerspruch, der öffnende Schlüssel.

Die Frucht der Erkenntnis, die Spekulation der absoluten Logik Hegels, erweist sich in unseren fortgeschrittenen Tagen nur als Vorspeise. Das Hauptgericht, die Frucht vom Baum des Lebens, soll nicht länger auf sich warten lassen. Hat die uns umwendende Reflexion erkennen lassen, daß Gott sich vermittels der Menschen herstellt, ist Gott das Resultat seiner Teile, dann liegt es auf der Hand, daß der Mensch das eigentliche Wesen Gottes ist und an ihm der Akt der Selbstproduktion des Absoluten hängt. Der Mensch produziert also, sofern er das göttliche Allgemeine hervorbringt, sein wahrhaftes Selbst, das sich selbst bestimmt.

Erkenntnis, die den Akt der Selbstproduktion des Absoluten zum Inhalt hat, muß Arbeitsprozeß sein. Nicht mehr als Strafe der Sünde darf Arbeit verstanden werden. Im Gegenteil, sie ist die Bedingung der Selbstwerdung – im Sinne der Selbstbestimmung des Menschen.

4. Die Negativität als das bewegende und erzeugende Prinzip der Selbstproduktion

>*Das Große an der Hegelschen Dialektik der Negativität als dem bewegenden und erzeugenden Prinzip ist also, daß*

Hegel die Selbsterzeugung des Menschen als Prozeß faßt . . . und den wahren, weil wirklichen Menschen, als Resultat seiner eigenen Arbeit begreift«[77].

Das Geheimnis der Weltgeschichte ist die Geschichte der Schenkung der Liebe Gottes. Ihre Offenbarung ist zugleich die Geschichte des Widerspruchs. Liebe fordert Stellungnahme, entweder im Sinne der antwortenden Hingabe oder widersprechenden Aufhebung. Schon die erste Begegnung von Gott und Mensch im Paradies ist Aufforderung zur Entscheidung: Willst du Mensch, Adam, und dein Weib dich verstehen, als der, der mit Gott denselben Wohnraum, den Garten Eden teilt? – Willst Du die Früchte der Erkenntnis und des Lebens von den Bäumen in der Mitte des Gartens dir schenken lassen, als Weise, wie ich mich dir zu erkennen gebe? Willst du mit mir leben?

Der Mensch zieht vor, zu sein wie Gott. Er will durch Selbstbestimmung sein Leben eigenständig in die Hand bekommen. Leben soll nicht als Geschichte mit dem anderen, sondern als Prozeß der Selbstvermittlung durch den anderen verstanden werden. Das vorhandene Material, die Früchte des Paradieses werden nicht Gaben der Selbstmitteilung an den anderen, sondern die Mittel zum Selbstaufbau der eigenen Natur.

Wenn der Mensch sein Leben aus sich selbst entwickeln will, anstatt es sich von Gott schenken zu lassen, muß er das Material seiner Existenz durch Tötung des Vorausgegangenen erbeuten.

Der Widerspruch der Ursünde wird ins Äußerste potenziert. Der Mensch will nicht nur sein wie Gott, er setzt sich an die Stelle Gottes durch Unterwerfung der göttlichen Natur. Um Alleinherrscher dieser Welt zu sein, braucht der Mensch die göttliche Natur als sein Material.

Die dialektische Philosophie Hegels erklärt Inkarnation und Kreuzigung Christi zum Grundgesetz der Weltgeschichte, hebt das Faktum der äußersten Hingabe Gottes an den Menschen

---

[77] Frühschriften 1971, 269.

auf in das Prinzip des Widerspruchs. Die Tat der göttlichen Versöhnung ist für Hegel als »*Bedürfnis der Selbstbefriedigung*« zu verstehen. Gott liebt sich selbst als Mensch. Das Wesen Gottes ist der Mensch. Die Hingabe Gottes an den Menschen wird von Hegel mißbraucht zum Selbstaufbau, zur Absolutsetzung der menschlichen Natur. Gott wird in seinem Zugehen auf den Menschen nicht nur faktisch getötet – auch prinzipiell wird »*der Tod Gottes*« als Bedingung des menschlichen Fortschritts proklamiert.

Die Objektivierung der Urschuld und damit der Sünde ist mit dem Satz des Widerspruchs als dem Grundprinzip der Dialektik gründlich geschehen.

Es bleibt nur noch das Endgericht! Aber auch diese Aussicht der Geschichte auf die Wiederkunft Christi in Macht und Herrlichkeit, versucht die Triebdialektik Hegels zu verstellen. Wiederkunft Christi muß nicht als ein von außen hereinbrechendes Ereignis begriffen werden. Der Satz des Widerspruchs löst auch dieses Faktum in ein innerweltliches Prinzip auf: Negation, Tötung bedeutet nicht nur Aufhebung der einzelnen in das allgemeine Ganze; am Ende dieses Entwicklungsprozesses beweist der Satz von der Identität der Nichtidentität »*seine alles verwandelnde Kraft*«; aus der allgemeinen Vernichtung der Weltkatastrophe soll die Natur verjüngt wie der Phönix aus der Asche emporsteigen! Tötung bedeutet Höherentwicklung, Selbstbefriedigung!

Die Macht, mit der »*der Herr der Welt*« auf dem Throne Gottes regiert, ist »*die unendliche Begierde als Substanz allen Daseins*«. Die »*Verlockung der absoluten Selbstbestimmung*« macht blind für das gleißende Gewand der alles pervertierenden Dialektik. Sie zu entlarven ist Sache des Gerichtes. Mit welchem Maßstab aber soll die Geschichte des Menschen gemessen werden? Bestimmt er sich wirklich selbst, ist er selbst die absolute Wirklichkeit, das Dasein des Absoluten, warum stirbt er? Ist sein Tod nur die Umwandlung in sein anderes Selbst? Wer ist der andere, Gott oder der Herr der Welt? Wie sollen wir uns verstehen?

Hat Hegel doch recht? Zeigt uns das Widerspruchsprinzip der Dialektik, daß Gott in Wirklichkeit der Fürst dieser Welt ist? Läßt nur metaphysische Naivität die Entgegengesetzten, Gott und den Weltgeist, als zwei selbständige, einander ausschließende Subjekte erscheinen?

5. Das »wunderbare Prinzip des Widerspruchs« – die Wurzel aller Entwicklung?

Ist der Widerspruch das Prinzip der Entwicklungsgeschichte des Weltgeistes, oder ist er der Ausdruck der opponierenden Freiheit des Menschen?

Bestimmt der Widerspruch schicksalhaft die Epochen der Weltgeschichte oder ist er auf menschliche Schuld zurückzuführen? Ist mein Geist die Subjektivität des Absoluten, meine Selbstbestimmung in Wahrheit die *»Selbsterfassung des Absoluten«*, mein freier Wille die *»Notwendigkeit der gesetzhaften Erfüllung«*, meine Person die Personalität des Weltgeistes, *»mein Eigentum Mittel der gesellschaftlichen Bedürfnisbefriedigung«*, mein *»Leib flüchtige Äußerlichkeit als Gegenstand der Selbstreflexion des Geistes«*, bin ich ein eigenständiges Subjekt? Oder bin ich nur ein Moment der Selbstreflexion des absoluten Geistes, *»mein Geist«* der *»Gegenstand seines Interesses«*, das Objekt seiner Selbstbestimmung? Bin ich ein notwendiger »Teil«, durch den sich der Weltgeist zu sich selbst vermittelt, oder unteilbares, unvertauschbares Individuum, aufgerufen zu einer unsterblichen Geschichte mit Gott und dem anderen Menschen? Bin ich Mann oder Frau in der Begegnungsmöglichkeit mit anderen, als anderen, oder der unterschiedslose *»Arbeitsgeselle«* der Gesellschaft?

Bin ich das Geschöpf Gottes, erlöst durch Inkarnation und Kreuzestod Christi, oder bin ich *»das Mittel«* der Selbstbefriedigung des Absoluten?

Habe ich vernünftige Hoffnung auf persönliche Unsterblichkeit – oder ist mein Tod Bedingung der Selbstbestimmung des Absoluten?

Die Dialektik, als Reflektionsprozeß der klassischen Logik, stellt uns vor die Alternative, den Satz des Widerspruchs als Grundsatz beider Denkformen, entweder im Sinne der klassischen Logik als Kriterium des Ausschlusses von Sein und Nichtsein, oder aber im Sinne der Dialektik, als Maßstab für die notwendige Zusammengehörigkeit beider Prinzipien zu verstehen.

Die Rechtmäßigkeit des dialektischen Anspruches, das durch die Metaphysik vom Sein ausgeschlossene Nichtsein zum Reflexionsmoment des Seins selbst zu machen, können wir vielleicht am besten dadurch prüfen, daß wir uns diesen Prozeß der Bestimmung des Seins durch das Nichtsein noch einmal zusammenfassend vor Augen führen.

In der Gegenüberstellung von metaphysischer und dialektischer Auffassung vom Satz des Widerspruchs gewinnen wir jene Freiheit zurück, die für Setzung und Entgegensetzung der Position Verantwortung trägt. Allein die Freiheit kann der Wahrheit jener Wirklichkeit entsprechen, deren Wesen Selbstmitteilung der Liebe ist.

Die metaphysische Gültigkeit des Widerspruchsprinzips war begründet in Gott als dem perfekten Sein. Welthaft Seiendes, z. B. der Geist des Menschen, oder das spezifische eidos der einzelnen Tier- bzw. Pflanzengattung war durch einen unantastbaren Wesensbestand charakterisiert, der jede Verwechslung oder Aufhebung in anderes ausschloß. Als Abbild des perfekten Seins Gottes sind auch die Wesenheiten der welthaften Dinge so in sich abgeschlossen, daß sie zu ihrer Vollendung keiner Veränderung von außen bedürfen. Das Werden bezieht sich nur auf die Entgegennahme des schon Perfekten. Seiendes ist trotz bunter Vielfältigkeit Abbild der höchsten Vollkommenheit Gottes und deshalb unveränderliches Selbst. A ist gleich A, das das non A absolut ausschließt. Auch für die christliche Tradition gilt die Unauflöslichkeit dieses Prinzips. Gott offenbart sich zwar als Dreieiner, aber das heißt nicht, daß die erste Person als Anfangsstadium gegenüber dem entwickelteren Modus der beiden anderen Personen verstanden werden könnte. Die Ausgangsposition ist nicht als das »*Noch-nicht*« des zu erstrebenden Endzustandes zu verstehen. Was zum perfekten Sein des Vaters als der ersten Person der Gottheit hinzukommt, ist nicht Entwicklung dieses Seins, sondern im Gegenteil, absolute Verschenkung seines perfekten Wesens. Das Anderssein von Gott Sohn und Heiligem Geist gegenüber dem Vater bezieht sich also nur auf die unterschiedliche Entgegennahme derselben ewigen absolut unveränderlichen vollkommenen Wesensnatur der ersten Person der Gottheit.

Selbst die Inkarnation der zweiten Person der Gottheit hebt den Satz der Identität bzw. des Widerspruchs nicht als Grundsatz der Metaphysik auf. Auch hier heißt Menschwerdung Gottes nicht Veränderung oder Entwicklung der göttlichen Natur. Vielmehr kann diese, weil sie untangiert sie selbst bleibt, die menschliche Natur als zweite Natur bei sich entgegennehmen. Das Werden als Verknüpfung von Sein und Nichtsein muß als Weise der Verschenkung des Perfekten verstanden werden. Das Nichtsein gehört nicht als »Noch-nicht« zum Sein, sondern kommt als Ausdruck der freien Selbstmitteilung hinzu. Entäußerung, als Zurücknahme des vollendeten Selbstbesitzes verstanden, macht die Entgegennahme der Schenkung des anderen möglich. Nichtsein stellt die Potenz der Freiheit dar, die die vollendete Wesennatur des eigenen Seins nicht für sich behalten will, sondern zum Unterpfand des anderen macht: Liebe, die das, was sie zu eigen hat, mitteilt.

Die spezifisch-christliche Verknüpfung von Sein und Nichtsein erzählt die Geschichte der Liebe, die sich auf dem Weg zum anderen in seiner Andersheit macht. Das Nichtsein gehört nicht naturgemäß zum Sein, sondern ist das einzige, was zum absolut vollendeten Sein als Ausdruck der Freiheit seines Selbstbesitzes in der Weise der Selbstverschenkung bzw. der Selbstzurücknahme hinzukommen kann.

Dagegen formuliert Hegel: »*Nirgends im Himmel und auf Erden gibt es etwas, was nicht beides, Sein und Nichts in sich enthielte*«[78]. – »*So in Gott selbst*«[79].

---

[78] Logik I, 69.
[79] Logik I, 70.

Identität des Seins mit sich selbst – Gott im klassischen Sinn als unterschiedslose Einheit des Geistes, der sich unmittelbar selbst besitzt, wird wegen dieser »*Unmittelbarkeit*« von Hegel als »*totes Sein*« bestimmt[80].

Lebendig ist das Sein für Hegel durch seine Einheit mit dem Nichtsein! Das Sein als Einheit der Gegensätze – als Einigung der Entgegengesetzten Sein und Nichts schildert den »*Gang der Sache selbst*«[81]. – »*Der Widerspruch ist die Wurzel aller Bewegung und Lebendigkeit – nur insofern etwas in sich selbst einen Widerspruch hat – bewegt es sich, hat Trieb und Tätigkeit*«[82].

Die Bewegung, die der Widerspruch erzeugen soll, wird geschildert als die Entwicklungsgeschichte des Nichts, das in der Identität schon enthalten ist. Die Ausfaltung der Negation bedeutet zunächst einfache »*Verschiedenheit*«, »*Entgegensetzung bis zur totalen Andersheit*«, welche schließlich als »*Widerspruch*« gesetzt wird[83]. Das Sein ist nicht »*nur etwas in sich selbst, sondern zugleich der Mangel, das Negative seiner selbst, in einer und derselben Rücksicht*«[84].

»*Die innere und eigentliche Selbstbewegung des Seins ist der Trieb*«[85], der das Noch-nicht zu entwickeln hat.

Es gilt für Hegel, den Mangel an Selbstbewußtsein zu überwinden. Das Sein ist zwar »*durch sich*« – aber es ist ursprünglich noch nicht im eigentlichen Sinne »*bei sich*«, sofern es sich noch nicht bewußt zu sich selbst entschlossen hat. Damit das immerwährende Sein selbstbewußtes Subjekt wird, muß es sich in seinem Sein »*aufschließen*« – bestimmen, es muß sich objektivieren, um wissend zu sich zurückzukehren.

Dieses Unterscheiden zum Zwecke »*der Selbstidentifikation ist die Kraft des Geistes – zunächst als Spiel der Liebe mit sich

---

[80] Logik II, 58.
[81] Logik I, 36.
[82] Logik II, 58.
[83] ebd.
[84] Logik II, 59.
[85] ebd.

selbst«[86]. Sofern aber der Unterschied zum Gegensatz entwickelt wird, entsteht die Welt als ständige Andersheit.

Der Unterschied bekommt im »*Abfall*« der Welt, in der Entgegensetzung zu Gott, seine Macht.

6. Die Welt als Region des Widerspruchs

Hegel sieht diese Erklärung der Ursünde als notwendigen Akt der Selbstunterscheidung Gottes, bestätigt durch Jakob Böhme[87]. »*Die Welt ist also die Region des Widerspruchs*«[88]. Die Natur, die Weise wie das Absolute sich zu sich selbst in den äußersten Gegensatz bringt, wird Geist in der Überwindung und Aufhebung eben jener Natur. Die Natur wird Geist als »*Natürlichkeit des Menschen*«. Damit der Widerspruch als lebendige, in den äußersten Gegensatz treibende Kraft gefaßt werden kann, muß Natur, als Natur des menschlichen Subjektes, böse sein. Die Natur ist nicht von sich aus böse. Unschuld herrscht in der unbewußten Natur: »*Das Tier, der Stein, die Pflanze, sind nicht böse*«[89]. »*Die Erkenntnis ist das Setzen des Gegensatzes, in dem das Böse ist*«[90]. Die Tätigkeit des Geistes ist also nicht nur als Akt der Unterscheidung zu verstehen, sondern letztlich bedeutet sie äußerste Entgegensetzung, Bosheit. Die durch den Erkenntnisakt vollzogene Entgegensetzung von Subjekt und Objekt – hier die Unterscheidung der Natur als der Natur des Menschen, wird als selbstsüchtiges Für-sich-sein, als »*Lust der Vereinzelung*« und starrsinnige Trennung von Hegel ausgelegt. Aber insofern der »*wißbegierige Mensch*« nur ein »*Moment*« im Prozeß der Erscheinung des Absoluten ist, wächst damit auch das »*Bedürfnis nach Versöhnung*«; d. h. Zurücknahme des Unterschiedenen in die Totalität des Ursprungs. Menschliches Für-sich-sein ist nur ein vorüberge-

---

[86] Religionsphilosophie II, 248.
[87] ebd. II, 250.
[88] ebd. II, 253.
[89] ebd. II, 264.
[90] ebd.

hender Augenblick, »*das Leuchten des Blitzes, der in seiner Erscheinung unmittelbar verschwindet*«[91].

Das Sein, das sich uns hier »*offenbart*«, ist der Geist, der seine Wurzeln im »*Unbewußten hat, der aus der bewußtlosen und stummen Substanz Aller aus den Gewässern der Vergessenheit emporsteigt*«[92]. Das Sein, das mit Hilfe »*unterirdischer Wirksamkeit*«[93] sich vom Unbewußten zum Selbstbewußtsein lichtet, ist »*das Ganze als ruhiges Gleichgewicht aller Teile*«[94], das durch den Gegensatz, durch Ungleichheit in Bewegung gebracht wird.

Sein wird Geist durch die Triebkraft der Unterscheidung. Das Nichtsein des Seins wird von Hegel nicht als einfacher Mangel begriffen, der gerade nicht aus sich selbst die Kraft der zielsicheren Befriedigung hat, sondern im Gegenteil als Mächtigkeit des Widerspruchs, der Selbstentgegensetzung. Es geht Hegel nicht um Aufhebung des angestammten Mangels, was nur von außen, von etwas, was im Besitz der vollen Wirksamkeit ist, geschehen könnte, sondern um Widerspruch zur Anfangsposition.

Der einzelne aber, der auf Grund seines von Gott verliehenen persönlichen Geistes schon eine Weise des Ganzen ist, kann deshalb zur Verantwortung gegenüber den anderen einzigartigen Personen gezogen werden und muß nicht als Teil dem Ganzen untergeordnet werden.

Das Absolute Hegels befriedigt sich trotz anfänglicher Unbestimmtheit zielsicher selbst. Es kennt kein außen, es sei denn als eigene Setzung. Im Prozeß der entgegensetzenden Selbstunterscheidung geht es um »*Versöhnung*« als Selbstbefriedigung! Das Ganze, als Herr seiner Teile, holt die Widerspenstigen, sich isolierenden »*Knechte*« zurück. Welthaftes menschliches Für-sich-sein wird als »*Abfall*« als »*Widerstand*« im dialekti-

---

[91] ebd. II, 252.
[92] Phä, 364.
[93] Phä, 365.
[94] Phä, 352.

schen Prozeß überwunden und in die Botmäßigkeit der Herrschaft zurückerobert.

Das Sein, das aus »*unterirdischen Tiefen*« sich zu sich selbst versammelt, ist nicht nur der Geist der chaotischen Triebe, die Magie der qualitativen Umschläge, wie der Mythos es schildert. Die »*Triebdialektik*« Hegels, vor die wir jetzt gestellt sind, ist insofern verschärft, als der Gegensatz von hell und dunkel, von dumpfer Naturgewalt und selbstbewußtem Geist, von Leben und Tod, nicht einfach vorgefunden wird, und Versöhnung gerade das ausstehende Problem ist. Jetzt haben wir es vielmehr mit dem Akt der Entgegensetzung, mit dem reflektierten Trieb als Prinzip des Widerspruchs zu tun. Dieser Akt der Unterscheidung verrät Bewußtsein, insofern die Entgegensetzung als Instrument der Erlösung aufgehoben wird, vergleichbar dem Naturtrieb, der über sich hinausgehend zielsicher seine Bedürftigkeit befriedigt.

Zu fragen ist aber, ob der Widerspruch als Triebkraft des Geistes das Böse dadurch wirklich aufhebt, daß er es zum notwendigen Akt der Selbstdifferenzierung macht, oder ob hier nicht gerade die wirkliche Bosheit, das moralisch Böse des Widerspruchs deutlich wird.

Der Mensch als Weise der Selbstentgegensetzung des Absoluten verliert in dieser Dialektik vollständig seine Eigenständigkeit und Verantwortlichkeit und damit Möglichkeit zum Bösen. Böse ist schon »*von Natur aus*« das Für-sich-sein des Teiles, der an sich »*Moment*« des Ganzen ist. Bosheit ist nicht mehr der in Freiheit vollzogene Widerspruch eines selbstverantwortlichen Subjektes. Nein, böse ist der Mensch »*von Natur aus*«, weil er nur eingebildeterweise eigenständiger Wille ist, an sich aber als Teilmoment eines »*Alleinherrschers*« zu verstehen ist. Nicht nur der Mensch wird in der Triebdialektik zu einem Teilmoment der göttlichen Wirklichkeit degradiert. Auch Gott wird in einen welthaften Akt, der durch »*Schwäche*«, »*Endlichkeit*«, »*Eingeschränktheit*« charakterisiert ist, aufgelöst. An die Stelle des dreipersonalen göttlichen Miteinanderseins tritt der dialektische Prozeß der Gegensatzeinheit: Die Setzung und Entgegensetzung zum Zwecke der Selbstidentifikation.

7. Ist der Widerspruch notwendige Triebkraft der Selbstentwicklung oder Ausdruck freier Selbstverschenkung?

Das Liebesgespräch der göttlichen Personen wird vertauscht mit der Triebdialektik! Die Andersheit gegenüber der Absolutheit des Seins wird nicht mehr als Ausdruck der Schenkung, sondern der notwendigen Selbstdurchdringung verstanden. Gott wird nicht länger als jener Geist gedacht, der in Freiheit über seinen Selbstbesitz so verfügt, daß er ihn als Natur des anderen verschenkt: als Vater, der zu sich als Erkanntem willentlich in der Weise Stellung nimmt, daß er seinen Selbstbesitz zum Grund des »*dicere und spirare*«, des Aussprechens des Sohnes und des Hauches des Heiligen Geistes werden läßt. Gottes Liebe, die durch Offenbarung als Selbstmitteilung kund wird, wird in das Gegenteil pervertiert: aus Liebe, die als Hingabe an den anderen, als Ermöglichung des anderen in seiner eigenständigen Andersheit verstanden wurde, wird Eigenliebe, »*das Spiel der Liebe mit sich selbst*«, die die gesetzte Natur des andern nur einen Augenblick von sich distanziert, um sich dadurch bewußt zu sich selbst zu vermitteln. Inhalt der Liebe ist nicht Selbstmitteilung des eigenen Wesens an den anderen, sondern Selbstvermittlung durch den anderen! Die Bewegung der in Freiheit vollzogenen Schenkung der eigenen Natur, ist nicht als Einigung mit dem anderen in seiner Andersheit, die Erstreckung des vernünftigen Willens, nicht als Kraft der anverwandelnden Liebe zu verstehen – im Gegenteil: Die mögliche Selbstmitteilung an den anderen wird pervertiert in den Akt der Unterwerfung des anderen – als Mittel der Selbstbefriedigung. Bosheit wird offenbar als Zerstörung der Liebe!

8. Verknüpfung von Geist und Materie – Ausdruck dialektischer Selbstproduktion oder entäußernder Selbstmitteilung?

Die Entscheidung des Geistes gewinnt Gestalt durch die Materie. Materie wird durch den logischen Satz des Widerspruchs absolut unterschieden vom Geiste. Gegenüber dem selbstbewußten Selbstbesitz des Geistes als dem Sein, das aus sich selber ist – ist Materie bewußtlose Nichtigkeit. Soll dieser Gegensatz als Widerspruch im Sinne Hegels ausgelegt werden, dann ist Materie jene äußerste Selbstentgegensetzung des Geistes, jener unbewußte Widerstand, an dem der Geist sich selber stärkt zum Zwecke der Gewinnung seines Selbstbewußtseins, das als Herrschaft über den Widerspruch seine letzte Selbstbestätigung erfährt.

Oder soll der Gegensatz von Geist und Materie, von Sein und Nichtsein nicht in der Weise der sie verknüpfenden Entwicklungsgeschichte der Selbstkonstitution des absoluten Weltgeistes dienen, sondern umgekehrt, die Geschichte der Selbstverschenkung der göttlichen Liebe erzählen? Dann ist die Materie der Ausdruck der Hingabe des Geistes und das Unbewußte, nicht verdrängte, vergessene Leere, überwundene Andersheit, sondern willentlich vollzogene Zurücknahme des selbstbewußten Geistes – Versinnlichung seiner Freiheit!

Versinnlichung des Geistes bedeutet: Verleiblichung des Geistes in der Form der freiwilligen Hinnahmefähigkeit des anderen, Liebe, die den anderen bei sich entgegennimmt. Die durch den Satz des Widerspruchs unterschiedenen Prinzipien, Sein und Nichtsein, Geist und Materie, können entweder im Sinne der Dialektik als Umschlagspunkte im Akte der Selbstreflexion des Absoluten gelten oder aber den Weg der Selbstverschenkung Gottes beschreiben.

Als was die Person des einzelnen Menschen verstanden werden soll, entscheidet die Anwendung des Widerspruchsprinzips. Ist der einzelne das Objekt der Selbstbestimmung des Absoluten, das Material seiner Selbstbestätigung? Oder ist er der Zielpunkt der Inkarnation Gottes, der die Natur des Menschen annimmt als die Gestalt jener Liebe, der er sich anverwandeln will? Stellt das Widerspruchsprinzip die *»Triebkraft«* der Selbstentfaltung oder die Freiheit der Selbstverschenkung dar?

9. Der Mensch von Natur aus böse?
Einzelheit und Allgemeinheit – Momente der entwickelten Gegensatzeinheit oder Formen schenkender Liebe?

Hegel stellt fest: Der Mensch ist »*von Natur aus*« böse. Seine Natur ist der Eigenwille der Selbstsucht. Über dieses Dasein als Einzelhaftigkeit muß hinausgegangen werden. »*Der Mensch soll nicht bleiben, was er unmittelbar ist, er muß sich als Geist von seiner Natürlichkeit trennen, um allgemeiner Wille zu werden.*« Dieser Abfall von seiner Unmittelbarkeit bzw. Natürlichkeit muß verstanden werden als Tätigkeit des Geistes, der sich im Unterscheiden zu sich selbst, d. h. zu seiner Allgemeinheit erhebt[95].

Das Böse wird uns als die Entgegensetzung von selbständigen Einzelwillen und vernünftigen Allgemeinwillen vorgestellt. Aber nicht die Bosheit des sich selbst verabsolutierenden egoistischen Einzelwillen wird – damit Gerechtigkeit herrsche –, in den allgemeinen Willen aufgehoben, sondern das naturhaft Seiende, der Einzelfall als solcher, wird durch den allgemeinen ersetzt. Gerechtfertigt scheint dieses Vorgehen durch den inszenierten Gegensatz von Einzelheit und Allgemeinheit, als wenn der einzelne an sich schon, unabhängig von seiner egoistischen Selbstbestimmung, »*von Natur aus böse*« und damit legitimermaßen aufhebbar wäre.

Nicht die Umkehr aus diesem Egoismus zur freien Hingabe an das Allgemeine wird von Hegel thematisiert. Es geht in Wirklichkeit nicht um den gegebenen Unterschied von Einzelheit und Allgemeinheit, der von Hegel zur Widerspruchseinheit verknüpft wird, sondern um das Paradox der göttlichen Liebe, die jeden einzelnen als Abbild der umfassenden Allgemeinheit schafft. Der einzelne erweist sich dann als Ausdruck der Selbstmitteilung des Absoluten, als Einfaltung der göttlichen Liebe, die sich auch im Kleinsten ungeteilt darstellen kann. Dieser einzelne, der auf Grund seines von Gott verliehenen

---
[95] Vgl. Religionsphilosophie II, 258 ff.

persönlichen Geistes schon eine Weise des Ganzen ist, kann deshalb zur Verantwortung gegenüber den anderen einzigartigen Personen gezogen werden und muß nicht als Teil dem Ganzen untergeordnet werden.

Endlichkeit kann entsprechend nicht als zu negierender Gegensatz zum Unendlichen gefaßt werden – vielmehr als Ausdruck der verschenkten Allgemeinheit, der Liebe, die sich in ihrem Selbstbesitz so zurücknimmt, daß sie sich empfänglich macht für den anderen Geist, dessen Verleiblichung die endliche Entgegenstreckung auf den anderen bedeutet.

Entsprechend dieser christlichen Interpretation des Widerspruchsprinzips kann das Wesen der menschlichen Natur als Verknüpfung der sich nicht einschränkenden, sondern raumgebenden Potenzen von Geist und Natur, Unendlichkeit und Endlichkeit, verstanden werden. Wenn es sich zeigt, daß die Einengung dieser an sich unterschiedenen Prinzipien als Paradox der Liebe verstanden werden muß, wird auch das Geheimnis der Bosheit damit entlarvt: Bosheit bedeutet Widerspruch zur Liebe, d. h. konkret Verzerrung der sie ermöglichenden Prinzipien, Entgegensetzung von Endlichkeit und Allgemeinheit zum Zwecke einer aufhebenden Synthese.

Ob aber die Entgegengesetzten – Einzelheit und Allgemeinheit –, in der bewußten Zusammenstellung der Widerspruchseinheit ihre eigentliche Bestimmung, Teil eines größeren Ganzen zu sein, finden oder aber der »*Furie des Verschwindens*«[96] zum Opfer fallen, wird sich erweisen.

Durch den von Hegel dialektisch verstandenen Satz des Widerspruchs ist das naturhaft Endliche der Allgemeinheit des Geistes so entgegengestellt, daß das einzelne sich nicht auf Grund seiner eigenständigen Geistnatur in Freiheit zu Gott erheben kann – vielmehr wird ihm durch den Reflexprozeß der Dialektik sein Geist – als Geist an sich – als Gegenstand der Gattung Menschheit präsentiert. Als »*Moment*« des dialektischen Einigungsprozesses von Unendlichem und Endlichem, von Geist

---

[96] Adorno, Theodor W.: Negative Dialektik, Frankfurt/Main 1966, 142.

und Natur, von Einzelheit und Allgemeinheit, erfährt sich der Mensch aufgehoben in der Gattung. Er muß erkennen, daß er nicht für sich existiert, vielmehr sein An-sich-sein als »*Teil*« der Gattung zu erwarten hat.

10. Die Aggression als Wesen des Widerspruchs

Aber der Widerspruch vermittelt nicht gradlinig in das Allgemeine der selbstbefriedigten Endgesellschaft. Der Widerspruch erweist sich nicht nur faktisch als Aggression, er ist seinem Wesen nach als Trieb Aggression. Nicht Einigung mit dem Allgemeinen wird durch Aufhebung des einzelnen erzielt, sondern Vernichtung! Die Hingabe an den anderen wird pervertiert in den Akt der Selbstvermittlung durch den anderen. Aus der in Freiheit vollzogenen Hingabe des einzelnen an Gott und an den anderen einzelnen, aus der Gestalt gewordenen Transzendierung auf den anderen, wird bei Hegel der unendliche Trieb der Selbstbefriedigung – der nur durch selbsttrügerischen Schein den einzelnen ins Ganze der Gattung überführt – in Wahrheit ihn aber zum Opfer der selbstsüchtigen Lust, zur Siegesbeute im Kampf aller gegen alle macht.

Sein und Nichtsein sind nicht als zwei gleichgewichtige Momente des Werdens zu betrachten. Wäre überhaupt etwas und nicht Nichts, wenn das Sein keinen Vorrang vor dem Nichts hätte?

Ist es zulässig, Sein und Nichts als gleichermaßen konstante Prinzipien zu verstehen? Wieso besteht dann die Hoffnung, daß der Werdeprozeß Sein entwickelt und nicht in Nichts aufhebt?

Die Gleichberechtigung der Prinzipien macht ihre Vertauschbarkeit in der von Hegel beschriebenen Weise möglich: Es gilt in der Affirmation Negation und in der Negation die Affirmation zu entdecken. Die Anwendung dieser Dialektik, in der alles in jedem Augenblick in sein Gegenteil verschwindet, die Verflüssigung aller Bestimmungen ist überhaupt nur möglich, wenn es eine Wirklichkeit gibt, die durch die Vorrangigkeit des

Seins ausgezeichnet ist. Zerstörung setzt voraus, daß es etwas gibt, das vernichtet werden kann.

Zerstörung aber als Akt der alles versöhnenden, weil verflüssigenden Liebe auszugeben, ist die Infamie der Bosheit, des Vaters der Lüge, der Liebe als Libido verrät.

11. Evolution – der Schlüssel zur Selbstorganisation des Lebens

Die Triebdialektik Hegels löste alle Antinomien Kants. Der Satz vom Widerspruch erweist sich für Hegel als das *»wunderbare Prinzip«* der Versöhnung aller Entgegensetzungen. Evolution muß nicht länger, im Sinne Kants, als Theorie, als Forschungsprogramm zur Entdeckung der Wirklichkeit verstanden werden. Die Vielheit der Naturgegenstände braucht nicht mehr aus der abstrakten *»Idee der Einheit der Natur«* abgeleitet werden. Sie lassen sich für Hegel vielmehr als notwendige Momente der Selbstreflexion des göttlichen Geistes selbst erweisen. Biologie als Geschichte der Evolution muß nicht mehr über sich hinausverweisen auf eine die Theorie transzendierende Wirklichkeit. Mit Hilfe des dialektisch verstandenen Widerspruchsprinzips vollzieht Hegel die vollständige Identifikation von Vernunft und Wirklichkeit, Theorie und Praxis, Einheit und Vielheit, Geist und Materie, Einzelheit und Allgemeinheit, Gut und Böse, Zufälligkeit und Notwendigkeit, Transzendenz und Immenenz, Gott und Mensch. Die Gegensätze der dialektischen Widerspruchseinheit offenbaren für Hegel nur den vorübergehenden Akt der Selbstentgegensetzung des Absoluten zum Zwecke seiner Selbstobjektivation. An sich sind sie geeint vom Geist der Identität der Nichtidentität. Evolution – von Hegel dialektisch verstanden – wird der Schlüssel zur Selbstorganisation des Lebens. Wir stehen nicht mehr mit Kant vor der staunenswerten einzigartigen Fülle des Lebens, die es mit der zwecksetzenden Schöpfertätigkeit Gottes zu vermitteln gilt. Der Widerspruch, als dialektisches Bewegungsprinzip, überwindet diesen Abgrund: Die Vielheit soll als Weise der notwendigen und daher ableitbaren Selbstentgegensetzung des Absoluten begriffen werden. Als Mittel der Selbstreflexion des absoluten Geistes haben die vielen Einzelheiten welthaften Seins keinen eigenständigen Zweck. Sie erfüllen nur eine vorübergehende Funktion und sind deshalb an sich negativ. Durch Negation der Negation müssen daher die Teile zurückgeführt werden in die vorausgesetzte Ganzheit.

Die Frage, die noch aussteht, ist lediglich die, wie wir das Ganze nennen sollen, das sich durch Setzung und Aufhebung seiner Teile selbst herstellt. Erzählt die Geschichte der Dialektik bzw. der Evolution den Prozeß der Selbstorganisation des Geistes oder der Natur? Verstehen wir uns selbst als Elemente der Natur oder des Weltgeistes? Aber auch diese Entgegensetzung ist durch dialektische Verknüpfung von Geist und Materie überholt! Die Frage kann höchstens noch lauten: Ist das Ganze der Wirklichkeit überhaupt als Entwicklungsgeschichte des Geistes durch die Natur – oder –, wenn die Natur sich doch als der Gegenstand der Selbstvermittlung des Geistes behaupten soll – als Entwicklungsgeschichte des Geistes aus der Natur zu verstehen? Damit stehen wir vor dem Revolutionsprogramm von Karl Marx, der »*Das Kapital*« als die Fortsetzung des Darwinschen Evolutionskonzeptes begreift.

Alle Elemente der klassischen, durch Darwin begründeten, Evolutionstheorie liegen bereit: Einheit und Vielheit, Geist und Materie sind dialektisch verknüpft. Entsprechend muß die Natur als Einheit von Teilen und nicht mehr als Einheit von einzigartigen und daher unableitbaren Einheiten verstanden werden. Auch die Weise der »*Setzung und Aufhebung der Teile*« ist dialektisch vorgegeben. Der Teil muß von der vorausgesetzten Ganzheit Natur als Baustein ihrer Selbstentfaltung in der Generationsfolge aufgewiesen werden, um dann im Selektionsprozeß seine »*Aufhebung*« in die Ursprungseinheit zu erfahren. »*Ohne Hegel kein Darwin!*«[97]

---

[97] Vgl. Nietzsche, Fröhliche Wissenschaft, Nr. 357.

VII. Kapitel
Darwins dialektischer Naturbegriff

1. Goethes pantheistische Naturbetrachtung

Bevor wir Darwins Naturgeschichte als dialektischen Prozeß der Selbstdifferenzierung betrachten, müssen wir einen kurzen Augenblick auf seine Vorgänger: Goethe, Oken und Lamarck als Vertreter einer idealistischen bzw. realistischen Evolutionstheorie werfen. Die pantheistische Betrachtung der Wirklichkeit führt Goethe (1749–1832) dazu, Gott in der Natur, die Natur in Gott zu sehen.

> »Was wär ein Gott, der nur von außen stieße,
> Im Kreis das All' am Finger laufen ließe,
> Ihm ziemt die Welt im Inneren zu bewegen,
> Natur in sich, sich in Natur zu hegen,
> So daß, was in ihm lebt und webt und ist,
> Nie seine Kraft, nie seinen Geist vermißt«[1].

Es gilt »*das geheime Gesetz*«, das die »*abgestufte Ähnlichkeit*« der Organismen erklärt, zu entdecken. Dieses »*heilige Rätsel*« könnte gelöst werden, wenn erkannt wird, »*wie die Natur aus dem Einfachsten das Mannigfaltigste entwickelt*«[2].

Die Suche nach der inneren Bewegungsgeschichte des göttlichen Lebens läßt Goethe nach der »*Urpflanze*«, dem »*Urtier*«, dem »*Typus*« oder der »*Idee*« als dem »*hen kai pan*«, nach dem Ein und Alles fragen. Mit diesem Urorganismus bzw. Urpflanze als der letzten Allgemeinheit aller Naturerscheinungen sucht Goethe das »*Modell*«, das als »*Schlüssel*« zur »*Erfindung von Pflanzen ins Unendliche*« dienen könnte, und mit »*innerer Notwendigkeit und Wahrheit auch auf alles übrige*

---

[1] Goethe: Prooemion 1816.
[2] Goethe: Italienische Reise (19. 2. 1787).
[3] Goethe: ebda. (17. 5. 1787).

Lebendige« anzuwenden wäre³. Aus diesem Ersten und Einfachstem muß die ganze Vielfalt der Gestalten abgeleitet werden, wenn die Natur als »*Gesamtorganismus*« begriffen werden soll. »*Wir müssen also denken, daß die Natur als Ganzes dank der ›glücklichen Mobilität und Biegsamkeit‹ sich in Familien, Geschlechter, in Sitten und wieder in andere Mannigfaltigkeiten bis zur Individualität scheiden, sondern und umbilden kann. Ganz ins Unendliche geht dieses Geschäft der Natur*«⁴.

Charlotte von Stein konkretisiert diese Vorstellung: »*Herders neue Schrift: Geschichte der Menschheit*«, die aus einem täglichen Gespräch mit Goethe hervorgeht, »*macht wahrscheinlich, daß wir erst Pflanzen und Tiere waren*«⁵. Aus den »*Uranfängen der Wassererde müssen die Geschöpfe entwickelt gedacht werden*«⁶.

Die »*Gestalt*« der Naturerscheinungen ist »*ein Bewegliches, ein Werdendes, ein Vergehendes*« für Goethe.

»*Gestaltenlehre ist Verwandlungslehre. Die Lehre der Metamorphose ist der Schlüssel zu allen Zeichen der Natur*«⁷.

»*Alles Vergängliche ist nur ein Gleichnis*«⁸ für die zu Grunde liegende »*Idee*« oder »*den Begriff der Natur*«, aus der die Mannigfaltigkeit der Naturgegenstände abgeleitet werden muß.

Die Frage ist nur, ob die sinnliche Anschauung unserer Erfahrung uns lehrt, »*die Natur wirkend und lebendig, aus dem Ganzen in die Teile strebend, darzustellen*«. Oder handelt es sich dabei nur, wie Schiller in der Kontroverse mit Goethe meinte, um unsere »*Idee, der die Erfahrung nicht angemessen sein*

---

[4] Goethe: in: Weimarer Ausgabe 1887–1912, Abt. 2, Bd. VI, 275.
    (Diese Ausgabe wird künftig zitiert als »WA« mit Angabe der Abteilung, des Bandes und der Seitenzahl.)
[5] Ch. v. Stein an Knebel, 1784.
[6] Vgl. Walter Zimmermann: Evolution, Freiburg 1953, 304.
[7] WA Abt. 2, Bd. VI, 446.
[8] Goethe: Faust II 12104 f.

kann«[9]. Goethe beharrt darauf, »*die Idee mit Augen sehen zu können*«[10]. Nach seiner pantheistischen Ansicht verweisen die Organismen nicht mehr auf den transzendenten Schöpfer, dessen zielsetzende »*Handlungsart*« wir nicht abzuleiten vermögen. Goethe will die Naturprodukte in sich selbst betrachten, »*ohne Beziehung auf Nutzen oder Zweckmäßigkeit, ohne Verhältnis zu ihrem ersten Urheber, bloß als lebendiges Ganzes, das eben, weil es lebendig ist, schon Ursache und Wirkung in sich schließt*«[11].

Die einzelnen Naturgegenstände haben für Goethe keine »*gesonderte Existenz*«. Sie sind nicht selbst Ziel einer ursprünglichen göttlichen Schöpfertätigkeit. »*Der Fisch ist nicht für das Wasser da, . . . sondern durch das Wasser, nicht allein um darin zu sein, sondern auch um darin zu werden. Eben dieses gilt von allen übrigen Geschöpfen*«[12].

Nicht das Miteinandersein des Lebendigen ist das Ziel der Schöpfung für Goethe. Eine bewußte Zielsetzung lehnt Goethe mit Spinoza ab. An die Stelle des transzendenten Gottes, der jedem einzelnen eine perfekte Gestalt als einzigartiges Abbild seiner selbst mitteilt, tritt die Geschichte der Metamorphose der Natur. »*Gestaltenlehre*« wird »*Wandlungslehre*« für Goethe. Das einzelne wird ein notwendiges Durchgangsstadium für das andere. Aus dem Miteinandersein an sich perfekter Gestalten wird der Vermittlungsprozeß durch den anderen. Die »*glückliche Mobilität und Biegsamkeit*« des Lebendigen stellt nicht mehr die Möglichkeit der Anverwandlung an den anderen als anderen da, sondern wird als Material der Selbsthervorbringung durch den anderen mißbraucht.

Einem Gott, der sich nicht mehr über die Natur als Weise seiner Verschenkung erheben kann, sondern mit ihr identifiziert ist, bleibt nur noch übrig, »*was in ihm lebt und webt und ist*« als Mittel seiner Selbstentwicklung in Anspruch zu nehmen. Schil-

---

[9] Vgl. WA Abt. 2, Bd. XI, 16 ff.
[10] Vgl. ebd.
[11] WA Abt. 2, Bd. XIII, 6.
[12] WA Abt. 2, Bd. VIII, 220.

lers Kantkritik hindert Goethe nicht, den Einzelorganismus als
Stufe der Selbstorganisation des Ganzen zu verrechnen! Nur
ein der Natur transzendenter Gott besitzt die Souveränität,
dem Einzelorganismus einen bleibenden Eigenwert als Voraussetzung für ein Miteinandersein des Geschaffenen in Freiheit
mitzuteilen. Wenn trotz Schillers Warnung, das »*Mannigfaltigste*« der Naturerscheinungen aus dem »*einfachen*« der Natur
selbst abgeleitet werden können soll, dann verliert alles Lebendige nicht nur seine Einzigartigkeit, die sich prinzipiell dem
menschlichen Zugriff entzieht, sondern auch seine Integrität.

Ein berechenbares Zwischenstück hat keinen unverlierbaren
Wert. Sein Tod ist ganz natürlich! Wenn das einzelne auf Grund
seiner unvertauschbaren Einmaligkeit nicht mehr über sich
hinaus auf den transzendenten Schöpfergott verweist, wird es
zu einem Gegenstand menschlicher »*Erfindung*« und damit
reproduzierbar. Liebender Respekt vor der staunenswerten
Schönheit göttlicher Schöpfungsordnung muß entsprechend
durch menschliches Kalkül ersetzt werden!

2. Okens idealistische Stufenleiter der Organismen

Oken (1779–1851), der Schüler und Freund Schellings, entwirft
in seinem »*Lehrbuch der Naturphilosophie*« eine »*Stufenleiter*«
der Organismen, die die Geschichte der Metamorphose der
zugrunde liegenden Idee darstellen soll. Entsprechend seinem
Lehrer Schelling will er eine »*Geschichte der Natur selbst geben,
nämlich wie sie durch kontinuierliche Abweichungen von einem
gemeinschaftlichen Ideal . . . die ganze Mannigfaltigkeit ihrer
Produkte allmählich hervorbringt und so das Ideal zwar nicht im
einzelnen aber doch im Ganzen realisiert*«[13].

Die einzelnen Organismen werden von der Natur als der
Erscheinungsweise der Idee nicht als selbständige, in sich
gerundete Gestalten hervorgebracht. Sie dienen vielmehr als

---

[13] Oken, Lorenz: Lehrbuch der Naturphilosophie (o. O.) 1809–1811, Bd. I-II,220 ff.

Teilmomente der Entwicklungsgeschichte des Ganzen, der Selbstherstellung des Geistes vermittels der Natur. *»Die selbständigen Tiere«* werden von Oken als *»Teile des großen Tieres, welches das Tierreich ist«* verstanden. *»Das Tierreich ist nur das zerstückelte höchste Tier-Mensch.« »Das Tierreich wird entwickelt durch Vervielfältigung der Organe«*[14]. Die vielfältigen Organe aber erweisen sich für Oken als Differenzierungsschritte der zugrunde liegenden Ganzheit Mensch. So wenig wie die dialektische Naturphilosophie das einzelne Tier bzw. den einzelnen Menschen als eine für sich bestehende Ganzheit betrachten kann, so wenig kann dann natürlich auch die Pflanze als eigenständiger Organismus aufgefaßt werden. Sie wird daher ebenfalls *»als Teil des Pflanzenreiches«* verstanden.

»Durch die Natur weht und wirkt ein Drang zur Loslösung, Teilung und Vervielfältigung. Alles Geschaffene will sich sondern, in unbewohnte Räume und ungemessene Zeiten«, sagt SPRING (1814–1872), ein Verehrer Goethes.

> *»Aus dem Streben nach Individualisierung mußte in der Natur der Dinge eine grenzenlose Mannigfaltigkeit entstehen; und da sich diese immerwährend fortsetzt, so war, damit auf diese Weise die Natur selbst nicht auseinandergehe und sich auflöse, neben dem Drange zur Besonderheit ein Prinzip der Haltung als zweites notwendig, wodurch das Mannigfaltige zum Einen zurückgeführt und jedes einzelne Naturwesen mit der Natur als solcher und unmittelbar mit jedem anderen Naturwesen in Verbindung gehalten wird«*[15].

Als Unterscheidung bzw. Lostrennung der Teile vom Ganzen und Wiedervereinigung der Teile zum Ganzen wird der Prozeß der Entwicklungsgeschichte des Lebens verstanden. Der *»Naturorganismus«* bildet für Oken in seiner Gliederung im *»Pflanzen- und Tierreich«* ein *»natürliches System«*, das System der Evolution als Geschichte der Naturwerdung des Geistes. Die Mannigfaltigkeit der Organismen wird als stufenförmige

---

[14] ders. ebd.
[15] Spring, A. Fr.: Über den naturhistorischen Begriff von Gattung . . . 1838, 1.

Entwicklungsgeschichte der umfassenden Einheit – nicht aber als einzigartige unableitbare Verschenkung der ursprünglichen Einheit verstanden. Die »*Natur*« wird deshalb mit einem Baum verglichen, der seinen Stamm in Äste, diese in Zweige und die Zweige in Blätter ausgehen läßt. Jene Einheiten sind gleichsam Stufen, welche unmittelbar zum höchsten einen Selbst führen und die Werke der Natur zur schönen göttlichen Harmonie, zum einen lebendigen System vereinigen![16].

Die Natur als systematische Einheit von vielfältigen Teilen repräsentiert für Oken wie für die idealistische Naturphilosophie, bzw. Biologie, die Geschichte der Inkarnation jenes Geistes, der durch Besonderung und Einigung seiner Teile sich zu sich selbst vermittelt. Der Geist differenziert seine Teile, objektiviert sie als Momente des Tier- bzw. Pflanzenreiches, um sich aus diesem Material als Einheit seiner Teile zu erheben und sich als selbstbewußter Geist hervorzubringen. Der Einzelorganismus stellt in dieser Geschichte der Selbstentwicklung des Geistes nur eine Phase seiner notwendigen Selbstartikulation dar. Das Individuum hat keinen Selbstzweck, sondern dient der Individualisierung des Ganzen.

Natur repräsentiert nicht mehr die Geschichte der freien Entäußerung jenes Geistes, der sich ursprünglich perfekt besitzt. In Perversion zur Geschichte der Entäußerung des Geistes, als Akt der liebenden Einigung mit dem anderen, wird hier die Materialisation des Geistes nicht als Geschichte der schenkenden Selbstzurücknahme zum Zwecke der Einräumung für den anderen verstanden, sondern als Prozeß der Selbstwerdung vermittels des anderen mißbraucht.

Geist, der durch seine Naturwerdung, durch seine Unterscheidung in materiale Einzelfunktionen, zur bewußten Selbsterfassung gelangen soll, kann vor dieser Objektivation in seine Einzelelemente gar nicht wirklich gedacht werden. Es scheint deswegen fast zwangsläufig, daß sich aus den idealistischen Evolutionsvorstellungen unmittelbar die realistischen Evolutionssysteme unserer Tage ergeben.

[16] ebd. 4 ff.

3. Lamarcks mechanistische Entwicklungsvorstellungen

De Lamarck (1744–1829) vollzieht als einer der ersten die inzwischen fast selbstverständlich gewordene Absolutsetzung der Natur. Natur wird von ihm nicht mehr als Erscheinungsweise des Geistes betrachtet. Vielmehr wird nun umgekehrt die »*Natur als Urerzeugerin*« aller Gestalten des Lebens beschrieben.

> »*Das Leben ist nur ein physikalisches Phänomen.* Alle Lebenserscheinungen beruhen auf mechanischen, physikalischen und chemischen Ursachen, die in der Beschaffenheit der organischen Materie selbst liegen. Die einfachsten Tiere und Pflanzen, welche auf tiefsten Stufen der Organisationsleiter stehen, sind entstanden und entstehen noch heute durch Urzeugung aus dem Wasser«[17].

Die Natur, die ihre Erzeugnisse rein mechanisch hervorbringt, verbindet mit der Entwicklung der Lebensformen keinen Plan. Ihre Zeugungstätigkeit dient auch nicht unbewußt einem der Natur selbst nur nicht bekannten Ziel. Die Natur ist für De Lamarck autark, sie kennt auch keinen außer ihr liegenden Zweck. Es ist deshalb »*wirklich ein Irrtum*« für Lamarck, der Natur ein Ziel oder irgendeine Absicht in ihren Handlungen beizulegen. Vor allem in den Organismen und speziell bei Tieren glaubte man, ein Ziel in den Handlungen der Natur zu erkennen.

»*Dieses Ziel ist jedoch auch hier, wie anderswo, nur Schein und keine Wirklichkeit*«[18]. Was wie eine Zielursache die Differenzierung der Lebewesen bewirken könnte, erweist sich für Lamarck in Wirklichkeit nur als eine »*durch die Umstände gelenkte Entwicklung der Teile*«.

---

[17] Lamarck, Jean B. de: Philosophie zoologique, Paris 1809, Bd. 1, 104 f.
[18] ders.: Histoire naturelle des animaux sans vertebres, Paris 1815–1822, Bd. 1, 323.

> *»Was uns wie ein Ziel erscheint, ist in Wirklichkeit nur eine Notwendigkeit. Klima, Standort, Lebensgewohnheit, die Mittel zum Leben und zur Selbsterhaltung, in einem Wort die Einzelumstände, in denen sich jede Rasse befindet, haben die Gewohnheiten dieser Rasse herbeigeführt, diese haben die Organe der Einzelwesen umgebogen und angepaßt: Daraus folgt, daß die Harmonie, welche wir überall zwischen den Organismen und den Gewohnheiten der Tiere beobachten, uns wie ein vorgegebenes Ergebnis erscheint, während sie doch nur ein mit Notwendigkeit herbeigeführtes Ergebnis sind«*[19].

»Der Bau der Individuen und ihrer Teile – ihre Organe und Fähigkeiten« erweisen sich für Lamarck *»allein als Resultat der Verhältnisse.«* Sie sind *»nicht das Produkt einer praeexistierenden Gestalt«* [20]. Was die Natur kraft ihrer physikalischen und chemischen Eigenschaften *»unmittelbar an einfachsten Organismen durch Urzeugung hervorbringt«*, soll durch Umweltfaktoren differenziert werden. Der Druck der Verhältnisse tritt an die Stelle der formierenden Kraft der göttlichen Idee! Als Teilstück einer in *»langer Zeit allmählich«* voranschreitenden Naturentwicklung hat der Einzelorganismus weder die Fähigkeit, einen Umwelteinfluß auf sich zu zentrieren, ihm fehlt dieses Innen einer in sich geschlossenen Form, noch die Kraft, sich selbst als eigenständige Einheit zur Umwelt in Beziehung zu setzen. Das Individuum, als nicht bezwecktes Zwischenglied, hat das Schicksal einer Umweltprägung wehrlos zu erleiden. Es selbst und sein ihm von Gott verliehener Bildungstrieb, mit Kant zu sprechen, ist nicht gefragt! Wenn Umwelteinflüsse wirklich differenzierend wirken können, muß eine Formgestalt mindestens als Anlage gegeben sein, die den äußeren Reiz, entsprechend ihrer eigenen Disposition, verarbeitet. Aber gerade hier liegt die elementare Schwäche eines materialistischen Systems im Sinne Lamarcks. Wie soll eine allein mit mechanischen Kräften ausgerüstete Natur, eigenständige Sinngestalten entwickeln, die mit anderen, auf sie abgestimmten Formen, im Austausch stehen?

---

[19] ebd.
[20] ders.: Phil. zool. Bd. 1, 266.

Wenn jede Idee, die die Vielfältigkeit als ihre Teilmomente enthält, geleugnet wird, bleibt nur übrig, Einheit wie Vielheit der Organismen mechanisch zu erklären. Die Einheit der Natur erweist sich für Lamarck in der abgestuften Ähnlichkeit aller Lebensformen, die auf relative Verwandtschaften, d. h. auf die Vervielfältigungsfähigkeit der Organismen zurückgeführt wird. *»Unmittelbar«* erzeugt die Natur nur *»einfachste Organismen«*, die aber *»allmählich«* in *»langen Zeiten«* höhere Organismen erzeugen sollen, insofern sie ihre unter dem Druck der Verhältnisse erworbene Eigenschaften vererben!

Das Hauptproblem aller Evolutionstheorien bleibt die Erklärung der Verschiedenheit. Einheit ergibt sich zwangsläufig, wenn man Zeugung als Ursache für die Vervielfältigung desselben in Anspruch nimmt. Aber Zeugung erklärt gerade nicht gleichermaßen mit der Selbigkeit des Gezeugten auf dem Grunde dieser Einheit auch deren Verschiedenartigkeit. Die Einzigartigkeit der Verschiedenheit erklärten Metaphysik und Theologie als Ausdruck der unableitbaren Selbstmitteilung des dreifaltigen Selbstbesitzes der ursprünglichen Einheit. Als Resultat der liebenden Selbstentäußerung des göttlichen Geistes wurde der Einzelorganismus als unvertauschbarer Endzweck betrachtet, der kraft dieser eigenen Perfektion mit anderen Einzigartigkeiten in eine unverwechselbare ewige Geschichte eintreten konnte. Jetzt, in den materialistischen Systemen der Selbstorganisation der Materie, wird die Verschiedenartigkeit nicht einmal mehr im Sinne des Idealismus als Entwicklungsgeschichte einer Idee verstanden, sondern von der Absolutheit der Einzigartigkeit der metaphysisch bzw. theologisch verstandenen Organismen her gesehen, fast vollständig aufgehoben, insofern nun allein *»unendlich lange Zeiträume«* für eine *»allmähliche«* Abänderung verantwortlich gemacht werden. Was die Zeit alleine nicht bewirkt, sollen mindestens die Umstände der Zeiträume ausmachen! Nicht nur die Unterschiedslosigkeit wird auf diese Weise zum Problem. Wozu die Vielzahl, wenn sie nur Wiederholung des beinah Gleichen beinhaltet? Auch die Zeit selbst wird fragwürdig. An sich waren die Organismen, mindestens der selbstbewußte Mensch Herr der Zeit. Er bediente sich ihrer als Weise des Miteinanderseins. Jetzt – unterliegt der Mensch der Zeit. Er wird das Produkt ihrer Anpassung:

> *»Wenn irgendeine Affenrasse, hauptsächlich die vollkommenste derselben, durch die Verhältnisse oder durch irgendeine andere Ursache gezwungen wurde, die Gewohnheit, auf den Bäumen zu klettern und die Zweige mit den Füßen sowohl als mit den Händen zu ertasten, um sich daran aufzuhängen, aufzuheben, und wenn die Individuen dieser Rasse während einer laufenden Reihe von Generationen gezwungen waren, ihre Füße nur zum Gehen zu gebrauchen und aufhörten, die Füße ebenso zu gebrauchen, wie die Hände, so ist es nach den angeführten Bemerkungen nicht zweifelhaft, daß die Vierhänder schließlich zu Zweihändern umgebildet wurden und daß die Daumen ihrer Füße, da diese Füße nur noch zum Gehen dienten, den Fingern nicht mehr opponiert werden konnten«*[21].

Wir werden sehen, daß Darwin zwar die Selektionstheorie als Erklärungsmodell für die Verschiedenartigkeit der Organismen zu verbessern sucht, aber prinzipiell den gleichen Problemen einer reinen Naturdialektik unterliegt.

4. Charles Darwins Selektionstheorie

> *»Was die Entstehung der Arten betrifft, so muß ein Naturforscher, der die gegenseitige Verwandtschaft der organischen Wesen, ihre embryonalen Beziehungen, ihre geographische Verbreitung, ihre geologische Aufeinanderfolge und ähnliche Tatsachen erwägt, zu dem Schlusse kommen, daß die Arten nicht unabhängig voneinander erschaffen worden sind, sondern ähnlich den Varietäten von anderen Arten abstammen. Es ist daher von größter Wichtigkeit, einen klaren Einblick in die Mittel zu gewinnen, durch welche Abänderungen und Anpassungen bewirkt worden sind«*[22].

---

[21] ebd. 349 ff.
[22] Darwin, Charles: Die Entstehung der Arten durch natürliche Zuchtwahl, Stuttgart: Reclam 1963, 26.
(Dieses Werk wird künftig mit Verfassernamen, Verlagsnamen und Seitenzahl zitiert.)

Die augenfällige Ähnlichkeit der Organismen – sowohl in der Struktur wie im Erscheinungsbild – läßt auch Darwin die Schöpfung unabhängiger Arten verneinen. Welch seltsame Vorstellung von einem Schöpfergott schließt hier den Schöpfungsgedanken aus! Besagt doch Schöpfung gerade die Ähnlichkeit von Grund und Gegründetem und damit selbstverständlich des Geschaffenen untereinander.

»*Nach meiner Theorie*« so stellt Darwin fest, »*erklärt sich die Einheit des Typus aus der Einheit der Abstammung.*«

> »*Ich glaube, daß die Tiere von höchstens vier oder fünf und die Pflanzen von ebenso vielerlei und noch weniger Stammformen herrühren . . . Nach dem Prinzip der natürlichen Zuchtwahl mit Divergenz des Charakters erscheint es daher nicht unglaublich, daß sich von solchen niedrigen Zwischenformen beide, sowohl Pflanzen als Tiere, entwickelt haben. Und wenn wir dies zugeben, so müssen wir auch zugeben, daß alle organischen Wesen, die jemals auf dieser Erde gelebt haben, von irgendeiner Urform abstammen. Doch beruht dieser Schluß hauptsächlich auf Analogie, und es ist unwesentlich, ob man ihn anerkennt oder nicht*«[23].

Wenn Darwin ähnlich wie Lamarck alle Lebewesen prinzipiell auf eine Urform zurückführt und die Einheitlichkeit der Organismen aus der Einheit der Abstammung erfolgen soll, so ist es also wieder das Prinzip der Verschiedenartigkeit, trotz gemeinsamer Abstammung, was der Erklärung bedarf. Darwin macht, wie wir sehen werden, das Prinzip der »*natürlichen Zuchtwahl*« für die Entstehung der Verschiedenartigkeit der Arten verantwortlich.

Arten sollen aus Varietäten »*aus Subspecies*« entwickelt werden. Varietäten werden von Darwin nicht mehr als unterschiedliche, raumzeitlich bedingte Erscheinungsformen desselben Genotypus betrachtet, sondern umgekehrt, »*Varietäten*« drücken »*Arten im Prozeß ihrer Bildung aus*« und werden von

---

[23] Carus, V. Gesammelte Werke, Bd. II, Darwin. Die Entstehung der Arten, Stuttgart 1890, Kap. 15, 572 ff.

Darwin als »*beginnende Species*« verstanden. »*Nachzuweisen*« *wäre nun, »auf welche Weise die zahllosen Arten, welche jetzt unsere Erde bewohnen, so abgeändert worden sind, daß sie die jetzige Vollkommenheit des Baues und der gegenseitigen Anpassung innerhalb ihrer jedesmaligen Lebensverhältnisse erlangten«*[24].

»Wir finden unbestimmte Variabilität in den endlosen unbedeutenden Eigentümlichkeiten, welche die Individuen einer und derselben Art unterscheiden und welche nicht durch Vererbung von einer der beiden elterlichen Formen oder von irgendeinem entfernten Vorfahren erklärt werden können«[25]. *»Diese individuellen Verschiedenheiten sind nun gerade von der größten Bedeutung für uns, weil sie oft vererbt werden . . . hierdurch liefern sie der natürlichen Zuchtwahl Material zur Einwirkung und zur Häufung, in gleicher Weise, wie der Mensch in seinen kultivierten Rassen individuelle Verschiedenheiten in irgendeiner gegebenen Richtung häuft«*[26]. *»Die natürliche Zuchtwahl wirkt nur dadurch, daß sie sich kleine allmähliche Abänderungen zunutze macht. Sie kann nie einen großen und plötzlichen Sprung machen, sondern muß mit kurzen und sicheren, aber langsamen Schritten voranschreiten«*[27].

Die kleinen, scheinbar unbedeutenden Variationen der Organismen sollen das Material der Selektion stellen, aus denen die heute bekannten Arten entwickelt wurden. Diese »*richtungslosen Eigentümlichkeiten*« der Lebewesen bildeten für Darwin den Ansatz, für die natürliche Zuchtwahl als Prinzip der ziellosen Höherentwicklung zu gelten! »*Daß Zuchtwahl der Schlüssel zum Erfolg des Menschen beim Hervorbringen nützlicher Rassen von Tieren und Pflanzen ist*«, nahm Darwin bald wahr.

»Wie aber Zuchtwahl auf Organismen angewendet werden könne, welche im Naturzustand leben, blieb noch einige

---

[24] ebd. Einleitung 23 f.
[25] ebd. Kap. 1, 29.
[26] ebd. Kap. 2, 64.
[27] ebd. Kap. 6, 224.

Zeit für mich ein Geheimnis. Aber beim Lesen von Malthus ›Über Bevölkerung‹ kam ihm der Gedanke, daß durch den überall stattfindenden Kampf um die Existenz günstige Abänderungen erhalten und ungünstige zerstört würden. Das Resultat hiervon würde die Bildung neuer Arten sein«[28].

»Die natürliche Zuchtwahl« wird nun als das Erzeugungsprinzip der Arten von Darwin folgendermaßen definiert: »*Ich habe dieses Prinzip, wodurch jede geringe, wenn nur nützliche Abänderung erhalten wird, mit dem Namen natürliche Zuchtwahl belegt*«[29].

In einer doppelten Weise wird uns nun von Darwin der Kampf ums Dasein als Entwicklungsprinzip der Arten beschrieben. Einmal ist es »*the struggle for life*«, der zu »*einer jeden Wesens eigener Wohlfahrt dienenden Abänderung*« führt[30]. Und zweitens – wenn aber solche für ein organisches Wesen nützliche Abänderungen wirklich vorkommen, so werden sicherlich die dadurch ausgezeichneten Individuen die meiste Aussicht haben, in dem Kampfe ums Dasein erhalten zu werden. Paradoxerweise soll also nach Darwin »*der Kampf ums Dasein*« gleichermaßen für die Abänderung von artbildenden Merkmalen wie für die Erhaltung solcher vorteilhafter Eigenschaften dienen. »*Gepaart mit dem mächtigen Prinzip der Vererbung*«, sorgt der struggle for life sogar für die Höherentwicklung der Organismen! »*Er führt zur Vervollkommnung eines Geschöpfes seiner organischen und anorganischen Lebensbedingungen gegenüber und mithin auch in den meisten Fällen zu dem, was man als eine Vervollkommnung der Organisation ansehen muß*« – kurz zur Erhaltung oder des Überlebens des Passendsten[31].

Zusammenfassend belehrt uns Darwin:

»*So geht aus dem Kampfe der Natur, aus Hunger und Tod unmittelbar die Lösung des höchsten Problems hervor, das*

---

[28] Carus, Julius, V.: Ges. Werke. Darwin. Leben und Briefe, Bd. XIV, 74.
[29] ders.: Darwin. Die Entstehung der Arten, Kap. 3, 83.
[30] ebd. Kap. 4, 153.
[31] ebd.

wir zu fassen vermögen, die Erzeugung immer höherer und vollkommener Tiere. Es ist wahrlich eine großartige Ansicht, daß der Schöpfer den Keim alles Lebens, das uns umgibt, nur wenigen oder nur einer einzigen Form eingehaucht hat . . . und aus so einfachem Anfang sich eine endlose Reihe der schönsten und wundervollsten Formen entwickelt hat und noch immer entwickelt.«[32] *»Wenn wir über diesen Kampf ums Dasein nachdenken, so mögen wir uns mit dem vollen Glauben trösten, daß der Krieg der Natur nicht ununterbrochen ist, daß keine Furcht gefühlt wird, daß der Tod im allgemeinen schnell ist und daß der Kräftige, Gesunde und Glückliche überlebt und sich vermehrt«*[33].

»Aus dem Kampf der Natur, aus Hunger und Tod« – sollen die wundervollsten Formen entwickelt werden – so auch der Mensch und die ihn charakterisierende Geistseele.

> *»Die früheren Urerzeuger des Menschen müssen auch wie alle anderen Tiere die Neigungen gehabt haben, über das Maß ihrer Subsistenzmittel hinaus sich zu vermehren; sie müssen daher gelegentlich einem Kampf um die Existenz ausgesetzt gewesen und infolgedessen dem starren Gesetze der natürlichen Zuchtwahl unterlegen sein«*[34]. *»So groß nun auch nichtsdestoweniger die Verschiedenheit an Geist zwischen den Menschen und höheren Tieren sein mag, so ist sie doch sicher nur eine Verschiedenheit des Grades und nicht der Art«*[35]. *»Wer einen Wilden« in seinem Heimatlande gesehen hat, wird sich nicht sehr schämen, wenn er zu der Anerkennung gezwungen wird, daß das Blut noch niedrigerer Ahnen in seinen Adern fließt«*[36].

---

[32] ebd. 15, 578.
[33] ebd. 3, 99.
[34] Charles Darwin, Die Abstammung des Menschen, (Übersetzung Carus) Bd. 5, Kap. 2, 52 f.
[35] ebd. Kap. 4, 138.
[36] ebd. Kap. 21, 700.

Fassen wir zusammen: Das »*natürliche System*« Darwins, das an die Stelle einer »*unabhängigen Schöpfungsordnung*« tritt, entwickelt die »*natürliche Anordnung aller Lebensformen in Gruppen*«.

> »*Wenn wir nur genügend lange Zeiträume voraussetzen, so erklärt für Darwin die Geologie auf das deutlichste, daß sich die Arten sämtlich verändert haben*«[37].
>
> »*Langsam und stufenweise*« sollen sich aus den Varietäten Arten, d. h. gut ausgeprägte bleibende Varietäten entwickeln: »*Neue und verbesserte Varietäten werden unweigerlich die älteren, weniger vervollkommneten und Zwischenvarietäten ersetzen und ausmerzen und so werden schließlich die Arten zu wohlunterschiedenen, abgegrenzten Objekten. Herrschende Arten suchen neue herrschende Arten hervorzubringen. So besiegen die herrschenden Gruppen die weniger herrschenden*«[38].

Auf diese Weise erklärt das Prinzip der natürlichen Zuchtwahl für Darwin die zur Zeit bestehende Naturordnung! Sie ist nach seiner Auffassung dadurch charakterisiert, daß es »*keine Trennungslinie gibt zwischen den Arten, die allgemein als durch besondere Schöpfungsakte entstanden gelten, und Varietäten, die als Erzeugnisse sekundärer Gesetze betrachtet werden*«[39].

Nicht nur die materiellen Eigenschaften der Lebewesen sind dieser prinzipiellen Veränderlichkeit unterworfen, auch die »*Instinkte der Tiere*« sind nach Darwin »*allmählich durch natürliche Zuchtwahl*« erworben. Selbst der »*menschliche Körper und Geist unterliegen der allgemeinen Variabilität, die denselben allgemeinen Gesetzen folgen, wie bei den niederen Tieren*«[40].

Darwin beschließt sein Werk der »*Entstehung der Arten*« mit der Bemerkung, daß er keinen »*vernünftigen Grund*« erkennen

---

[37] Darwin (Reclam) 647.
[38] ebd. 653.
[39] ebd. 652.
[40] Vgl. ebd. 677.

könne, warum die von ihm vertretene Ansicht »*religiöse Gefühle*« verletzen könnte.

> »*Ist es nicht ebenso erhaben, von der Gottheit zu glauben, sie habe nur wenige zur Fortentwicklung zu anderen Formen fähige Ursprungstypen erschaffen, als anzunehmen, sie habe immer neue Schöpfungsakte ins Werk setzen müssen . . .*«[41].

Kann Gott wirklich als der Schöpfer einer Naturordnung betrachtet werden, die den »*Kampf ums Dasein*« zum Prinzip allen Lebens macht? Können »*Hunger und Tod*« als die von Gott einzig differenzierenden Faktoren, in einer »*richtungslosen und bedeutungslosen*« Menge von Eigenschaften eingesetzt sein? Zum Wesen Gottes gehört – so haben es uns Metaphysik und Theologie gelehrt – die Perfektion. Wäre Gott nicht Gutsein schlechthin, so wäre sein Sein aus sich nicht erklärbar. Dem guten Gott widerstreitet es absolut, etwas ihm nicht Adäquates zu machen. Die trotz aller Vergänglichkeit des Einzelexemplars bleibenden Artlogoi der Dinge waren in ihrer Perfektion als Abbild der göttlichen Güte verstanden. Die Gestalt der Tulpe, der Rose, des Schneeglöckchens, des Veilchens, des Bären, des Löwen und schließlich des Menschen kann nicht als bedeutungsloses Material eines allgemeinen Selektionsprinzips verrechnet werden. Die Wesensgestalt der Dinge ist unveränderlich, weil sie so, wie sie ist, perfekt ist. Die Rose wird nicht erst etwas als »*Teil des Pflanzenreiches*«. Sie ist als dieser in sich abgeschlossene Typus unüberholbar schön, vollkommen gut, d. h. dieser Gestalt am angemessensten als dieses Abbild der höchsten Güte und Schönheit Gottes.

Nicht erst durch Entwicklung, durch unendliche Bewegung in langen Zeiten wird aus dem Veilchen, aus dem Menschen etwas. Das Jetzt kann nicht nur als ein zu selektierendes Zwischenstück, geworden um zu sterben, verstanden werden. Am Anfang der Schöpfung steht nicht ein allgemeines Gesetz, das alles Gewordene als letztlich unangemessen wieder vernichtet. Am Anfang der Schöpfung steht die Perfektion nicht

[41] ebd. 666.

nur der Schöpfung als zu entwickelnder Ganzheit, vielmehr der einzelnen Ganzheit dieses in sich abgeschlossenen Organismus. Erst aus der Vereinigung perfekter Einzelheiten können wir die Perfektion des Ganzen gewinnen. Durch die Aufhebung mangelhafter Zwischenstücke gewinnen wir nie die Perfektion des Ganzen – sondern konsequentermaßen nur die Vernichtung der Totalität.

Wenn schon am Anfang die Perfektion steht, wozu dann aber noch die Zeit und alle Veränderung, die mit ihr gegeben ist? Wozu das Erscheinen der perfekten Gestalt in der sterblichen Materie? Der Wachstumsprozeß des Einzelorganismus der Rose, des Hasen oder auch des menschlichen Leibes bedeutet nicht Entwicklung der Form, sondern ein mit jedem Zeitabschnitt neues Inerscheinungtreten desselben, der zugrunde liegenden perfekten Artgestalt. In jedem Wachstumsschritt kommt uns die vorausgesetzte unteilbare Einfachheit der einzigartigen Formgestalt neu entgegen: Anders als Stengel, als Blatt, als Knospe, als Frucht und doch immer typisch als Bewegungsweise dieses Organismus.

5. Gibt es eine Entwicklungsgeschichte des Artlogos?

Am großartigsten beschreibt der Göttinger Embryologe Erich Blechschmidt dieses paradoxe Phänomen der Bewegung des Perfekten in seiner Embryonalgeschichte des Menschen. Er zeigt, daß *»das menschliche Ei bereits eine wesentlich menschliche Bildung ist«*; die im Verlauf ihrer Entwicklung entstehenden Differenzierungen sind im Vergleich dazu unwesentlich, nämlich nur »*Änderungen des Erscheinungsbildes*«[42]. »*So auffällig die Veränderung des Erscheinungsbildes*« innerhalb der menschlichen Entwicklungsgeschichte auch ist, so bleibt damit die *»Wesensart«* doch unverändert[43]. Verändertes Inerscheinungtreten desselben kann im strengen Sinne trotz der Ausdeh-

---

[42] Blechschmidt, Erich: Vom Ei zum Embryo, Stuttgart 1968, 32 f.
[43] Vgl. auch: Blechschmidt, Erich: Die pränatalen Organsysteme des Menschen, Stuttgart 1973.

nung in der Zeit nicht mehr als Entwicklung bezeichnet werden. Entwicklung bedeutet Ergänzung eines angestammten Mangels, Aktualisierung einer Potenz. Die artbildende Formgestalt des Organismus, die in jedem Entwicklungsabschnitt vom Ei bis zum ausgewachsenen Organismus anders in Erscheinung tritt, ist aber immer schon zu jedem Zeitabschnitt perfekt gegeben. Sie unterliegt nicht den Umwelteinflüssen, die eine Potenz aktuieren, sondern im Gegenteil: Die perfekte Form ist selber der Grund für jedes neue Inerscheinungtreten desselben. Wachstumsschritte wären demzufolge als eine neue Bewegungsform zu charakterisieren, die die zugrunde liegende Form nicht erst entwickelt, sondern umgekehrt die vollendete Gestalt neu in Erscheinung bringt. Wachstumsbewegung muß nicht als Entwicklung von Sein, als Fortschritt in der Vollendung des Noch-nicht verstanden werden, vielmehr umgekehrt, als Geschichte der Verschenkung von Sein. Wenn am Anfang schon die Perfektion der vollendeten Gestalt steht, dann kann Bewegung nur noch die Geschichte der sich öffnenden Gestalt, als Weg auf den anderen zu, beschreiben. Dieses Phänomen wird wohl am deutlichsten in der Geschichte des Menschen mit dem Menschen.

Vergleichen wir die Äußerungsformen eines Zweijährigen mit einem Zehn-, Zwanzig-, Dreißig-, Vierzig- oder Achtzigjährigen? Sollen wir sie gegenseitig aufrechnen und sagen: Der Zweijährige ist noch nicht ganz Mensch. Er kann noch keine exakten Bewegungen ausführen. Und der Achtzigjährige ist nicht mehr ganz Mensch. Er hat die Höhe seines Daseins überschritten. Auf welchen Zeitpunkt sollen wir den Vollmenschen festlegen? Mit den Griechen auf 40? Sind alle Stadien der menschlichen Geschichte vorher und nachher entsprechend abzuwerten, dann wäre eine vollgültige Begegnung des Menschen mit dem Menschen nur in einem ausgezirkelten Zeitpunkt möglich. Alles andere Sein in der Zeit des Menschen müßte der Anstrengung der Erlangung dieses vorübergehenden Zieles unterliegen, um dann im Überschreiten dieses Zieles als sinnlos überholt zu werden. Aber selbst dieser ausgezeichnete Punkt einer menschlichen Vollentwicklung muß aufgehoben werden, wenn die menschliche Gestalt nicht *»unabhängig«* von anderen Arten eine in sich perfekte Form darstellen kann.

Ist der Typos Mensch in unendlich langen Zeiträumen stufenförmig zu entwickeln, dann ist zu fragen, zu welchem Zeitpunkt das Ziel der Entwicklung erreicht sein soll! Wenn der ganze Prozeß der Artenbildung aber prinzipiell sogar ziellos, d. h. allein durch den Kampf ums Dasein differenziert gedacht werden muß, gibt es bestenfalls die jeweilige Chance zu überleben. Ein Leben, das einen Sinn durch die Begegnung mit anderem Leben, mit Gott und den anderen Menschen bekommt, kann es nicht mehr geben. Die allgemeine Entwicklungsgeschichte des Lebens überhaupt, der alle Gestalten als vorübergehende Teilabschnitte geopfert werden, kennt kein eigenständiges Sein, das sich in der Freiheit seines Selbstbesitzes auf den Weg zu einem anderen machen könnte. Bewegung als persönliche Erstreckung auf den anderen hin, die raumzeitliche Dimension des Leibes als Einräumung für den anderen, als Begegnungsmöglichkeit mit dem anderen, wird pervertiert in den »*struggle for life*« als Selektionsmöglichkeit für den Fortschritt ins Nichts!

Geschichte der Liebe, der schenkenden Vereinigung ist nur möglich, wenn Bewegung auch als Wachstum, nicht als Entwicklung der Formgestalt verstanden wird, sondern als freie Entäußerung der aller Bewegung zugrunde liegenden perfekten Formgestalt. Liebe ist nicht Mitleid mit dem Noch-nicht oder Nicht-mehr –, sondern einzigartige Freude an der Unvertauschbarkeit der Vollkommenheit, die sich in allen Raum-Zeitabschnitten immer anders, aber immer ganz auf den Weg macht, hinstrebt zum anderen; allein die uneigennützige Liebe erkennt die Perfektion auch des ersten und letzten zeitlichen Augenblicks! Wer wollte das Stammeln eines Kindes an grammatikalischer Hochform messen? Es ist das Entzücken der Liebe, auch im scheinbar Geringsten, versteckt das Ganze zu entdecken!

Wozu also das Erscheinen der perfekten Geistgestalt in der raumzeitlichen Dimension der Materie? Um der Geschichte der Liebe willen! Ohne Zweifel könnte der Geist bzw. die Geistseele sich unmittelbar mit dem anderen Geist austauschen, ohne dazu in einem raum-zeitlichen Vermittlungsprozeß der Materie einzutreten. Wenn die Perfektion der Geistseele sich herabläßt und trotz ihrer Totalität in der Einzelhaftigkeit der raum-zeitlich verfaßten Materie erscheint, so leuchtet darin die Rücksicht jener Liebe auf, die sich dem anderen nicht in der Universalität seines eigenen Seins aufdrängt, vielmehr umgekehrt, das in Raum und Zeit eingegrenzte Sein dem anderen eingefaltet entgegenbringt. Die Freiheit der Liebe übermächtigt den anderen nicht, degradiert ihn nicht zum Material der eigenen Höherentwicklung. Im Gegenteil: Der Geist, der für die Begegnung mit dem anderen Geist geschaffen ist, besitzt die Freiheit, seinen selbstbewußten Selbstbesitz so zurückzunehmen, daß er sich empfänglich macht für die Entgegennahme des anderen. Die Liebe kann jeden leiblichen Gestus als Ausdruck dieser Selbsthingabe des Geistes verstehen. Die Geschichte der leiblichen Erstreckung stellt im Grunde nur diesen je neuen und doch immer gleichen Akt der Selbstäußerung jenes Geistes dar, der sich zurückgenommen, eingefaltet auf den Weg zum anderen macht. Die im Leibe entäußerte Gestalt des Geistes hat sich faßbar gemacht für die Begegnung mit dem anderen.

Liebe zu verraten, in dieser Geschichte der entgegenkommenden Anverwandlung an den anderen als anderen, ist nicht schwer. Man muß den Akt der leiblichen Selbsteingrenzung des Geistes nur als angestammte Grenze verstehen wollen! Wenn die Raum-Zeitstruktur der Materie nicht als Möglichkeit der liebenden Selbstentäußerung begriffen wird, sondern als Modus der Abgrenzung vom anderen festgelegt wird, muß notwendigerweise aus der Geschichte der leiblichen Vereinigung freier Geistpersonen der Entwicklungskampf des Einen gegen den anderen, der diesen als Teilmoment der eigenen Höherentwicklung unterwirft, entbrennen.

Der von Darwin beschriebene Selektionsprozeß setzt voraus, daß der Einzelorganismus nur als Teilstück der Entwicklungsgeschichte des Lebens überhaupt zu betrachten ist. Wenn die materielle Seinsweise der Lebewesen als Weise der Abgrenzung des Teils von anderen Teilen begriffen wird, muß durch »*Aufhebung*« dieser Abgrenzung, d. h. praktisch durch Tötung, das Ganze wiederhergestellt werden. »*The struggle for life*« wird ein notwendiges Selektionsprinzip der Weiterentwicklung von Leben überhaupt, wenn der Einzelorganismus nicht als selbständige Ganzheit, die mit anderen Ganzheiten im freien Austausch stehen kann, betrachtet wird. Dem Teil kommt es nicht zu, für sich zu sein. Er hat keine in sich selbst abgeschlossene geistige Gestalt, die sich auf Grund ihres perfekten Selbstbesitzes materiell äußern könnte. Dem lebendigen Teilmoment des Lebens überhaupt fehlt diese eigenständige Formgestalt. Das Produkt der jeweiligen Anpassung stellt nur das Material zur Selektion, aus dem durch Negation der Negation die Position, die Höherentwicklung des Lebens gewonnen werden soll, dar, so wie es die Hegelsche Dialektik vorschreibt.

6. Kann durch Aufhebung der Teile, durch Aggression, das Ganze, das Leben entwickelt werden?

Als Teilmoment von Leben überhaupt kann der Einzelorganismus nur negativ, eben als Teil, der nicht mit dem Ganzen zu verwechseln ist, verstanden werden. Dem Teil kommt es zu, ausgelesen zu werden, d. h. als Material für die Weiterentwicklung zu dienen. Er wird als dieser negiert. Wie nun aber durch *»Aufhebung«* von Teilen durch Negation der Negation das Ganze entwickelt werden soll, bleibt das Geheimnis der Hegelschen Dialektik bzw. des Darwinschen Selektionsprinzips! Aus der Tötung von Einzelheiten ist keine Ganzheit zu gewinnen. Materie läßt sich nicht beliebig pervertieren. Ursprünglich, als Weise schenkender Hingabe des Geistes, konnte sie als Leben weitergebendes Prinzip verstanden werden, aber mißbraucht als Prinzip der Abgrenzung, kann sie nicht gleichermaßen als Material der Höherentwicklung beansprucht werden! Durch Tötung des Vorausgegangenen ist kein neues Leben zu entwickeln! *»Die Negation«* erweist sich an keiner Stelle als *»erzeugendes und bewegendes Prinzip«*, wie es die Hegelsche Dialektik bestimmt. Konrad Lorenz macht darauf aufmerksam, daß die intraspezifische Aggression am Ende, wenn es nicht um den Selektionsprozeß einzelner Gruppen geht, vielmehr um den Kampf aller gegen alle mit alles vernichtenden Waffen, nicht die allgemeine Höherentwicklung des Lebens überhaupt, die Auferstehung der Natur aus der Asche der Weltkatastrophe, wie Hegel postulierte, bewirkt. Im Gegenteil befürchtet Lorenz, daß die allgemeine Selektion, die atomare Schlacht, uns das blanke Nichts bescheren könnte.

Warum nun am Ende der Entwicklung die Aggression auf einmal vernichtend wirken soll und nicht entsprechend auch unterwegs, d. h. warum nur am Ende Leben nicht aus der Tötung des Vorausgegangenen entwickelt werden sollte, ist nicht einzusehen. Prinzipiell läßt sich Leben nicht durch Tötung gewinnen, weil Leben eben nicht durch Anhäufung von Material entwickelt werden kann, vielmehr einen einzigartigen Schöpfungsakt zur Erzeugung des unvertauschbaren Formprinzips beansprucht!

Bezeichnenderweise postuliert Lorenz, um aus der Sackgasse der Aggression herauszukommen, für das Endstadium der Geschichte dieser Selektion den Umschlag der Aggression in *»allgemeine Bruderliebe«*, weil nur so Hoffnung auf *»Überleben«* bestünde, lautet seine Argumentation. Angesichts der atomaren Katastrophe wird dem Darwinisten, Lorenz bezeichnet sich als solchen, offenbar deutlich, daß das Leben nur durch Liebe und eben nicht durch Tötung weitergegeben werden kann. – Es gelingt weder der Hegelschen Dialektik noch dem Darwinschen Selektionsprinzip, den in der Natur vorkommenden Tod, als zum Wesen dieser Natur gehörig zu erklären. Der objektiv waltende Tod kann nicht dialektisch als Prinzip der Höherentwicklung von Leben überhaupt versöhnt werden. Er bleibt die Folge der Schuld, die schmerzlich am eigenen Leibe erfahren muß, was sie anderen zugefügt hat: Die Übermächtigung schenkender Liebe. Die Erlösung von diesem Tod, durch den Kreuzestod Christi, bleibt ein übernatürliches Gnadengeschenk eines transzendenten Gottes, der allein Herr über Leben und Tod ist. Natürlicherweise läßt sich der Tod nicht in ein lebenspendendes Prinzip verwandeln! Dialektisch dazu erhoben, führt er zu der von Konrad Lorenz befürchteten Vernichtung des Lebens überhaupt.

Spätestens mit dem Sühnetod Christi wird deutlich, daß Gott den Tod bzw. die Tötung nicht als natürliches Mittel der Höherentwicklung geschaffen hat. Gott schafft nicht durch

Evolution! Er stirbt nicht den bittersten Tod, um uns von seinem, ihm selbst geschaffenen Prinzip zu erlösen! Gott sanktioniert auch nicht den Tod durch seinen eigenen Tod als lebensspendendes Prinzip. Wir haben gesehen, daß durch Tötung Leben nur vernichtet, aber nicht entwickelt werden kann. Gott widerspricht sich nicht selbst, in der Weise, daß er das, was er macht, zerstört. Wäre Gott dieser Selbstwiderspruch, wie die Hegelsche Dialektik uns belehren will, so wäre nichts. Daß überhaupt etwas ist, und nicht Nichts, zeigt, daß Sein und Nichtsein nicht gleichwertig zu verstehen sind – vielmehr Gott sich als der Herr des Seins erweist, der das Nichtsein des Todes besiegt.

7. Haeckels biogenetisches Grundgesetz als »wichtigster und unwiderleglichster Beweis der Deszendenztheorie«

Wie verführerisch trotzdem das dialektisch verstandene Entwicklungsprinzip gehandhabt wird, sehen wir vielleicht am besten bei Ernst Haeckel, der durch sein *»Biogenetisches Grundgesetz«* mit *»mathematischer Notwendigkeit«* die Richtigkeit des Darwinschen Systems *»beweisen will«*. *»Das epochemachende Werk von Charles Darwin wird«*, so prophezeit Haeckel in hellsichtiger Vorwegnahme des herrschenden Zeitgeistes, *»das unveräußerliche Erbgut menschlicher Erkenntnis und die erste Grundlage sein, auf der alle wahre Wissenschaft in Zukunft weiterbauen wird. Entwicklung heißt von jetzt an das Zauberwort, durch das wir alle uns umgebenden Rätsel lösen«*[44].

»Das Rätsel« der einzigartigen Formgestalten des Lebendigen bis hin zur unsterblichen Geistseele des Menschen, will Haeckel *»lösen«*, indem er mit Hilfe des biogenetischen Grundgesetzes die Entwicklungsgeschichte der Organismen demonstriert. *»Beide Reihen der organischen Entwicklung«*, so betont Haeckel, die *»Ontogenesis des Individuums und die*

---

[44] Haeckel, Ernst: Natürliche Schöpfungsgeschichte, Berlin, Leipzig 1920, Vorwort zur 1. Auflage, S. VI.

Phylogenesis« des Stammes, zu welchem dasselbe gehört, stehen in innigstem, ursächlichstem Zusammenhang. Die Keimgeschichte ist ein Auszug aus der Stammesgeschichte, oder mit anderen Worten: Die Ontogenie ist eine Rekapitulation der Phylogenie. An jedem einzelnen Organsystem des Menschen will Haeckel »*nachgewiesen*« haben, »*daß die Ontogenesis oder die Entwicklung des Individuums, eine kurze und schnelle Rekapitulation der Phylogenese ist . . . Dieser fundamentale Satz*«, so versichert uns Haeckel, »*ist das wichtigste allgemeine Gesetz der organischen Entwicklung.*« Er nennt es deshalb das »*Biogenetische Grundgesetz*«[45].

In dem innigen Zusammenhang der Keimes- und Stammesgeschichte sieht Haeckel »*einen der wichtigsten und unwiderleglichsten Beweise der Deszendenztheorie*«[46]. Ähnlich wie die Newtonsche Physik das Kopernikanische Weltbild bestätigte, meint Haeckel, beweise nun sein Biogenetisches Grundgesetz die Gültigkeit der Darwinschen Selektionstheorie.

Wenn wirklich z. B. die Ontogenese des Menschen als eine kurze Rekapitulation der Phylogenese aufweisbar wäre, Haeckel meinte etwa 30 Tierstadien für die Embryonalgeschichte des Menschen ausmachen zu können, so hätte er damit sicher den »*unwiderleglichsten Beweis*« für die Gültigkeit des Darwinschen Systems erbracht. Im Prinzip hatte Haeckel recht, mit dem biogenetischen Grundgesetz die Evolutionstheorie unterstützen zu wollen. Der dialektisch verstandene Entwicklungsprozeß erfordert in der Tat für jede Entwicklungsstufe das Durchlaufen aller vorausgegangenen Momente. Der je neu zu entwickelnde Teilabschnitt soll ja, dialektisch gedacht, aus der Negation des früheren resultieren. Die Stufe des Menschen, als jetzige Endstufe der Evolution, von der wir noch nicht wissen, wie sie fortgesetzt wird, müßte dem Hegelschen Verständnis von »*Aufhebung*« entsprechend, die vorausgegangenen Etappen der Entwicklung »*hochgehoben*« bewahren.

[45] ebd. 236.
[46] ebd. 237.

Die uns vorausgegangenen unmittelbaren Ahnen, die Affen beispielsweise, wären nach dieser Vorstellung erstens aufgehoben: Sie sind keine für-sich-seiende Endstufe mehr, sondern Übergangsstufen, Material für die Weiterbildung. Aber erhoben zu etwas Größerem verbleiben sie gerade durch ihren partiellen Untergang im Ganzen als Höherentwickelte. Der durch den Kampf ums Dasein angetriebene Prozeß der Höherentwicklung tötet zwar den einzelnen, aber zum Zwecke der »*Aufhebung*« im Ganzen. »*Tötung*« wird damit als das ausgegeben, wie Hegel sagt, »*was lebendig macht*«, denn der Tod soll das einzelne in seinem bloßen Für-sich-sein aufheben, um ihm ein entwickelteres Sein im Nächstfolgenden zu sichern. Töten bzw. »*Aufheben*« heißt also, dialektisch verstanden, Verwandlung in das höhere Leben, nicht der Unsterblichkeit, sondern in Perversion dazu in das »*ewige Stirb und Werde*« (Hegel). Dem Einzelorganismus als Teil der Entwicklungsgeschichte von Leben überhaupt, bleibt nur übrig, Wiederholung des Vorausgegangenen zu sein. Jede jeweils entwickelte Stufe ist prinzipiell dasselbe wie die frühere, vermittelt durch einen erneuten »*Aufhebungsakt*«, nur um einen Grad reflektierter.

Wohin eine Anthropologie führt, die davon ausgeht, daß »*der Mensch im Grunde nichts anderes und besseres als ein Tier ist*«, nur die in unendlichen kleinen Schritten modifizierte Geschichte des Lebens überhaupt, zeigt uns die Haeckelsche Seelenlehre.

> »*Alle großen Tatsachengruppen und alle umfassenden Erscheinungsreihen der verschiedensten biologischen Gebiete können einzig und allein durch die Entwicklungstheorie mechanisch erklärt und verstanden werden. Sie alle begründen in ihrem inneren ursächlichen Zusammenhang die Deszendenztheorie als das größte biogenetische Induktionsgesetz. Gerade in diesem inneren einheitlichen und mechanischen Kausalnexus liegt ihre feste Macht*«[47].

Der »*innere und ursächliche Zusammenhang aller Naturerscheinungen*« soll durch die Deszendenztheorie mechanisch

---

[47] ebd. 617.

beschrieben werden! Die mechanisch begründete Aufeinanderfolge der Organismen erklärt auch die Notwendigkeit der Weiterentwicklung. An die Stelle des von Gott ermöglichten freien Miteinanderseins alles Lebendigen tritt ein mit »*mathematischer Notwendigkeit*« beschreibbarer Prozeß der Aufeinanderfolge aller Organismen!

> »*Das Biogenetische Grundgesetz erklärt mechanisch die ontogenetischen Erscheinungen. Die stufenweise Veränderungen in der allmählichen Ausbildung des Keimes und seiner einzelnen Organe, namentlich die fortschreitende Differenzierung und Vervollkommnung der Organe und Körperteile in den aufeinanderfolgenden Perioden individueller Entwicklung*«[48].

Die Ontogenese stellt also nicht die Geschichte eines einzigartigen Individuums dar, sondern lediglich die mechanische Wiederholung des Gesamtprozesses, nur zu einem fortgeschrittenen Zeitpunkt und damit in einem fortgeschrittenen Stadium der Differenzierung. Verschiedenartigkeit, die mit innerer Notwendigkeit aus dem Gesamtzusammenhang mechanisch abgeleitet wird, besagt also im Grunde nur rein quantitative Fortentwicklung desselben, bewirkt durch mechanische Kräfte.

> »*Die mechanische Erklärung der morphologischen Erscheinungen gibt die Deszendenztheorie, indem sie die innere Übereinstimmung des Baues von der Vererbung, die äußere Ungleichheit der Körperform von der Anpassung ableitet*«[49].

Gestalt, als eine eigenständige Qualität, als einzigartiger Gedanke Gottes, wird vertauscht mit dem Produkt eines mechanischen Anpassungsprozesses. Schließlich gibt »*die monistische Psychologie die mechanische Erklärung aller Seelentätigkeiten, indem sie die Zellseele der Protisten als Grundlage

[48] ebd. 617 ff.
[49] ebd. 618.

annimmt und aus ihr nach den Grundsätzen der Zellularpsychologie die zusammengesetzten Seelenfunktionen ableitet«[50].

> *Die Seele des Menschen wird aus der Zellstruktur der ersten Organismen abgeleitet. Sie ist nichts anderes als die Summierung der mechanischen Bewegungsmöglichkeiten der Körperzellen. »Dabei ist es vor allem notwendig, sich ins Gedächtnis zurückzurufen, wie überhaupt das Geistige vom Körperlichen nie völlig geschieden werden kann ... Wie schon Goethe klar aussprach, kann die Materie nie ohne Geist und der Geist nie ohne Materie existieren ... Der Zwiespalt zwischen Kraft und Stoff ist künstlich«*[51].

Geist wird als mechanisch wirkende Kraft verstanden, die sich schrittweise und allmählich entwickelt, ebenso wie der Körper[52]. Dem Kinde kommt kein »*selbständiges Bewußtsein*« zu. Erst durch »*gesetzmäßige Reizung*« des zentralen Nervensystems, erst durch langjährige Erfahrung entwickelt sich nach Haeckel die Geistseele stufenförmig.

> »*Zwischen den höchstentwickelten Tierseelen und den tiefstehenden Menschenseelen existiert nur ein geringer quantitativer, aber kein qualitativer Unterschied. Dieser Unterschied ist viel geringer als der Unterschied zwischen den niedersten und den höchsten Menschenseelen oder als der Unterschied zwischen den höchsten und niedersten Tierseelen*«[53]. Das Biogenetische Grundgesetz erklärt mechanisch den allmählichen Differenzierungsprozeß des »Seele-Organ-Gehirn«.

> »*Was man also im gewöhnlichen Leben kurzweg Seele oder Geist des Menschen nennt, ist nur die Summe der Tätigkeiten einer großen Anzahl von Nervenzellen, den Ganglienzellen, die das Gehirn zusammensetzen ... allerdings ist diese Auffassung nicht vereinbar mit der persönlichen Unsterblichkeit des Menschen*«[54].

[50] ebd. 619.
[51] ebd. 627.
[52] Vgl. ebd. 627.
[53] ebd. 628
[54] ebd. 631.

Die menschliche Geistseele, die sich aus dem »*tiefsten Zustand tierischer Bewußtlosigkeit langsam stufenförmig entwickelt*«[55], verliert jede eigenständige Qualität. Entsprechend wird das menschliche Denken nicht nur als Ausdruck eines ursprünglichen Selbstbewußtseins, als Abbild des göttlichen Geistes verstanden, sondern nach »*denselben Gesetzen*« die auch die Tier- und Denkorgane regeln, betrachtet.

> »*Überall (bei Tieren und Menschen) liegen Erfahrungen den Vorstellungen zugrunde und vermitteln die Erkenntnis des Zusammenhangs zwischen Ursache und Wirkung. Überall ist es, wie beim Menschen, der Weg der Induktion und Deduktion, welcher die Tiere zur Bildung der Schlüsse führt*«[56]. »*Auch der Wille ist bei den höheren Tieren ebenso entschieden und bewußt wie bei charaktervollen Menschen entwickelt. Hier wie dort ist er eigentlich niemals frei, sondern stets durch eine Kette von ursächlichen Vorstellungen bedingt*«[57].

Ein mechanisch geregelter Prozeß von Nervenzellentätigkeiten kann natürlich keinen freien, aber auch keinen bewußten Willen erzeugen.

Selbst der materialistische Freiheitsbegriff, der nur »*ein Wissen um die Notwendigkeit der Gesetzmäßigkeit*« beinhaltet, kann nicht durch mechanische Kräfte bewirkt werden. Die Einheit des Bewußtseins läßt sich nicht summativ entwickeln. Spontaneität als ursprüngliche Fähigkeit der Einigung des Mannigfaltigen läßt sich nur durch die unteilbare Einheit jenes Geistes erklären, der als Abbild göttlichen Selbstbewußtseins begriffen werden kann. Die von Gott mitgeteilte Geistseele wird nicht aus tierischer Körperfunktion entwickelt, sondern muß gerade unterschieden von einem Leibe gedacht werden, der Naturgesetzmäßigkeiten unterworfen ist. Nicht nur die Freiheit des Menschen hängt an dieser Unterscheidung des Geistes von der Materie, sondern auch die Unsterblichkeit der Geistseele. Eine

---

[55] Vgl. ebd. 630.
[56] ebd. 629.
[57] ebd. 629.

Geistseele, die mit Gehirnfunktionen identifiziert wird, stirbt selbstverständlich mit dem Körper. Wenn die Seele nur als Bündelung von Außenweltreizen zu betrachten ist, ist aber auch ihr persönlicher Fortbestand bedeutungslos.

Unsterblichkeit kann nur einem Geiste zukommen, dessen persönliche Einzigartigkeit und Geschichte mit anderen einmaligen Individuen unwiederbringbar ist. Der mechanistische Prozeß scheint erhaben über die persönliche Unsterblichkeit, weil das biogenetische Grundgesetz den aufgehobenen Fortbestand desselben in der nächstfolgenden Stufe der Entwicklung zu sichern meint. Die Geschichte der freien Vereinigung einzigartiger Individuen kann aber nicht ungestraft in den Prozeß einer gesellschaftlichen Verknüpfung der Teile zum Ganzen pervertiert werden. Die Entwicklungsgeschichte, die durch Aufhebung der Teile voranzuschreiten gedenkt, versammelt nicht zu immer umfassenderen Einheiten. Im Gegenteil: Durch Aufhebung von Einzelheiten gelange ich nicht zum Ganzen, sondern zum Nichts!

Auch die letzte Würde des Menschen, in verantwortlicher Politik sein Zusammenleben freiheitlich zu bestimmen, wird von dem mechanistischen Prozeß der Höherentwicklung verschlungen. Nach Haeckelscher Forderung sollen künftig »*Politik, Moral, Rechtsgrundsätze . . . nur den Naturgesetzen entsprechend zu gestalten sein . . ., dann wird das menschenwürdige Dasein, von welchem seit Jahrhunderten gefabelt wird, endlich zur Wahrheit werden*«[58].

Naturgesetze gelten mit Allgemeinheit und Notwendigkeit. Sie lassen keine Gestaltungsmöglichkeit offen. Haeckel selbst leugnet die Freiheit des Willens ausdrücklich. Inhaltlich besagen die »*Gesetze der Deszendenztheorie*«, um deren Gültigkeit und Anwendung Haeckel besorgt ist, Aufhebung des Vorausgegangenen durch das Nächstfolgende, bzw. Selektion des Minderen durch das Höhere. Im Kampf ums Dasein erweist sich der Rücksichtslose als der Stärkere, der den körperlich Unterlegenen oder gar Behinderten sich unterwirft. Diese

[58] ebd. 633.

»Moral«, die den Brutalsten als den Tüchtigsten bestätigt, soll damit gleichermaßen auch der geistigen Elite dienen. Wenn der Geist als Funktion der Nervenzellentätigkeiten verstanden wird, kann er in der Tat nur in einem kräftigen, d. h. darwinistisch gedacht, in einem kampfgestählten Leibe herrschen! Wohin eine Gesellschaft gerät, die das sittlich Gute, d. h. das Allgemeinwohl vertauscht mit dem Recht des Tüchtigsten, der sich auf Kosten aller anderen selbst durchsetzt, erleben wir wohl am konsequentesten in der Entwicklung jener Waffe, die nicht mehr einzelne unterwirft, sondern alles *»aufzuheben«* vermag!

Staatsgesetze, die sich an jenen Naturgesetzen ausrichten, die die Selektionstheorie als *»Schlüssel«* aller Weiterentwicklung betrachten, dienen nicht dem Aufbau einer Gesellschaft, fördern nicht das Miteinandersein der von Gott gleichermaßen Beschenkten, sondern entfachen den Kampf gegen alle mit alles vernichtenden Waffen. Dieser gesetzhaft geforderte Streit wird uns nicht den Stärksten als allgemeinen Führer bescheren, sondern die allgemeine Vernichtung! Sie ist nicht nur das konsequente Ende der *»Naturgeschichte der Aggression«* – vielmehr auch das Verdiente! Die Herrenmenschen oder Völker, die sich gewissenlos durch die Vernichtung anderer zum allgemeinen Richtmaß aufgeworfen haben, werden durch dasselbe Gesetz gerichtet. Das Erleiden des Gerichtes aber ermöglicht auch in letzter Stunde noch Besinnung zur Umkehr.

8. Die Widerlegung des biogenetischen Grundgesetzes durch Erich Blechschmidt

Die Naturgeschichte der Aggression läßt sich so wenig als allgemeines Naturgesetz rechtfertigen, wie das biogenetische Grundgesetz Haeckels. Nicht nur prinzipiell kann der Widerspruch – Tod und Tötung – nicht zum Prinzip des Lebens erhoben werden, auch faktisch hat der Göttinger Anatom Erich Blechschmidt Haeckel bis in alle Einzelheiten widerlegt. *»Wie irrig die Haeckelsche Vorstellung ist, zeigt die bekannte sog. Haeckelsche Fälschung. Haeckel gab einen*

Hundeembryo als menschlichen Keim aus«[59]. Die Übertragung der Evolutionstheorie als Vorstellung vom Artenwandel auf die Ontogenese des Individuums gelingt nicht nur nicht, sondern führt auch zur Widerlegung des für die Phylogenese in Anspruch genommenen Artenwandels. Die Aufstellung phylogenetischer Reihen demonstriert zwar gewisse Ähnlichkeiten bestimmter Organe.

> *»Tatsächlich haben sog. homologe Organe aber so wenig miteinander zu tun, daß es in keinem einzigen Fall gelungen ist, sie auseinander abzuleiten, noch weniger, eine erkennbare Regel für etwaige Beziehungen nachzuweisen«*[60].

Vergleichbare Organe sind nicht als Produktivmittel für die Höherentwicklung von Leben überhaupt zu verstehen. Es geht nicht darum, das Laufen oder Greifen durch entsprechende Organentwicklung zu verbessern.

> *»Die konstruktive Notwendigkeit der Organe läßt sich nur als Bestandteil des Organismus, in dem sie entstanden sind – und nie als vermeintliche Rekapitulation der Phylogenese verstehen«*[61]. *»Vorstadium eines menschlichen Organs in irgendeiner Phase seiner Entwicklung ist nicht irgendein prähistorisches Organ, sondern immer eine Systemanlage im menschlichen Körper selbst, d. h. ausschließlich ein Differenzierungsprodukt einer bereits menschlichen Eizelle«*[62].

So wenig für die Ontogenese, z. B. die menschliche Entwicklungsgeschichte vom Ei bis zum ausgewachsenen neunmonatigen Embryo, eine Rekapitulation in der Phylogenese tatsächlich nachgewiesen werden kann, so wenig können *»Mutation und Selektion als Prinzipien der Ontogenese angesehen werden«*[63], stellt Erich Blechschmidt fest.

---

[59] Blechschmidt, Erich: Entwicklungsgeschichte und Entwicklung, in: Scheidewege 5, Heft 1, 1975, 91.
[60] ebda. 92.
[61] Vgl. ebd. 93.
[62] ebd. 95.
[63] ebd. 96.

Dasselbe gilt für den Versuch, menschliche Verhaltensweisen auf tierische zurückzuführen. »*Erklärungsversuche aus Reihen analoger Verhaltensweisen besagen über die Natur des menschlichen Verhaltens ebensowenig wie die phylogenetischen Reihen der Organe über die Natur des Körperbaus*«[64].

Für die Ontogenese der Organismen, und hier kann allein von nachweisbaren, schrittweise aufeinanderfolgenden Differenzierungen gesprochen werden, muß also festgehalten werden: das in Entwicklung befindliche Wesen ist jeweils wesenhaft schon im ersten Eistadium es selbst. »*Zum Beispiel, der Mensch wird nicht ein Mensch, sondern ist in jeder Phase seiner Entwicklung ein Mensch.*« Die Änderung im Verlauf der Entwicklungsgeschichte bezieht sich lediglich auf »*das Erscheinungsbild*«[65]. Entwicklung »*kann nicht als Summation von Fortschritten in Richtung auf eine etwa erst nachträglich entstehende Wesensart*«[66] verstanden werden.

> »*Vielmehr zeigt der Fortgang der ontogenetisch tatsächlich nachweisbaren Differenzierungen einen allmählich zunehmenden Verlust an Ursprünglichkeit im Sinne einer Abnahme der anfänglich vielfältigen Fähigkeiten des jungen Keims . . . Alle diese Differenzierungen haben gegenüber dem ursprünglichen Ei einen hohen Begabungsverlust erfahren, also keine Höherentwicklung erreicht*«[67]. »*Jeder Differenzierungsschritt erfolgt lebendig in einem wachstumsfunktionellen System*«[68].

Raum-zeitlich geordnete Entwicklungsbewegungen, die zur Ausbildung eines bestimmten Organes erforderlich sind, bedienen sich zwar gesetzhaft geregelter mechanischer Kräfte, sind aber nicht dasselbe, sondern entsprechen als organische Gestaltungskräfte einer vorgegebenen Form. Zum Beispiel erfolgt die Entwicklung der menschlichen Hand durch »*pränatale Greifbewegungen*«. Blechschmidt spricht von »*Wachstumsgreifen*«, das

[64] ebd. 97.
[65] Vgl. ebd. 98, 99.
[66] ebd. 113.
[67] ebd. 113.
[68] ebd. 111.

bereits eine typische »*Handgebestellung*« des Menschen erkennen läßt[69].

Diese vorgegebene Form, die zwar erst entwicklungsdynamisch ausgebildet wird, kann, wie Blechschmidt betont, nur als etwas »*Geistiges und nicht aus der Materie Ableitbares*« verstanden werden. »*Die Gestalt*« des Menschen, die seinem »*geistigen Wesen*« entspricht, gehört für Blechschmidt zu der unabdingbaren Voraussetzung menschlicher Entwicklungsgeschichte[70]. Die Ontogenese des Menschen ist also weder mit Begriffen der Phylogenese, noch mit rein mechanisch wirkenden Kräften zu verstehen. Sie ist vielmehr ein »*biodynamisches Gesetz*«, das der vorgegebenen Form entspricht.

Die von Erich Blechschmidt experimentell nachgewiesene doppelte Individualität alles Lebendigen, die der Art und des jeweiligen Exemplars dieser Art, bestätigt Kants Auffassung von den Organismen und widerlegt eindrucksvoll jede Form von Evolutionstheorie, die alles Gewordene nur minimal durch kleinste Selektionsvorteile unterscheidet. Nur die von Blechschmidt beschriebene Einzigartigkeit rechtfertigt den wesenhaften Bestand des Individuums. Das Paradox einer Entwicklungsgeschichte dessen, was schon im ersten Stadium perfekt ist, wird verdeutlicht an einem Phänomen, wie der »*Handgebestellung*« eines 18 mm großen Embryos. Alle Entwicklungsbewegungen der perfekten Wesensgestalt drücken ein neues »*in Erscheinungstreten*« desselben aus, stellen neue Weisen dar, wie das, was schon ist, sich schenkend auf den Weg zum anderen macht.

Die Einzigartigkeit des Individuums bekommt ihren Sinn in der Begegnung mit anderen Einmaligkeiten. Die Geschichte der Liebe setzt gerade die von Blechschmidt charakterisierte Seinsweise des Menschen voraus. Ohne die identische Wesensgestalt aller Individuen wird Verstehen nicht möglich. Ohne einzigartiges in Erscheinungtreten desselben wäre Begegnung überflüssig. Materialistische Gleichheit hat persönliche Geschichte

[69] ebd. 103.
[70] Vgl. ebd. 102, 112.

zugunsten eines allgemeinen Arbeitsaktes »*aufgehoben*«. Die einzigartige Person und ihre unvertauschbare Geschichte der liebenden Einigung mit dem anderen als anderen, kann nicht aus mechanischen Gesetzen physikalisch erklärt werden. Wirkursachen (causa efficientes), die bei Haeckel ausdrücklich anstelle von »*Zweckursachen (causae finales)*« agieren[71], bewirken keine sinnvolle Geschichte des Miteinanderseins. Nur ein Gott, der über sich als die Fülle des Seins so verfügt, daß er sie jeweils neu ganz mitteilt – nur der dreifaltige Gott, der die Vielheit als Weise seiner Selbstverschenkung und nicht als ableitbare Momente seiner Selbstentwicklung erzeugt, kann als der zureichende Grund für die Geschichte einzigartiger Perfektionen betrachtet werden.

9. Karl Poppers methodische Betrachtung des Darwinismus

Werfen wir zum Schluß mit Karl Popper einen methodischen Blick auf den Darwinismus. Karl Popper bezeichnet erstaunlicherweise den Darwinismus, ähnlich wie Kant, als ein »*metaphysisches Forschungsprogramm*«. Mit Kant, ohne sich auf ihn zu beziehen, ist er der Meinung, daß die Lehre von der Evolution bzw. »*der Darwinismus keine prüfbare wissenschaftliche Theorie ist*«[72].

Für Kant hat die Evolutionstheorie nur heuristischen Charakter, weil er davon ausgeht, daß wir die zielsetzende »*Handlungsart Gottes*« nicht einzusehen vermögen und entsprechend nur aus unserer Vorstellung bzw. der Idee von der »*Natureinheit*« ein Forschungsprogramm entwerfen können, das bestenfalls auf die Einzigartigkeit der Dinge verweisen kann, sie aber niemals abzuleiten vermag.

Popper dagegen bekennt sich zum Darwinismus als der »*Logik der Forschung, der Theorie des Wachstums des Wissens durch Versuch und Irrtum, . . . durch Darwinsche Selektion*«[73].

---

[71] Haeckel, Ernst: op. cit. 620.
[72] Popper, Karl: Ausgangspunkte, Hamburg 1979, 244, 248.
[73] ebd. 243.

»*Darwins Theorie der Anpassung war die erste nicht-theistische Theorie, die überzeugte* . . . *und* »*darum auch nahezu allgemein akzeptiert wurde*«, so berichtet Popper[74]. An die Stelle der einzigartigen Schöpfungstätigkeit Gottes tritt das Ausleseverfahren der »*Situationslogik*«.

Aber auch diese Perversion führt nur zu »*tautologischen*« Aussagen.

> »*Auf den ersten Blick scheint die natürliche Auslese die Anpassung zu erklären, und in einem gewissen Sinne tut sie es auch, aber kaum in einem wissenschaftlichen Sinn. Zu sagen, daß eine jetzt lebende Art an ihre Umwelt angepaßt ist, ist in der Tat fast eine Tautologie. Der Darwinismus macht also im Grunde keine Vorhersage über den Reichtum von Formen der Evolution. Er kann sie deshalb im Grunde auch nicht erklären*«[75].

Deswegen »*besteht*« für Popper »*kaum eine Möglichkeit, eine Theorie empirisch zu überprüfen, die so schwach ist, die so wenig vorhersagende Kraft hat*«[76].

Obwohl also für Popper

> »*Darwins Theorie der Evolution keine ausreichende Erklärungskraft besitzt, um die irdische Evolution der Vielfältigkeit von Lebensformen zu erklären, so macht sie sicherlich die Vorhersage, daß sofern eine solche Evolution stattfindet, es eine allmähliche sein wird*«[77]. »*Die Allmählichkeit, die kleinen Schritte sind somit logisch gesehen, die zentrale Vorhersage der Theorie*«[78].

Sie beruft sich dabei auf kleine Mutationen, da große Mutationen in der Regel letal sind.

---

[74] ebd. 250.
[75] ebd. 249.
[76] ebd. 249.
[77] ebd. 250.
[78] ebd. 251.

> »Allerdings ist eine solche Erklärung im Prinzip etwas ganz anderes als eine Erklärung, wie wir sie in der Physik erwarten und verlangen. Während wir eine bestimmte Sonnenfinsternis erklären können, indem wir sie vorhersagen, können wir eine bestimmte evolutionäre Veränderung nicht vorhersagen oder erklären; . . . wir können nur sagen, daß es irgendwelche Zwischenstufen gegeben haben muß. Ein wichtiger Hinweis für die Forschung – ein Forschungsprogramm«[79].

Die Missing links hat die »*Logik der Forschung*« bislang nicht ausfindig machen können. Wenn die Organismen einzigartige unvertauschbare Gedanken Gottes ausdrücken, werden sie nicht als ableitbare Stufenfolgen kleinster Schritte verrechnet werden können. Selbst dieses Minimalprogramm: Der Vorhersage der Allmählichkeit der Entwicklung läßt sich nicht verifizieren! Auch der Verweis auf den Charakter von Mutationen hilft wenig, solange nicht erklärt werden kann, wie aus veränderten Quantitäten der Umschlag in die neue Qualität bzw. Artgehalt erfolgen soll. Auch die Paarung von Mutation und Selektion führt nur weiter in die »*tautologische Sackgasse*« – oder viel schlimmer, zur revolutionären Selektionstheorie des Marxismus.

---

[79] ebd. 251.

VIII. Kapitel
Karl Marx: Evolution und Revolution
I. Gesellschaftliche Reproduktion der Evolution

1. Die Götter sollten das Zentrum der Erde werden

»Ich hatte«, so berichtet Karl Marx, *»Fragmente der Hegelschen Philosophie gelesen, deren groteske Felsenmelodie mir nicht behagte – noch einmal wollte ich hinabtauchen in das Meer, aber mit der bestimmten Absicht, die geistige Natur ebenso notwendig konkret und fest gerundet zu finden wie die körperliche, nicht mehr Fechterkünste zu üben, sondern die reine Perle ans Sonnenlicht zu halten«*[1].

Es gilt für Marx »*im Wirklichen selbst die Idee zu finden*«[2]. Bislang »*wohnten die Götter nur über der Erde; sie sollten jetzt das Zentrum derselben Welt werden*«[3].

Wie sieht also die Wissenschaft aus, die Gott in der Welt darstellt, die die wahre Versöhnung von Himmel und Erde, Geist und Natur, Freiheit und Notwendigkeit ansichtig macht? Wie sieht die absolute Wissenschaft aus, die nicht mehr Theorie, abstrakte Aussage über Wirklichkeit ist, sich vielmehr als Selbstdarstellung der wirklichen Wirklichkeit erweist?

»Unser ganzer Zweck«, so fordert Marx, *»kann in nichts anderem bestehen, als daß die religiösen und politischen Fragen in die selbstbewußte menschliche Form gebracht werden«*[4]. Es

---

[1] Marx: Frühschriften (1971), 7.
[2] ebd.
[3] ebd.
[4] ebd. 170.

geht Marx um die »*praktisch kritische Tätigkeit*«, die das, was ist, als das, was ist, zur Selbstdarstellung bringt.

> »*Es genügt nicht, daß der Gedanke zur Verwirklichung drängt, die Wirklichkeit muß sich selbst zum Gedanken drängen.*« *Die Revolutionen bedürfen eines passiven Elementes, einer* »*materiellen Grundlage*«. *Die Theorie wird in einem Volke immer nur so weit verwirklicht, als sie die* »*Verwirklichung seiner Bedürfnisse ist*«[5].

Hegel hat das bloß Für-sich-bestehende Faktum der Inkarnation des Geistes im Jahr Null in die »*Faktizität der Vernunft*« aufgehoben und zum Prinzip der Weltgeschichte erklärt.

Ist es Hegel damit gelungen, die wahre Wirklichkeit herzustellen? Repräsentiert der Staat der Französischen Revolution das Reich Gottes auf Erden? Es ist Hegel darum zu tun, den Monarchen als den wirklichen Gottmenschen, als die wirkliche Verkörperung der Idee darzustellen, als wäre nicht das Volk der wirkliche Staat, kritisiert Karl Marx. Der Staat ist ein Abstraktum. Das Konkretum ist das Volk. Die Demokratie ist die Wahrheit der Monarchie.

Der Mensch ist zwar von Hegel deifiziert, sofern er in eins gesetzt ist mit Gott. Aber es bleibt ein abstraktes, unwirkliches Verhältnis. Das faktische, unmittelbar Identischsein von Gott und Mensch steht weiterhin aus. Solange der Mensch unter den Anspruch Gottes genommen ist, solange er der Staatsverfassung untergeordnet bleibt, ist er dem Mitmenschen entfremdet.

Die Deifizierung des Menschen müßte seine Sozialisierung sein. Der Mensch müßte in seinem Mit-Mensch-Sein – Gott sein, fordert Marx. »*Feuerbachs große Tat ist*«, daß er »*das gesellschaftliche Verhältnis des Menschen zum Menschen, zum Grundprinzip der Theorie macht*«[6].

[5] ebd. 218.
[6] ebd. 150, 151.

2. »Der Geist ohne Aug, ohne Zahn, ohne Ohr«

Aber, beanstandet Marx, »*für Hegel gilt der Mensch gleich Selbstbewußtsein, das für sich abstrahierte und fixierte Selbst, ist der Mensch als abstrakter Egoist*«[7]. Als »*Prädikat*« des sich selbst wissenden Gottes ist der wirkliche Mensch in seinem materialen Für-sich-sein in das rastlose Kreisen des absoluten Selbstbewußtseins aufgehoben.

Menschliches Bewußtsein ist also »*keine Qualität der menschlichen Natur*«[8] – vielmehr Gegenstand der Selbstentäußerung des Absoluten – Objekt des göttlichen Prozesses der Selbstreflexion. »*Das Selbstbewußtsein bleibt in seinem Anderssein als solchem bei sich*«[9]. Gott erkennt im »*absoluten Wissen*« das Wissen des Menschen als den Gegenstand seiner eigenen Selbstobjektivation und holt damit das nur für einen Augenblick »*zum Schein*« unterschiedene »*An-sich-sein*« menschlichen Bewußtseins in das »*Für-es-sein*« des absoluten Selbstbewußtseins zurück, kritisiert Karl Marx an Hegel.

In Wahrheit erweist sich das Wissen des Menschen also als bloße Gegenständlichkeit für das absolute Selbstbewußtsein, an sich ist es nichts. Die einzig wirkliche Gestalt menschlicher Existenz, das Selbstbewußtsein, wird als Moment der Selbstartikulation des absoluten Wissens aufgehoben. Hegel hebt nicht eine entfremdete Gestalt menschlicher Existenz auf, sondern nimmt an der Gegenständlichkeit als solcher, an dem Für-sich-sein des Menschen Anstoß[10], klagt Karl Marx. »*Entfremdung bedeutet für Hegel nicht, daß der Mensch sich unmenschlich – im Gegensatz zu sich selbst vergegenständlicht, verdinglicht*«[11]. Mit Entfremdung bezeichnet Hegel vielmehr – den notwendigen Gegensatz von Subjekt und Objekt überhaupt – den Akt der Selbstobjektivation des Denkens, bzw. die Versinnlichung des Geistes. Versöhnung dieses Widerspruches bedeutet also –

[7] ebd. 271.23
[8] ebd. 271.23
[9] ebd. 277.28.
[10] ebd. 277.28.
[11] ebd. 261.17.

Aufhebung der sinnlich gegenständlichen Wirklichkeit als solcher – Rückführung der objektiv gesetzten Gegenständlichkeit in den Akt des sich im Objekt selbst erkennenden absoluten Subjektes. An sich ist der Mensch, resümiert Karl Marx, Moment der Produktionsgeschichte des absoluten Geistes; insofern ist seine materiale Gestalt nur der Ausdruck der Vereinzelung der Selbstobjektivation des sich selbst denkenden göttlichen Geistes. »*Die menschliche Natur ist für Hegel nur eine Qualität des göttlichen Selbstbewußtseins*«[12], kritisiert Marx.

> »*Die Wiederaneignung der als Entfremdung erzeugten Gegenständlichkeit menschlichen Wesens – als Akt der als Entäußerung gesetzten menschlichen Natur – hat also für Hegel nicht die Bedeutung der Aufhebung der Entfremdung – vielmehr der Aufhebung der Gegenständlichkeit als solcher; d. h. also für Hegel gilt der Mensch als ein nicht gegenständliches, spiritualistisches Wesen*«[13].

»*Ein ungegenständliches Wesen ist aber ein Unwesen*«[14], stellt Marx fest. Das Verhältnis von absolutem Subjekt und menschlicher Natur als Objekt erweist sich als »*mystisches Subjekt/ Objekt*«, als eine »*über das Objekt übergreifende Subjektivität*«[15].

Das absolute Subjekt, das seine Entäußerung, das menschliche Bewußtsein, in sich zurücknimmt, vollzieht im Akt der Aneignung den das Objekt vernichtenden Übergriff. Versöhnung der entfremdeten menschlichen Natur bedeutet »*Einverleibung in das Selbstbewußtsein des Absoluten*«[16]. »*Der zum Denken erhobene Egoismus*«, der das von ihm unterschiedene bzw. objektiv gesetzte – das Anderssein nur als eine Weise der Selbstreflexion betrachtet, kritisiert Marx zu Recht.

---

[12] ebd. 271.24.
[13] ebd. 270.24.
[14] ebd. 274.27.
[15] ebd. 282.31.
[16] ebd. 271.24.

Hegel macht nur das Selbstbewußtsein zum Subjekt[17]. Aber dieses absolute Subjekt wird erst als Resultat des weltgeschichtlichen Prozesses. Die von ihm gesetzten Objekte, der Mensch und seine Welt, erweisen sich entsprechend als abstrakte »*Dingheiten*«[18]. Das Denken bildet sich im Entwicklungsprozeß seiner selbst zwar ein, das andere seiner selbst, sinnlich, wirkliche, gegenständliche Welt zu werden.

Wie soll aber der sich selbst entfaltende Geist etwas von ihm selbst wirklich »*Unterschiedenes*«, die konkrete Einzelheit materialer Natur, setzen? Der Geist ist beschäftigt mit der Selbstherstellung. Alles, was er macht, dient nur der eigenen Geistwerdung.

Nur ein an sich schon perfekter Geist könnte – kraft des vollendeten Selbstbesitzes – etwas von ihm wahrhaft Unterschiedenes, d. h. Selbständiges, hervorbringen.

Der als Akt der Bewußtwerdung gesetzte Gegenstand repräsentiert nur die »*Dingheit*« – ein »*Gedankending der Abstraktion*«.

»*Es ist klar, daß die Dingheit durchaus nichts Selbständiges Wesentliches gegen das Selbstbewußtsein, ... sondern ein bloß Gesetztes ist, und das Gesetzte, statt sich selbst zu bestätigen, ist nur eine Bestätigung des Aktes des Setzens, der einen Augenblick seine Energie als das Produkt fixiert und zum Schein ihm die Rolle, aber nur für einen Augenblick, eines selbständigen Wesens erteilt*«[19].

Die im Prozeß der Subjektwerdung des absoluten Geistes gesetzte »*Dingheit*«, Menschen und Dinge dieser Welt, erweisen sich als nicht wahrhaft unterschieden von diesem sich selbst produzierenden Selbstbewußtsein. Die Nichtunterschiedenheit des Gegenstandes macht aber zugleich seine Nichtigkeit aus. »*Der Gegenstand erweist sich als ein vorgemachter Dunst*« ... Er

[17] ebd. 26.
[18] ebd. 24.
[19] ebd. 26.

ist nichts anderes als das Wissen selbst, das sich selbst entgegenstellt und daher sich eine Nichtigkeit entgegenstellt, ein Etwas, das nichts anderes ist, als es selbst[20], bemerkt Marx hellsichtig.

»*Wir haben . . . alle Illusionen der Spekulation zusammen.*« Einmal: das absolute Selbstbewußtsein bleibt in seiner Entäußerung – im Objekt seiner Reflexion –, der bloßen Dingheit, bei sich –.

Zweitens bleibt dieser gesetzte und aufgehobene Gegenstand doch notwendig als Akt der Selbstbestätigung des Absoluten bestehen[21]. In der »*Überwindung des Gegenstandes*«[22] kommt der Prozeß der Selbstproduktion des absoluten Wissens zu sich. Der Geist braucht den Widerstand des Gegenstandes zu seiner Selbstreflexion.

3. Der Geist der Natur

»*Der Geist also die Natur zu seiner Voraussetzung, deren Wahrheit und absolut Erstes er ist. In dieser Wahrheit ist die Natur verschwunden und der Geist hat sich als die zu ihrem Für-sich-sein gelangte Idee ergeben. Er ist diese Identität somit nur als Zurückkommen aus der Natur*«[23], argumentiert Marx mit Hegel.

Was ist der Geist als »*absolute Idee*«? Als Einheit mit sich in seinem Bei-sich-selbst-sein? Identität der Nichtidentität, »*Einheit des Mannigfaltigen*«, Bewußtsein, das seine Elemente, »*Teile*« im Prozeß der Selbstartikulation, vor sich hinstellt, um im Akt der Unterscheidung dieser seiner »*Besonderheiten*« sie selbstbewußt zu sich selbst zu versammeln. Zurückgekommen aus dem Sondierungsakt seiner Teile, zurück von der Entäußerung in die Natur, verharrt der Geist nun aber nicht als Selbstbewußtsein, als Wissen um sich, in seinen Teilen bei sich. Er bleibt nicht abstrakte Erfassung seiner Momente, »*Geist der*

[20] ebd. 277.
[21] Vgl. ebd. 277.
[22] ebd. 270.
[23] ebd. 287.

Natur«. Vielmehr treibt *»die Langeweile«, »die Sehnsucht nach seinem Inhalt«* ihn zurück in die Natur. *»Der Geist gibt seine Abstraktion auf und so kommt er wieder bei einem Wesen an, welches gerade sein Gegenteil ist, die Natur«*[24].

Die absolute Idee beschließt im Akte ihrer abstrakten Selbstanschauung, die Natur als das Moment ihrer Besonderheit aus sich zu entlassen[25]. Marx kommentiert Hegel:

> *»Die Idee ... der abstrakte Denker entschließt sich – sich selbst aufzugeben und das Anderssein, das Besondere, Bestimmte an die Stelle des Bei-sich-seins – des Nichtseins der Allgemeinheit der Unbestimmtheit zu setzen, die Natur, die sie nur als Gedankending in sich verbarg, frei aus sich zu entlassen, d. h. die Abstraktion zu verlassen, und sich einmal die von ihr freie Natur anzusehen«*[26].

Wenn der absolute Geist sich tatsächlich als die Einheit des Mannigfaltigen – die Allgemeinheit des Besonderen erweist – ist die Marxsche Interpretation konsequent. Ein Geist, der wesenhaft Identität der Nichtidentität, Einheit der Teile ist, bleibt abstrakt, sofern er diese seine Bestimmungen nicht bewußt setzt.

Metaphysisch klassisch gedacht, hat man eine Einheit von Teilen – im Unterschied zur unteilbaren Einheit des Geistes mit sich selbst – *»Natur«* genannt. Hegel bestimmt den Geist als Geist der Natur, sofern der Geist erst vermittels seiner Teile zum Selbstbewußtsein gelangt. Ohne die konkrete Setzung der Natur, ohne die Realisierung des Teils als einer für sich gesetzten materalen Einzelwirklichkeit, bleibt der Geist der Natur abstraktes Selbstbewußtsein.

Der Übergang des Geistes in die Natur wird von Hegel entsprechend auch beschrieben als: *»Offenbaren, welches als die abstrakte Idee unmittelbarer Übergang, Werden der Natur*

---

[24] ebd. 283.
[25] Vgl. Hegel: E, § 244.
[26] Marx: Frühschriften (1971), 284.

ist«[27]. Der Geist offenbart sich im Setzen der Natur als seiner *»Welt«*.

Der christliche Terminus Offenbarung wird hier von Hegel im aufgehobenen Sinn gebraucht. D. h. das Faktum der Inkarnation des göttlichen Geistes, aufgehoben in die Faktizität der Vernunft, wird als Akt der »Affirmation des Geistes«, als Weise der Selbstvermittlung und Selbstbestätigung des Absoluten in Anspruch genommen. Der Geist bleibt ohne Unterscheidung seiner Momente in sich selbst verschlossen, unbewußt. Erst durch das »Setzen der Natur als seiner Welt« erscheint er sich selbst in seinen Elementen. Durch Offenbarung, durch Erschaffung der Welt – erkennt der Geist, wie Hegel lehrt, seine Besonderheiten als Artikulationsweisen seiner selbst und erhebt sich durch sie zum Selbstbewußtsein.

Das Denken, das sich selbst nur als Abstraktion von der Vielheit naturhaften Seins erfaßt – *»das Denken, das ohne Aug, ohne Zahn, ohne Ohr, ohne alles ist, entschließt sich, die Natur als das Wesen anzuerkennen und sich auf die Anschauung zu verlegen«*[28], resümiert Marx.

Marx zeigt – wie mir scheint zu Recht –, daß der absolute Geist Hegels inhaltlich gesehen der Geist der Natur ist, der Geist, der die Natur zu seinem Wesen hat.

Was heißt nun aber – Geist der Natur? Wie ist dieser dialektische Begriff zu fassen? Ist die Natur – Artikulation des Geistes – oder ist der Geist Abstraktion, Bewußtsein der Natur? Oder wird mit *»Geist der Natur«* – jenseits einer dialektischen Verknüpfung – ein Geist beschrieben, der in der Freiheit seines Selbstbesitzes die Natur als Weise seiner Selbstverschenkung schafft? Die christliche Theologie spricht von einem Geist, der die Natur nicht als Artikulationsmoment seiner selbst setzt, sie vielmehr umgekehrt als Weise der Hingabe an den anderen als anderen versteht.

---

[27] ebd. 287.
[28] ebd. 285.

Hegel hat die Natur als Artikulationsmoment des sich selbst erfassenden absoluten Geistes verstanden, wogegen Marx »*die Wesen, die die göttliche Dialektik des absoluten Geistes als reine Produkte des Denkens aus dem Nichts zu schaffen meinten*«, als Abstraktion von Naturbestimmungen entlarvte[29]. Wer hat recht?

Die klassische Theologie, die weitgehend die griechische Metaphysik als Basis der Offenbarungsaussagen beanspruchte, erklärte die Schöpfung der Welt als Werk der im innertrinitarischen Liebesgespräch geeinten göttlichen Personen.

Schöpfung wurde, im Gegensatz zu Hegel, nicht als Weise der Selbstartikulation bzw. Selbstwerdung Gottes begriffen, sondern als Akt schenkender Liebe. Sie ist deshalb als eine »*positio ad extra*« definiert und nicht als Moment des innertrinitarischen Entwicklungsgeschehens erklärt. Die Schöpfung der Welt, als Ausdruck überfließender Güte Gottes, hat den vollendeten Selbstbesitz Gottes zur Voraussetzung – und dient nicht als Funktion der Selbstherstellung des Absoluten, wie Hegel es will.

Wie aber ein Geist, der als Produkt seiner ihn selbst konstituierenden Teile erst entsteht, gerade die ihn selbst erst hervorbringende Natur als eine eigenständige, von ihm unterschiedene Wirklichkeit setzen soll, bleibt das Geheimnis einer spekulativen Dialektik, die mit dem Verweis auf Wechselwirkung zwar den Kreisschluß eines Denkens, das unmittelbar schon mit sich selbst identisch ist, im Sinne der Noesis Noeseos erklären kann, aber gerade nicht die Entstehungsgeschichte eines Geistes, dessen Wesen Naturwerdung beinhaltet. Wenn der Geist Resultat seiner Naturelemente ist, ist er dann nicht wirklich Bewußtsein der Natur – in der Weise, wie Marx ihn zu erklären sucht: Wissen um die wachsende Einigung naturhafter Mannigfaltigkeit?

---

[29] ebd. 285, 286.

4. Die Frage nach dem Ursprung der Natur

Natürlich stehen Hegel und Marx gleichermaßen vor der Frage nach dem Ursprung dieses unbewußten Anfangs, nenne ich ihn mit Hegel »*unbewußten Geist*« oder mit Marx »*unbewußte Natur*«. Mit dem Kunstgriff dialektischer Wechselwirkung – die Natur konstituiert den Geist – wie umgekehrt der Geist die Natur bedingt –, ist das Problem nicht zu lösen. Wie ein Sein »*causa sui*« werden soll, wenn es sich gerade noch nicht selbst besitzt, wie etwas sich dazu noch zielgerecht als dieser absolute Geist bzw. Natur hervorbringen soll, wenn es sich anfänglich nur unbewußt vorfindet, bleibt solange rätselhaft, als ich den Geist nicht verwechsele mit dem Naturtrieb, der erstaunlicherweise das Ziel seiner Selbstbefriedigung unbewußt sicher anstrebt. Aber was ist der Trieb? Versteht er sich aus sich selbst? Ist er das Wesen der causa sui? Oder gerade wie wir bereits im vorigen Kapitel sahen, die Perversion des Geistes der Liebe?

Der Geist der Liebe ist uns offenbart durch die Inkarnation des göttlichen Geistes. Gott ist Geist, bezeugt das Evangelium Christi wie die vernünftige Auslegung dieser Botschaft durch Hegel. Das Geistsein Gottes hat die Metaphysik als die Weise der unmittelbaren Identität von Denken und Sein erklärt. Gott bringt sich, sich selbst denkend, unmittelbar hervor. Diesen seinen unmittelbaren vollendeten geistigen Selbstbesitz verschenkt Gott. Der Vater, der sich selbstbewußt hervorbringende Urgrund allen Seins, behält sein Sein nicht für sich, sondern teilt den vollendeten Selbstbesitz ganz und uneingeschränkt dem anderen, dem Sohne mit. Der Sohn, dem Vater wesensgleich, weil die gleiche Fülle des Seins als die Selbstmitteilung des Vaters besitzend, schenkt sich seinerseits dem Vater, bezeugt das Evangelium. Diese Liebesgeschichte der gegenseitigen Schenkung der göttlichen Personen erklärt Hegel als Beziehung der Wechselwirkung, die Vater und Sohn wechselseitig konstituieren soll. Der Vater wird Vater als selbstbewußte Existenz, wie Hegel lehrt, nur vermittels der Zeugung des Sohnes. Die gegenseitige Hingabe von Vater und Sohn, die Geschichte der Freiheit sich mitteilender Liebe, wird von Hegel in das Gegenteil pervertiert: Notwendig zum Zwecke des vernünftigen Selbstbesitzes objektiviert sich der unbewußte Geist, stellt sich sich selbst gegenüber, entäußert sein Wesen als Natur der Selbstherstellung. An die Stelle der naiven Erzählung von Vater und Sohn tritt die vernünftige Entäußerungsgeschichte des Geistes in die Natur. An die Stelle der Freiheit der Offenbarung tritt der Trieb der notwendigen Ergänzung. Die freie Liebeseinheit von Vater und Sohn, die sich ausspricht in der Hauchung des Hl. Geistes als der dritten Person, wird von Hegel vertauscht mit der genüßlichen Selbstbefriedigung des unbewußten Triebes im Objekt seiner Bedürfnisstillung. Die biblische Geschichte von Schöpfung und Erlösung wird *»aufgehoben«* in den Akt der Naturwerdung des Geistes bzw. Rückkehr des Geistes aus der Natur zur Unmittelbarkeit seiner selbst. Das Faktum der Inkarnation des Geistes, so wie es die Evangelien berichten, aufgehoben in die *»Faktizität der Vernunft«*, wird erklärt als Geist, der zum Zwecke seiner Selbstobjektivation materiale Natur setzt und aufhebt. *»Inkarnation des Geistes als Angelpunkt der Weltgeschichte«* (Hegel) bedeutet nicht mehr Verschenkung des vollendeten Selbstbesitzes an den anderen, Selbstmitteilung, sondern Selbstwerdung vermittels des anderen. Aus der Natur als der Weise der Selbsthingabe ist für Hegel das Medium der Selbstbefriedigung geworden.

Der zum Naturtrieb pervertierte Entäußerungsakt des Geistes kann seine Genesis nur als Negation jenes Geistes behaupten, dessen Schenkung er sein eigenes Dasein verdankt. Was historisch sich ereignet in der Auseinandersetzung zwischen Feuerbach und Hegel, ist auch die prinzipielle Voraussetzung für den Kommunismus bzw. *»Sozialismus als Sozialismus«*, der nicht mehr durch die Negation des göttlichen Geistes das Dasein des Menschen setzt, sich vielmehr als *»positives, nicht mehr durch die Aufhebung der Religion vermitteltes Selbstbewußtsein des Menschen und der Natur als des Wesens«* versteht.

Allein der sich unmittelbar selbstbewußt besitzende Geist – die unmittelbare Identität von Denken und Sein, von der ganzen klassischen Tradition der Metaphysik wie des Christentums Gott genannt, kann sich selbst zielbewußt hervorbringen.

Selbst wir, die wir uns als Selbstbewußtsein vorfinden und nicht durch unser Denken uns ins Dasein bringen, können nur in dem Maße etwas Bestimmtes machen, als wir das zu bewerkstelligende Ding und uns selbst einsichtig besitzen. Eine unbewußte Triebäußerung der Natur kann nur dann zielsicher ihr entsprechendes Objekt erreichen, wenn diese dem Artcharakter des jeweiligen Wesens angepaßte Triebausrüstung – von einem selbstbewußten Geist so eingerichtet ist, daß die Triebstruktur auf zugehörige Befriedigungsobjekte abgestimmt ist.

In jedem Fall setzt also eine zielstrebige Naturentwicklung einen Geist voraus, der bewußt diese Natur als Einheit der Vielheit schafft. Also kann die Natur nicht das Material der Bewußtwerdung des Geistes sein!

Sie ist vielmehr Ausdruck der freien Entäußerung des Geistes, d. h. eines sich vollendet selbst besitzenden Geistes, der die Natur als Weise seiner ungeschuldeten Selbstmitteilung an den anderen schafft. Dann erweist sich Natur als Material der Anverwandlung bzw. als Gestalt des zurückgenommenen Selbstbesitzes, der sich empfänglich macht für die Entgegennahme des anderen als anderen. Natur des Geistes beschreibt also ursprünglich den Akt der Selbsthingabe des Geistes, erzählt – theologisch gesehen – die Geschichte der Liebe, die nicht bei sich sein will, sich vielmehr dem anderen als anderen vermählt.

5. Das göttliche Wesen der Natur.

Mit der Idee »*des umgekehrten Gottes*«[30] vollziehen die Materialisten die »*Gedanken der Vergangenheit*«[31].

Das ist »*gerade der Vorzug der neuen Richtung, daß wir nicht dogmatisch die Welt antizipieren, sondern erst aus der Kritik der alten Welt, die neue finden wollen*«[32], erklärt Karl Marx.

---

[30] Habermas, Jürgen: Theorie und Praxis, Frankfurt/Main 1971, 215.
[31] Frühschriften (1971), S. 171.
[32] ebd. 168.

Feuerbach hat recht: Die bisherige »*Philosophie erweist sich als nichts anderes als in Gedanken gebrachte und denkend ausgeführte Religion*«[33].

»*Kritik der Religion ist daher*«, für Marx, »*die Voraussetzung aller Kritik . . . Kritik des Himmels muß in Kritik der Erde verwandelt werden*«[34]. »*Hatten die Götter früher über der Erde gewohnt, so müssen sie jetzt das Zentrum derselben werden*«[35].

Der Geist über der Natur und dem Menschen erweist sich, für Marx, als Geist der Abstraktion. »*Der konkreten fest gerundeten geistigen Natur*« werde ich erst gerecht, wenn ich den Menschen und seine Welt nicht länger als Medium der Selbstobjektivation eines für sich seienden absoluten Geistes begreife – und die materiale Natur in den Selbstentwicklungsakt des Geistes aufhebe –, vielmehr umgekehrt, die Natur als das Wesen des Geistes betrachte.

Der Nachweis der Nichtigkeit von Religion, Sitte, Moral – als der Verpflichtung einem an sich seienden Geiste gegenüber – ist durch die Existenz des Proletariats erbracht. »*Die Praxis ist die Wahrheit der Theorie*«, erklärt Karl Marx.

»*Analysierung des mystischen, sich selbst unklaren Bewußtseins – trete es nun religiös oder politisch auf*« – ist gefordert. »*Es wird sich zeigen, daß die Menschheit keine neue Arbeit beginnt, sondern mit Bewußtsein ihre alte Arbeit zustande bringt. Es handelt sich um eine Beichte, um weiter nichts, um sich ihre Sünden vergeben zu lassen, braucht die Menschheit sie nur für das zu erklären, was sie sind*«[36], fordert Marx.

»*Die Frage nach einem Wesen über der Natur und dem Menschen*« schließt, für Karl Marx, das »*Geständnis von der Unwesentlichkeit der Natur und des Menschen ein*«[37].

[33] Marx: Frühschriften (1971), 23.
[34] ebd. 207, 209.
[35] ebd. 7.
[36] ebd. 171.
[37] ebd. 248.

Die Entfremdung des Menschen und seiner Welt – der Mißbrauch des Menschen als Material der Geistwerdung Gottes wird in dem Augenblick für Marx überwunden, als die »*Wesenhaftigkeit des Menschen in der Natur*«[38] erkannt wird. Der Geist Gottes ist für Marx nicht mehr der Geist über der Natur und dem Menschen – vielmehr der Geist der Natur des Menschen.

6. Die Menschwerdung der Natur

An die Stelle der Inkarnation des göttlichen Geistes tritt nun die Wesenseinheit »*Natur–Mensch*«, der Stoffwechsel von Mensch und Natur«.[39]

Marx übernimmt dabei Vorstellungen von Jacob Molleschaft, der von sich bekennt: »*Ich habe kein Hehl, es auszusprechen; die Angel, um welche die heutige Weltweisheit sich dreht, ist die Lehre vom Stoffwechsel*«[40].

Schon Feuerbach, so erklärt Karl Marx, hat das wahre Wesen der Natur erkannt. Die Materie ist nicht »*das Kreuz aller Philosophie*«, sondern die wirkliche, fraglos in sich selbst ruhende causa sui. »*Die Natur hat keinen Anfang und kein Ende, sie ist schlechthin eine göttliche Wesenheit.*«

Absolutheit der Natur bedeutet aber nicht bewegungslose Verschlossenheit in sich selbst. Es kann nicht darum gehen, den christlichen Gott mit der Absolutheit der Natur zu vertauschen, argumentiert Engels. Im Gegenteil, die Natur ist für ihn wesenhaft Entwicklung. Sie strebt auf den Menschen zu, wie dieser im Austausch mit ihr existiert. »*Der Mensch ist der offenbare Gott. In ihm realisiert und expliziert sich das göttliche Wesen der Natur*«, entwickelt Feuerbach. Für Feuerbach ist der Mensch das »*ens realissimum*«, das »*positive Realprinzip der Philosophie*«.

---

[38] ebd. 248.
[39] Schmidt, Alfred: Der Begriff der Natur in der Lehre von Marx, Frankfurt/Main 1952, 91.
[40] ebd. 87 und Anm. 125 und 129.

Hat Hegel, in den Augen von Marx, das *»mystische, sich selbst unklare Faktum der Offenbarung zur Faktizität der Vernunft erhoben«*, so wird durch Feuerbach die Philosophie zur Anthropologie. Die christologische Grundaussage, daß Gott wird, besagt für Feuerbach nicht Fleischwerdung des absoluten, für sich seienden Geistes, sondern umgekehrt Selbstoffenbarung der Natur im Menschen, d. h. Menschwerdung der Natur.

Das Geheimnis des sich schenkenden göttlichen Logos, der Fleisch wird, um den Menschen heimzuholen aus Sünde und Not, wird in das Gegenteil pervertiert: Die Natur wird menschlicher Leib, um sich selbst zu empfinden und zu genießen. Göttliche Liebe, die sich selbst zurücknimmt, um dem anderen Raum bei sich zu gewähren, wird in ihr Gegenteil verzerrt. Aus Liebe wird Trieb, der den anderen braucht, mißbraucht, zum Zwecke der Selbstbefriedigung.

Wie gelingt es nun Marx, *»das umgekehrte Absolute«*, *»das göttliche Wesen der Natur«* als *»reinen Gegenstand für den Menschen«* ansichtig werden zu lassen?

Das Absolute, die Natur, muß nicht mehr als für sich seiende Macht anerkannt werden, sofern sie sich als *»reine Sache der Nützlichkeit«*, als Gegenstand des Konsums bzw. Mittel der Produktion erweist[41]. Das Sein der Natur entwickelt sich, nach Marx, als Sein für andere – offenbart sich als die wahre Naturgeschichte des Menschen. *»Die konkrete, festgerundete geistige Natur«* als das wahre wirkliche Absolutum stellt sich her für den Menschen, nimmt nicht den Menschen in seinen Dienst, beansprucht nicht menschliche Reflexion als Moment der Selbstreflexion, sondern *»inkarniert sich im Arbeitsakt«* des Menschen.

»Das Werden der Natur für den Menschen« geschieht nach Marx zunächst im Akte der *»generatio aequivoca«* als *»natürlicher Selbsterzeugungsprozeß«*. Diese *»erste Natur«* ist durch Mischung anorganischer Stoffe, die sicher später zu organischen synthetisieren, hervorgegangen, stellt Marx fest.

---

[41] ebd. 161.

»*Die Natur als die erste Quelle aller Arbeitsmittel und Gegenstände produziert sich selbst*«[42]. »*Die Erde findet sich ohne sein Zutun als der allgemeine Gegenstand der menschlichen Arbeit vor*«[43]. »*Im Rohentwurf zum ›Kapital‹ nennt Marx sie das Laboratorium, Urinstrument, Urbedingung der Produktion, im Kapital ›ursprüngliche Proviantkammer‹ und ursprüngliches Arsenal von Arbeitsmitteln*«[44].

»*Durch Individualisierung der elementarischen Materie bzw. durch Auflösung des Individualisierten*«[45], durch »*Umformung des Stoffes*« – »*Zusammensetzen und Trennen*« – entstehen nach Marx »*alle Erscheinungen des Weltalls*«[46].

Die erste Weise der Arbeit im Sinne der Umformung des »*ewig kreisenden Stoffes*« – als Herstellung der Natur für den arbeitenden Menschen, verrichtet die »*lebendige Zeit*«. »*Die Arbeit wird von Marx als das lebendig gestaltende Feuer, als die Zeitlichkeit der Dinge, als ihre Formung durch die lebendige Zeit*« verstanden[47]. Von Stufe zu Stufe wird nun nach dieser Ansicht »*das An-sich-Sein*« der Materie immer mehr in ein »*Sein für uns*« verwandelt, bis »*der Naturstoff durch Arbeitskraft in den menschlichen Organismus umgesetzt ist*«[48]. Der großindustrielle Produktionsprozeß bearbeitet den Naturstoff schließlich so lange, bis er zuletzt die Form enthält, worin er direkt Gegenstand des Selbst werden kann, »*wo also die Aufzehrung des Stoffes und die Aufzehrung seiner Form menschlicher Genuß wird, seine Veränderung, sein Gebrauch, selbst ist*«[49].
Ob aber durch Aufzehrung, bzw. Vernichtung die Natur uns näher gebracht werden kann, ist gerade die Frage an die Dialektik, die vorgibt durch Negation der Negation die Position zu entwickeln.

[42] Vgl. ebd. 58.
[43] Marx-Engels, Gesammelte Werke, Berlin 1956 ff, Bd. 23, 193.
[44] Schmidt, Alfred: op. cit. 79.
[45] ebd. 79.
[46] ebd. 87.
[47] ebd. 73.
[48] Vgl. ebd. 61.
[49] ebd. 74.

7. Arbeit als Inkarnation des Absoluten

Die ganze Weltgeschichte erweist sich für Marx als nichts anderes als die »*Menschwerdung der Natur*« – als Umformung des Naturstoffes in und für den menschlichen Organismus. Als Produktions- und Konsumtionsgut wird die Natur der »*reine Gegenstand*« für den Menschen.

> »*Das Große an der Hegelschen Phänomenologie und ihrem Endresultate – der Dialektik der Negativität als dem bewegenden und erzeugenden Prinzip – ist also: einmal, daß Hegel die Selbsterzeugung des Menschen als einen Prozeß faßt, die Vergegenständlichung als Entgegenständlichung, als Entäußerung und als Aufhebung dieser Entäußerung; daß er also das Wesen der Arbeit faßt und den gegenständlichen Menschen, wahren, weil wirklichen Menschen, als Resultat seiner eigenen Arbeit begreift*«[50].

»*Kurz gesagt*«, erklärt Marx, »*faßt Hegel also die Arbeit als den Selbsterzeugungsakt des Menschen*« auf[51]. Durch Arbeit soll nach dieser Vorstellung der Mensch sich selbst aus seinen tierischen Vorformen hervorbringen. »*Sie selbst fangen an, sich von Tieren zu unterscheiden, sobald sie anfangen, ihre Lebensmittel zu produzieren*«[52].

Entsprechend wird der Mensch von Marx als ein »*Werkzeuge machen könnendes Tier*« definiert. Die Produktionsinstrumente, durch deren Herstellung und Gebrauch der Mensch sich vom Tier unterscheidet, nennt Marx »*verlängerte Leibinstrumente*«. Der Mensch »*tritt dem Naturstoff selbst als eine Naturmacht gegenüber. Die seiner Leiblichkeit angehörenden Naturkräfte, Arme und Beine, Kopf und Hand, setzt er in Bewegung, um sich den Naturstoff in einer für sein eigenes Leben brauchbaren Form anzueignen. Indem er durch diese Bewegung auf die*

---

[50] Marx: Frühschriften (1971), 269.
[51] Vgl. ebd. 281.
[52] Marx-Engels, Gesammelte Werke, Berlin 1956 ff, Bd. 3, 21.

Natur außer ihm einwirkt und sie verändert, verändert er zugleich seine eigene Natur«[53], stellt Marx fest.

Dieser »*Stoffwechsel*«, die gegenseitige Formung von Mensch und Natur, geschieht wesentlich durch das Werkzeug als »*die vernünftige Mitte von Subjekt und Objekt*«. Der menschliche Organismus selbst wird als »*Zwergwerkzeug*« betrachtet – als die »*existierende Allgemeinheit des praktischen Prozesses*«[54]. Diese vermittelnde Mitte des Werkzeugs im allgemeinen Arbeitsprozeß der Selbsterzeugung von Mensch und Natur wird von Marx auch belegt mit einem Verweis auf Darwin:

> »*Darwin hat das Interesse auf die Geschichte der natürlichen Technologie gelenkt, d. h. auf die Bildung der Pflanzen und Tierorgane als Produktionsinstrumente für das Leben der Pflanzen und Tiere. Verdient die Bildungsgeschichte der produktiven Organe des Gesellschaftsmenschen nicht gleiche Aufmerksamkeit?*«[55]

Der Mensch und sein Leib erweisen sich für Marx als »*Organe am Gesamtarbeiter Natur*«, seine Produktion als Verlängerung der »*natürlichen Technologie*«.

> »*Der sozialistische Mensch hat den anschaulichen und unwiderstehlichen Beweis von seiner Geburt durch sich selbst, weil für ihn die ganze sogenannte Weltgeschichte nichts anderes ist als die Erzeugung des Menschen durch menschliche Arbeit – als das Werden der Natur für den Menschen*«[56].

Der Mensch bringt nach diesem, von Marx beschriebenen Arbeitsprozeß sich selbst hervor. Er braucht sein Dasein nicht länger einem Schöpfergott zu verdanken. Er ist ein selbständiges Wesen, sobald er das »*Durch-sich-selbst-Sein der Natur und des Menschen*« erfaßt. Unabhängig von einem Grund außer

---

[53] Marx, Kapital, Bd. I, 185.
[54] Hegel, Jenenser Realphil., Leipzig 1932, 221.
[55] Marx, Kapital, Bd. I, 389.
[56] Marx: Frühschriften (1971), 247 f.

sich – soll sich der Mensch in dem Maße selbst besitzen, als er »*die reine Gegenständlichkeit der Natur für ihn*« umsetzt in eigene Arbeitskraft und als Konsumgut »*aufzehrt*«.

8. Der Anteil der Arbeit an der Menschwerdung des Affen

Die Selbständigkeit, die der Mensch als Arbeitsorgan, als Produktionsmittel am »*Gesamtarbeiter Natur*« besitzt, schildert uns Engels in seiner Broschüre: »*Anteil der Arbeit an der Menschwerdung des Affen*«[57] anschaulich. Er verweist auf Darwin, »*der uns eine nähere Beschreibung unserer Vorfahren gegeben hat . . . Sie waren über und über behaart, hatten Bärte und spitze Ohren und lebten in Rudeln auf Bäumen*«[58].

Darwin beschreibt lediglich den dialektischen Prozeß des Artenwandels, ohne das Wesen der Arbeit voll zu erfassen. Kategorien der Anpassung bzw. der Selektion reichen nicht zu, den Akt der Selbsthervorbringung des Menschen bzw. der Natur zu erklären. Am Beispiel der Menschwerdung der Affen wird uns von Engels »*die Arbeit als Quelle allen Reichtums*« vorgestellt. »*Sie ist es, die den Menschen, aus dem Stoff, den die Natur liefert, schafft*«[59]. »*Der entscheidende Schritt für den Übergang vom Affen zum Menschen*« ist für Engels damit getan, »*daß die Affen anfangen, auf ebener Erde sich der Beihilfe der Hände beim Gehen zu entwöhnen und einen mehr und mehr aufrechten Gang annehmen*«[60]. »*Der entscheidende Schritt war getan*«, erklärt Engels.

»*Die Hand war frei geworden und konnte sich nun immer neue Geschicklichkeiten erwerben . . . So ist die Hand nicht nur das Organ der Arbeit, sie ist auch ihr Produkt. Nur durch Arbeit, durch Anpassung an immer neue Verrichtun-*

---

[57] Engels, Friedrich: Studienausgabe 2 (ed. Mehringer/Mergner), Hamburg 1973, 78.
[58] ebd 78.
[59] ebd. 78.
[60] ebd. 78.

> *gen, durch Vererbung der dadurch erworbenen – besonderen Ausbildung . . . hat die Menschenhand jenen hohen Grad von Vollkommenheit erhalten, auf dem sie Raffaelsche Gemälde hervorzaubern konnte*«[61].

Außerdem, will uns Engels belehren,

> »*trug die Ausbildung der Hand(-Arbeit) notwendig dazu bei, die Gesellschaftsglieder näher aneinander zu schließen, indem sie die Fälle gegenseitiger Unterstützung, gemeinsamen Zusammenwirkens mehrte und das Bewußtsein von der Nützlichkeit des Zusammenwirkens für jeden einzelnen lehrte. Kurz, die werdenden Menschen kamen dahin, daß sie einander etwas zu sagen hatten. Das Bedürfnis schuf sich sein Organ: Der unentwickelte Kehlkopf der Affen bildete sich langsam, aber sicher um durch Modulation für stets gesteigerte Modulationen, und die Organe des Mundes lernten allmählich einen artikulierten Buchstaben nach dem anderen auszusprechen*«[62].

Daß »*diese Erklärung der Entstehung der Sprachen aus und mit der Arbeit, die einzig richtige ist*«, will Engels im Vergleich mit den Tieren beweisen. Ein weiterer Schritt in der Menschwerdung des Affen bedeutet für Engels Verarbeitung von Fleischnahrung, die nach seiner Meinung, »*wesentlich dazu beigetragen hat, den werdenden Menschen Körperkraft und Selbständigkeit zu geben*«[63]. Nachdem der menschliche Leib als »*Produktionsmittel*« ausgearbeitet ist, beginnt nach Engels der Mensch nun im engeren Sinne zu arbeiten. Er schafft Werkzeuge, Waffen, die nicht nur zur Erlegung von Wild, sondern auch zur Zubereitung der Fleischnahrung dienen. »*Der Mensch ist nicht ohne Fleischnahrung zustande gekommen*«, führt Engels weiter aus. »*Auch wenn die Fleischnahrung bei allen uns bekannten Völkern zu irgendeiner Zeit einmal zur Menschenfresserei geführt hat, (die Vorfahren der Berliner aßen ihre Eltern noch im 10. Jahrhundert), so kann uns das heute nichts mehr ausmachen*«[64],

---

[61] ebd. 79.
[62] ebd. 80.
[63] ebd. 82 ff.
[64] ebd. 83.

bemerkt er. Weil »*selbst die materialistischen Naturforscher der Darwinschen Schule die Rolle der Arbeit bei der Entstehung der Menschen erkannten*«, so erklärt Engels weiter, »*gewöhnten sich die Menschen daran, ihr Tun aus ihrem Denken zu erklären – statt aus ihren Bedürfnissen*«[65].

»*Den Stoffwechselprozeß Natur–Mensch*« durch den dialektischen Prozeß der Arbeit zu verdeutlichen, führt nur zu drastischen, vom Mythos kaum zu überbietenden Bildern, erklärt aber nichts. Wie sich das Bedürfnis, der Mangel selbst durch Erarbeitung geeigneter Organe bzw. Werkzeuge befriedigen soll, kann nur eine Dialektik zu zeigen vorgeben, die die »*Negation als das bewegende und erzeugende Prinzip*« in Anspruch nimmt. Arbeit, die als Artikulation unbewußter Bedürfnisse verstanden werden soll, macht den Menschen nicht frei zu einem verständigen Miteinandersein. Das könnte nur ein Arbeitsakt, der als Ausdruck eines geistigen Selbstbesitzes verstanden werden darf. Ein freies Mittun in einem gemeinsamen Werk setzt Einverständnis und Einwilligung in das gemeinsam Erstrebte voraus. Das unbewußte Bedürfnis dagegen mißbraucht den anderen als Material seiner Selbstwerdung. Es entwickelt nicht zur Selbständigkeit, sondern führt zum Kampf des Stärkeren gegen den Schwächeren. Die Hand, die nicht als Ausdruck der Selbstentäußerung des freien geistigen Selbstbesitzes verstanden werden darf, sondern umgekehrt das Bewußtsein erarbeiten soll, kann nicht mehr als Organ schenkender Liebe betrachtet werden, sondern muß, in absoluter Perversion dazu, als Instrument der Unterwerfung, der Zubereitung getöteten Materials interpretiert werden. Arbeit erklärt nicht die »*Menschwerdung des Affen*«. Der Geist des Menschen kann nicht durch Arbeit entwickelt werden. Geist läßt sich nicht als Bedürfnisstruktur, die durch entsprechende Konsumgüter zu befriedigen ist, verrechnen. Das Ichbewußtsein der individuellen Ichidentität kann nicht als Produktionsinstrument für die Entwicklungsgeschichte von Leben überhaupt erklärt werden. Wäre es so, dann unterschiede sich der Mensch von der arbeitleistenden Maschine nicht mehr. Als Produkt »*natürlicher Technologie*« wäre der Mensch dann auch großin-

---

[65] ebd. 84.

dustriell reproduzierbar! Der dialektisch verstandene Arbeitsprozeß vermittelt die Einheit dieser beiden Produktionsweisen, der Evolution und der großindustriellen Reproduktion! Die unmittelbare Einheit des unteilbaren Selbstbewußtseins läßt sich aber nicht aus der Summierung von Teilen evolutiver bzw. reproduktiver Prozesse herstellen!

9. Großindustrielle Reproduktion der Evolution

Die Darwinsche Evolutionstheorie, die Naturentwicklung als Bildungsgeschichte von Pflanzen- und Tierorganen, als Produktionsinstrumente zur Selbsterarbeitung des Lebens darstellt, beweist nach Marx, daß der menschliche Selbsterzeugungsprozeß in der Tat nur als der Schlußakt in der Selbstherstellung der Natur für bzw. durch den Menschen verstanden werden muß.

Das, was für Hegel nur als Entwicklungsgeschichte der Idee möglich war – das Auseinanderhervorgehen der einzelnen Bewußtseinsstufen im Akt der Vergegenständlichung bzw. Entgegenständlichung des Geistes –, wird jetzt bei Marx als Prozeß der Selbsterarbeitung der wirklichen Wirklichkeit – als Evolution der Natur – »*praktisch, sinnlich, anschaubar*«. Die von Hegel als »*nebulos abgewiesenen sinnlichen Vorstellungen*«, wie das »*sogenannte Hervorgehen z. B. der Pflanzen und Tiere aus dem Wasser und das Hervorgehen der entwickelten Tierorganisationen aus niederen*«, sollen jetzt durch den Prozeß der Großindustrie bestätigt werden. Die »*natürliche Technologie*« Darwins – zunächst in ihrer anfänglichen Entstehungsgeschichte der unmittelbaren Anschauung entzogen – soll nun durch bewußte großindustrielle Reproduktion praktisch einsichtig gemacht werden. Marx erklärt:

> »*Die Industrie ist das wirkliche geschichtliche Verhältnis der Natur und daher der Naturwissenschaft zum Menschen: Wird sie daher als exoterische Enthüllung der menschlichen Wesenskräfte gefaßt, so wird auch das menschliche Wesen der Natur oder das natürliche Wesen des Menschen verstan-*

den . . . Die in der menschlichen Geschichte werdende Natur . . . die Natur, so wie sie in der Industrie wird (wenn auch zunächst verstellt), ist die wahre anthropologische Natur«[66].

Das natürliche Wesen des Menschen soll sich »*im gegenständlichen Dasein der Industrie*« offenbaren. Als das geschichtliche Verhältnis der Natur zum Menschen erweist sich für Marx die »*Industrie als das aufgeschlagene Buch der menschlichen Wesenskräfte*« – »*als die sinnlich vorliegende Psychologie*«[67]. Das menschliche Wesen hat sich nach Ansicht von Marx in einem geschichtlichen Arbeitsakt – ähnlich wie es von Engels beschrieben wird – an der Natur als seinem Gegenstand herausgebildet. Wie auch umgekehrt der »*Stoffwechselprozeß Natur–Mensch*« lehrt, daß die Natur durch den Bearbeitungsakt des selbstbewußten Menschen zur Selbsterfahrung gelangt.

Menschliche Industriearbeit auf der Basis der Naturwissenschaften macht nicht nur Naturkräfte und Gesetzmäßigkeiten einsichtig, die im Wesen des Menschen als Material seiner Selbstgestaltung zugrunde liegen – sondern stellt sie auch in industriellem Produktionsprozeß gegenständlich dar. Das gegenständliche Wesen der Mensch gewordenen Natur – das »*Dasein der Natur für den Menschen und des Menschen für die Natur*« wird, für Marx, am »*gegenständlichen Dasein der Industrie*« offenbar. Sie enthüllt den unbewußten »*Stoffwechselprozeß*« von Mensch und Natur und reproduziert bewußt den Akt der Menschwerdung der Natur. Die Großindustrie verschafft dem Menschen damit den »*unwiderstehlichen Beweis seiner eigenen Geburt durch sich selbst, von seinem Entstehungsprozeß*«[68].

»*Das Durch-sich-selbst-Sein der Natur und des Menschen ist ihm (dem Menschen) unbegreiflich, weil es allen Handgreiflichkeiten des praktischen Lebens widerspricht*«[69]. »*Die Schöpfung ist eine*

---

[66] Marx: Frühschriften (1971), 245.
[67] Marx, Nationalökonomie und Philosophie, 192 ff.
[68] Marx: Frühschriften (1971), 248.
[69] ebd. 248.

schwer aus dem Volksbewußtsein zu verdrängende Vorstellung«[70]. Aber »*indem die Wesenhaftigkeit des Menschen in der Natur ... praktisch sinnlich anschaubar geworden ist*«[71], ist die Frage nach einem fremden Wesen, nach einem »*Wesen über der Natur und dem Menschen*« für Marx »*praktisch unmöglich geworden*«[72]. Sofern sich der »*Mensch*« in der großindustriellen Reproduktion der Evolution als das »*Resultat seiner eigenen Arbeit*« erfährt[73] – ist die Frage nach Gott in der Tat unmöglich geworden!

10. Der Mensch als Arbeitsorgan am Gesamtarbeiter Natur

Wer ist aber der Mensch, der sein »*wahres, wirkliches, gegenständliches Dasein*« durch Arbeit erlangen soll? »*Wenn der wirkliche, leibliche, auf der festen, wohlgerundeten Erde stehende, alle Naturkräfte ein- und ausatmende Mensch ... durch seine Entäußerung als fremde Gegenstände setzt, so ist nicht das Setzen Subjekt, sondern die Subjektivität gegenständlicher Wesenskräfte, deren Aktion daher auch eine gegenständliche, sein muß ... Er schafft – setzt nur Gegenstände, weil er durch Gegenstände gesetzt ist, weil er von Haus aus Natur ist*«[74], erklärt Marx.

Als »*Arbeitsorgan am Gesamtarbeiter Natur*« vollzieht der Mensch, nach Marx, den »*Stoffwechselprozeß Natur–Mensch*«, der durch großindustrielle Reproduktion zur bewußten Selbstdarstellung der Natur führen soll. Der Mensch setzt, so behauptet Marx, Gegenstände, reproduziert sich selbst und seine Welt, sofern »*er durch Gegenstände gesetzt ist, sofern er von Haus aus Natur ist*«. Nicht aus sich selbst vermag der Mensch von sich real unterschiedene wirkliche Dinge zu setzen. Er ist nur jener »*Gegenstand der Natur*«, durch den die Natur sich

[70] ebd. 246.
[71] ebd. 248.
[72] ebd. 248.
[73] ebd. 269.
[74] ebd. 273.

selbst setzt. Er ist das »*Arbeitsorgan*« der »*Subjektivität der Natur*«.

Verglichen mit Hegel vertauscht Marx die Rolle des Menschen. Er soll nicht mehr die Funktion des Selbstbewußtseins des absoluten Geistes ausüben, sondern die Selbstsetzung der Natur produzieren.

Die Wirklichkeit des Absoluten kann für Marx nicht mehr als Geistakt interpretiert werden, nachdem sich gezeigt hat, daß der Mensch als »*Gegenstand der Selbstreflexion des absoluten Geistes*« bestenfalls in der Lage ist, »*Dingheiten*« als Entäußerung des Selbstbewußtseins zu setzen. Die Identifikation des Menschen mit dem Geist-Gott Hegels führt nicht zur Einrichtung dieser materiellen Welt – im Gegenteil, zur Aufhebung ihrer materiellen Gegenständlichkeit. Um die wirkliche Wirklichkeit des Absoluten, »*die reine Perle ans Sonnenlicht halten zu können*«, muß Marx die Deifikation des Menschen mit der Naturalisation vertauschen. Der Mensch setzt nur wirkliche Gegenstände, weil er »*von Haus aus Natur ist*«. Es ist die Subjektivität gegenständlicher Wesenskräfte der Natur, die sich im »*Schaffen*« des Menschen selbst herstellt. Der Mensch erweist sich als das »*Werkzeug*«, als »*die vernünftige Mitte*«, durch die sich die Natur selbst setzt, für Marx.

Als »*Dasein von Arbeitskraft*«[75] ist der Mensch jener Naturgegenstand für Marx, durch den die Natur selbstbewußt ihrer eigenen Produktivität inne wird. Die Seele des Menschen, »*ihr tätiges Verhalten*«, selbstbewußte Produktion, »*theoretische Praxis*«, erweist sich als jenes »*Dasein der Natur*«, durch das sie zur wesenhaften Selbstsetzung gelangen soll, für Marx.

»*Da*«, für Marx, »*der Denkprozeß selbst aus den Verhältnissen herauswächst, selbst ein Naturprozeß ist, so kann das wirklich begreifende Denken immer nur dasselbe sein und nur graduell nach der Reife der Entwicklung, also auch des Organes, mit dem gedacht wird, sich unterscheiden*«[76]. Menschliches Denken faßt

---
[75] Marx, Kapital, Bd. I, 211.
[76] Marx: Briefe an Kugelmann, 68.

für Marx als »*Wachstumsprozeß der Natur*« nur die tatsächlichen Verhältnisse den jeweiligen »*werktätigen Umgang*«, den »*Aneignungsprozeß bzw. Produktionsprozeß naturhafter Dinge als Mittel der Bedürfnisbefriedigung zusammen. Durch Wiederholung dieser Prozesse, die sich dem Hirn einprägen, lernen Menschen wie auch Tiere die äußeren Dinge, die zur Befriedigung ihrer Bedürfnisse dienen, von allen anderen zu unterscheiden*«[77] nach dieser Vorstellung.

Im Denken des Menschen werden die Operationen der unbewußten Natur bewußt. Der Leib des Menschen, als umfassende Versammlung aller Naturprozesse, stellt mit seinem Gehirn nach materialistischer Vorstellung praktisch die »*Einigung alles Mannigfaltigen*« dar. Entsprechend wird er von Marx als »*jenes Arbeitsmittel*« bzw. »*Werkzeug*« betrachtet, in dem sich die Natur in ihrer Ganzheit, in ihrer »*Absolutheit*« inkarniert, um durch diesen »*absoluten Arbeitsakt*« zu sich selbst zu gelangen. Die »*praktisch-kritische*« Form menschlicher Tätigkeit soll einsichtig machend, unterscheidend, das, was ist, als das, was ist, hervorbringen. Der Mensch hat nach Marx durch seine theoretische Praxis das Werk der Natur so zu vollziehen, daß in ihm und durch ihn die Natur sich selbstbewußt selbst zu setzen vermag!

Was ist aus dem Menschen geworden? Das »*Werkzeug*« der Selbsthervorbringung des Absoluten hat jede Form der Selbständigkeit verloren, nicht nur sein Leib wird als »*Arbeitsmittel*« vergewaltigt. Vorher wird die Seele des Menschen als Reproduktionsapparat unbewußter Naturprozesse verraten.

Wie durch Wiederholung oder Versammlung von mechanischen Naturprozessen Bewußtsein entstehen soll, ist ebenso rätselhaft wie der ganze Entwicklungsakt, der aus der Häufung von Negationen eine Qualität »*herausklauben*« will. Und selbst wenn unser Geist als Produkt von Umweltprägungen entstehen sollte, was völlig undenkbar ist, oder wenn er, wie Karl Marx sich ausdrückt, als Ensemble der Verhältnisse entwickelt würde, wäre dieser »*Geist*« mit einem Selbstbewußtsein, das

[77] Marx-Engels: Werke, Bd. 19, Berlin 1962, 362 ff..

sich selbst besitzt, nicht zu vergleichen. Der Geist, der nur »*Spiegelfunktion*« für die Selbstdarstellung der Natur leistet, ist nicht sich selbst freigegeben. Er verfügt weder über sein Bewußtsein noch über seinen Leib. Er besitzt sich nicht selbst in Freiheit zum anderen Menschen, sondern wird als die von der Natur gesetzte Andersheit ihrer selbst zum Zwecke ihrer Selbstobjektivation mißbraucht. Es gibt für Marx nur ein »*übergreifendes Subjekt*«, die Subjektivität der Natur, der der Mensch als Teilfunktion zugehört.

11. Demonstration der Natur als causa sui durch gesellschaftliche Arbeit

Aber gerade Marx möchte uns zeigen, daß der Mensch nicht nur ein Naturwesen, ein Wesen, dessen Gegenstand der Selbstverwirklichung die Natur ist, ist. Der Mensch ist »*menschliches Naturwesen, d. h. ein für sich seiendes Gattungswesen*«, stellt Marx fest.

> »*Das menschliche Wesen der Natur ist erst da für den gesellschaftlichen Menschen, denn erst hier ist sie für ihn da als Band mit dem Menschen, als Dasein seiner für den anderen – und des anderen für ihn . . . erst hier ist ihm sein natürliches Dasein – sein menschliches Dasein und die Natur für ihn zum Menschen geworden*«[78].

Erst in der Gesellschaft, erklärt Marx, erhält die Natur ihre wahre Gegenständlichkeit für den anderen, wird sie das Band des Menschen mit dem Menschen, wird ihr Dasein, ihre Menschwerdung, das Dasein für den anderen Menschen. Der Mensch schaut im anderen Menschen sich selbst, sein Wesen, seine eigene Produktionsgeschichte an: die Entwicklungsgeschichte der Natur zum Menschen.

Die bewußte Menschwerdung der Natur bzw. die bewußte Selbstwerdung des Menschen vollzieht sich aber für Marx

---

[78] Marx: Frühschriften (1971), 237.

nicht nur in der wechselseitigen Wesensschau, vielmehr in der gesellschaftlich praktischen kritischen Tätigkeit der *»Selbsterzeugung des Menschen durch den Menschen«*. Die bewußte *»Aneignung der Natur durch den Menschen«* vollzieht sich erst in der gesellschaftlichen Produktion des Menschen als Reproduktion der unbewußten Menschwerdung der Natur. Erst hier in der Gesellschaft wird die Natur als die *»Grundlage«*, aus der der Mensch sich selbst hervorbringt, greifbar. Hier in der gesellschaftlichen Produktionsgemeinschaft ist *»das natürliche Dasein das menschliche Dasein«* und die Natur der Gegenstand geworden, der nicht nur bestimmte *»Leidenschaften«* befriedigt, vielmehr das Urverlangen des Menschen nach Freiheit, d. h. Unabhängigkeit stillt, insofern sie sich als das Material der Selbsthervorbringung erweist. Die Gesellschaft offenbart aber für Marx nicht nur die *»vollendete Wesenseinheit des Menschen mit der Natur«*, sie vollzieht gleichermaßen *»die wahre Resurrectio der Natur, den durchgeführten Naturalismus des Menschen wie den durchgeführten Humanismus der Natur«*[79]. Die Natur wird durch den vergesellschafteten Arbeitsakt des Menschen in ihrer Totalität reproduziert. An die Stelle der naiven evolutiven Entwicklung tritt die selbstbewußte Praxis naturwissenschaftlicher Technik. Natur kann sich, *»inkarniert«* in den gesellschaftlichen Arbeitsakt, als Resultat ihrer Geschichte selbstbewußt setzen und erbringt damit sich und dem sie erarbeitenden Menschen den konkreten Beweis ihrer Göttlichkeit. Sie ist causa sui!

Auch das Gutsein, neben den klassischen Prädikaten des Wahrseins und Aus-sich-selber-Seins, demonstriert nach Karl Marx die göttliche Natur: Sie genießt sich selbst in der Konsumtion ihrer reproduzierten Güter!

> *»In dem die Wesenhaftigkeit des Menschen in der Natur, indem der Mensch für den Menschen als Dasein der Natur in der Natur für den Menschen als Dasein des Menschen praktisch, sinnlich, anschaubar geworden ist, ist die Frage nach einem fremden Wesen, nach einem Wesen über der*

[79] ebd.

Natur und dem Menschen praktisch unmöglich geworden«[80].

Das Gutsein, klassisch als Selbstmitteilung des Seins ausgelegt, macht wahrhaft offenbar, was an die Stelle Gottes getreten ist. Gutsein, von Marx als »*Genuß*« von »*Verzehr*«, als Konsumtion der eigenen Produktion gepriesen, verrät seine Herkunft: der Geist über der Natur und dem Menschen, vertauscht mit dem »*Geist der Natur*«, erweist sich als jener »*Gegenstand*«, dessen »*Dasein für den Menschen*« sich als »*Verzehr*« des Menschen herausstellt. Ein »*Gott*«, der mit der Herstellung seiner selbst beschäftigt ist, braucht den anderen als Produktionsmittel bzw. Produkt seiner Selbstbefriedigung.

Marx' Naturalisation des Menschen führt prinzipiell zu dem gleichen Ergebnis wie Hegels Deifikation des Menschen, nur mit dem doch nicht unerheblichen Unterschied, daß Hegel den Menschen in den Prozeß der Selbstobjektivation des absoluten Wissens aufhebt, wogegen Marx den Menschen in den praktischen Reproduktionsprozeß der Natur als Konsumgut aufhebt.

Auch Marx' Rückgriff auf Darwins »*natürliche Technologie*« macht deutlich, daß die fortschreitende Produktion der Natur immer auf der Konsumtion vorausgegangener Produktion basiert. Das von der Natur wirklich unterschiedene »*Ding*«, die »*konkrete, festgerundete Perle*«, der Mensch, ist in Wirklichkeit auch nichts anderes, als das Moment der Selbstobjektivation – zwar nicht des Wissens, aber der Selbstproduktion der Natur. Dieser Gegenstand Mensch erweist sich in seiner »*Nichtunterschiedenheit*« vom Akt der Produktion ebenso als »*vorgemachter Dunst*« – als »*Nichtigkeit*«[81]. »*Daß das physische und geistige Leben des Menschen mit der Natur zusammenhängt*, erklärt Karl Marx, *hat keinen anderen Sinn, als daß die Natur mit sich selber zusammenhängt, denn der Mensch ist nur ein Teil der Natur*«[82].

---

[80] ebd. 248.
[81] Marx: Frühschriften (1971), 276.
[82] Marx-Engels, Kleine ökomenische Schriften, Berlin 1955, 103.

Das ist genau die Frage, die wir zu stellen haben: Ist der Mensch als Teil der Natur zu verstehen? Gibt es diese von Karl Marx beschriebene Natur als vorgängige Ganzheit, als deren Differenzierungsmomente alle Organismen verstanden werden müßten. Die Evolution setzt mit ihrer Entwicklungstheorie voraus, daß es dieses eine übergreifende Subjekt Natur gibt, das sich durch alle seine Teile, als Stufen seiner Selbsterarbeitung, herstellt. Wie aber durch Negation der Negation, durch Setzung und Aufhebung, durch Artikulation und Aufhebung der Teile, eine Ganzheit sich herstellen soll, ist gerade das Problem dieser Theorie. Konrad Lorenz macht darauf aufmerksam, daß die Naturgeschichte der Aggression, der Prozeß der Konsumtion der Teile zum Zwecke der Weiterentwicklung des Ganzen, notwendig an jenen Punkt gelangt, wo nicht mehr das umfassend Stärkere, das vorausgesetzte Ganze, den Schwächeren in sich aufhebt – vielmehr alle gegen alle mit alles vernichtenden Waffen zu Felde ziehen. Vielleicht wird spätestens dann deutlich, daß die *»Teile«, »die Gegenstände«* der Selbstentfaltung des Absoluten, offenbar doch *»selbständige«* *»unterschiedene«* Wesenheiten eines Gottes über der Natur und den Menschen sind, derweil er, der transzendente, d. h. der unmittelbar durch sich selbst Seiende ist, jenes *»Gutsein«* bekunden kann, das sich in der abbildhaften Eigenständigkeit und Ganzheit des Menschen ausdrückt. Die Revolte des *»umgekehrten Gottes«* gegen diesen Gott der Metaphysik bzw. des Christentums müßte in Umkehrung der christlichen Verheißung, unsterbliches Glied des *»corpus Christi«* zu werden, als Konsumtion, als Verzehr der Teile, als Einverleibungsprozeß in den *»Gesamtarbeiter Natur«* vollzogen werden.

Die menschliche Gesellschaft als *»Wesenseinheit von Natur und Mensch«* erweist sich für Marx aber erst als Resultat der Geschichte. Diese Wesenseinheit von Natur und Mensch ist das Ziel der Entwicklungsgeschichte der sich selbst herstellenden Natur des Menschen.

VIII. Kapitel II
Die geschichtliche Stunde der Reproduktion der Evolution

1. Die Produktionsverhältnisse haben zwieschlächtigen Charakter

Die Weltgeschichte zerfällt in zwei große Epochen, sagt Marx. Die *»Vorgeschichte«* beschreibt durch Auseinandersetzung bzw. Entgegensetzung der Teile den Weg zum Ziel der klassenlosen Gesellschaft. Der eigentliche Geschichtsakt stellt durch Aufhebung dieser Vorgeschichte, durch Aufhebung aller Entfremdung, die Bewegung im Ziele selbst dar.

Verfolgen wir die Etappen der Vorgeschichte bis zur Krise, dem Gerichtsakt des Proletariats, der die Vorgeschichte reinigt für den Eintritt in die Geschichte der glückseligen Selbstbefriedigung der Natur!

Die kritische Situation, von der Karl Marx ausging, die Anfänge der großindustriellen Produktion in Mitteleuropa, sind in seiner Analyse durch ein doppeltes Elend charakterisiert: *»das wirkliche Elend«* und das *»religiöse Elend«*. Das *»religiöse Elend«* ist nur der Ausdruck des *»wirklichen lends«*. Das wirkliche Elend der menschgewordenen Natur besteht darin, daß ihr Organismus auseinandergerissen ist: Die beiden wesentlichen Seinsweisen, Produktion und Konsumtion, klaffen als Widerspruch auseinander. Die Menschheit, durch die die Natur zu sich selbst kommen soll, ist gespalten in jene Individuen bzw. Klassen, die die Natur besitzen, die Feudalherren, bzw. in äußerster Zuspitzung, die Kapitalherren der Großindustrie. Auf der einen Seite wird Natur, und mit ihr der Mensch, entfremdet durch den bloßen Privatbesitz. Auf der anderen Seite wird sie zerstückelt in einzelne Arbeitsakte. Dem Arbeiter fehlt das Produkt seiner Arbeit, in dem er sich selbst verwirklicht. Dem Kapitalherren, als bloßem Besitzer von

Produktionsmitteln, fehlt der ihn selbst erst bewußt herstellende Produktionsakt.

Das gesellschaftliche Wesen des Menschen ist zerbrochen. Individuum und Gattung stehen sich feindlich gegenüber. Die den Staat repräsentierende Klasse der Kapitalisten lebt durch die Ausbeutung des Proletariats. Habsucht des Eigentums und entmenschlichte Lohnarbeit verkörpern den Gegensatz.

Für Marx *»wird es somit von Tag zu Tag klarer, daß die Produktionsverhältnisse, in denen sich die Bourgeoisie bewegt, nicht einen einheitlichen, einfachen Charakter haben, sondern einen zwieschlächtigen; daß in denselben Verhältnissen, in denen der Reichtum produziert wird, auch das Elend produziert wird«*[83]. Der Reichtum der Bourgeoisie wird nur erzeugt *»unter fortgesetzter Vernichtung des Reichtums einzelner Glieder dieser Klasse«*[84]. Armut, Elend und Pöbel sind nicht akzidentielle Erscheinungen der vernünftigen Entwicklung des Weltgeistes, wie Hegel erklärt, sie werden produziert durch den Egoismus des einzelnen, dessen *»selbstsüchtiger Zweck«* sich keineswegs als *»reelles Dasein für den anderen«*[85] erweist. *»Der Staat ist ein Abstraktum.«* Der Weltgeist Hegels ist nicht das Subjekt des Geschichtsaktes – bestenfalls *»der Götze«* des Kapitalherrns, stellt Marx fest.

Für Marx hat sich der Geist als Geist der Natur erwiesen. Solange die Natur nicht zu sich selbst gekommen ist, solange erklären Klassen den egoistischen Selbstzweck zur Staatsverfassung. *»Die Verfassung ist erst der Wirklichkeit nach, nicht nur als abstraktes Wesen, in ihren wirklichen Grund, den wirklichen Menschen, zurückgeführt«*[86], wenn sich in ihr in ungeteilter Einheit das entwickelte Wesen der Natur als *»Selbstbestimmung des Volkes ausspricht«*.

Im Vorwort zur Kritik der poltisischen Ökonomie faßt Marx seine geschichtsphilosophischen Überlegungen folgendermaßen zusammen:

---

[83] Marx: Frühschriften (1971), 511.
[84] ebd. 511.
[85] Hegel: R § 190–208.
[86] Marx: Frühschriften (1971), 47.

»Meine Untersuchung mündete in dem Ergebnis, daß Rechtsverhältnisse wie Staatsformen weder aus sich selbst zu begreifen sind noch aus der sogenannten allgemeinen Entwicklung des menschlichen Geistes, sondern vielmehr in den materiellen Lebensverhältnissen wurzeln, deren Gesamtheit Hegel nach dem Vorgang der Engländer und Franzosen des 18. Jahrhunderts unter dem Namen bürgerliche Gesellschaft zusammenfaßt, daß aber die Anatomie der bürgerlichen Gesellschaft in der politischen Ökonomie zu suchen sei«[87]. *»Das allgemeine Resultat, das sich mir ergab, kann kurz so formuliert werden: In der gesellschaftlichen Produktion ihres Lebens gehen die Menschen bestimmte, notwendige von ihrem Willen unabhängige Verhältnisse ein, Produktionsverhältnisse, die einer bestimmten Entwicklungsstufe ihrer materiellen Produktionskräfte entsprechen. Die Gesamtheit dieser Produktionsverhältnisse bildet die ökonomische Struktur der Gesellschaft, die reale Basis, worauf sich ein juristischer und politischer Überbau erhebt und welcher bestimmte gesellschaftliche Bewußtseinsformen entsprechen. Die Produktionsweise des materiellen Lebens bedingt den sozialen, politischen und geistigen Lebensprozeß überhaupt. Es ist nicht das Bewußtsein der Menschen, das ihr Sein, sondern umgekehrt ihr gesellschaftliches Sein, das ihr Bewußtsein bestimmt. Das Bewußtsein der Menschen, das sich in Staatsverfassung, Sitte, Moral, Religion ausspricht, stellt nur das bewußte Sein dar, und das Sein der Menschen ist ihr wirklicher Lebensprozeß«*[88].

2. Geschichte als Ausdruck Darwinscher Naturgesetze

Geschichte wird von Marx nicht mehr als Akt der menschlichen Freiheit verstanden. Rechtsverhältnisse, Staatsformen, politische Willensbildungen werden nicht mehr, wie bei Hegel, als

---

[87] Marx: Vorwort zur Kritik der polit. Ökonomie, Berlin 1947, 12.
[88] ebd.

Entwicklungsstufen des Geistes abgeleitet, sondern als Ausdruck objektiver »*vom Willen unabhängiger Produktionsverhältnisse*« verstanden. In genauer Perversion zu jenem Geschichtsverständnis, das politische Praxis als Werk gemeinsamer Gottesverehrung betrachtete, basiert nun das gesellschaftliche Leben auf der Selbstbefriedigung der menschlichen Natur.

Wie weit eine solche Perversion realpolitisch überhaupt möglich ist und nicht dem dialektischen Schein erliegt, der die »*Natur des Menschen*« wechselweise als Natur seiner selbst bzw. als Reflexionsmoment der Natur ausgibt, werden wir sehen. Jedenfalls steht für Marx fest, daß die Politik nicht Ausdruck der freien Selbstbestimmung des Geschichte machenden Menschen ist, sondern objektiven Naturgesetzen unterliegt, Naturgesetzen, wie sie von Darwin für Marx einsichtig beschrieben werden!

»*Darwin hat das Interesse auf die Geschichte der natürlichen Technologie gelenkt, d. h. auf die Bildung der Pflanzen- und Tierorgane als Produktionsinstrumente für das Leben der Pflanzen und Tiere. ›Verdient‹,* so fragt Marx im Kapital, das er Darwin widmen wollte, und auf Einspruch von Frau Darwin verhindert wurde, *›die Bildungsgeschichte der produktiven Organe des Gesellschaftsmenschen, der materiellen Basis jeder besonderen Gesellschaftsorganisation, nicht gleiche Aufmerksamkeit? Wäre sie nicht leichter zu liefern, da sich wie Viko sagt, die Menschengeschichte dadurch von der Naturgeschichte unterscheidet, daß wir die eine gemacht und die andere nicht gemacht haben*««[89].

Die Produktionsformen sollen nach Marx in Übereinstimmung mit den Darwinschen Naturgesetzen allein das gesellschaftliche Leben bestimmen. So wie die Natur in ihrer unbewußten Existenzform, in ihren frühen Stadien der Evolution, sich Pflanzen- und Tierorgane als Produktionsinstrumente ihrer Selbsterhaltung entwickelte, bildet sie jetzt nach dieser Auffassung auf einer höheren Entwicklungsstufe menschliche Pro-

---

[89] Marx: Kapital, Berlin 1953, Bd. I, 389.

duktionsformen zur Herstellung ihres bewußten gesellschaftlichen Daseins!

Der Inhalt gesellschaftlichen Lebens, die Basis menschlichen Miteinanderseins beruht nicht mehr auf gemeinsamen Zielvorstellungen, der Verwirklichung des Reiches Gottes, sondern ausschließlich auf ökonomischen Verhältnissen! Der Gesellschaftsprozeß wird von Marx erstmalig allein in den Dienst der Naturgesetze gestellt. Naturgesetze dienen nicht der Bedürfnisstruktur des Menschen, vielmehr umgekehrt: Der Mensch in seinem Dasein für den anderen Menschen wird zum Werkzeug einer Natur degradiert, die sich auf Grund gesellschaftlicher Arbeit selbst herstellen soll! Die »*Sonne*«, um die sich das Leben überhaupt, das unbewußte biologische wie das bewußte gesellschaftliche, drehen soll, ist für Marx die Natur. Die Gesetze ihrer Produktivität, die Entwicklung von Produktionsorganen, soll entsprechend der Marxschen Übertragung Darwinscher Naturgesetze auf den Gesellschaftsprozeß allein bestimmend sein!

Wenn der Mensch als Produkt der Evolution zu verstehen und sein Lebensinhalt, seiner Herkunft entsprechend, in der bewußten Reproduktion unbewußter Evolutionsprozesse zu sehen ist, kann konsequentermaßen auch gesellschaftliches Leben nur durch materiale Produktionsformen bestimmt sein! Religion, Sitte, Moral sind dann folgerichtig als Ausdruck der jeweiligen Produktionsverhältnisse zu werten und werden völlig überflüssig, wenn, den dialektischen Naturgesetzen entsprechend, das Gleichgewicht von Produktion und Konsumtion hergestellt ist!

Nur in einer Hinsicht, so bemerkt Marx, unterscheidet sich das gesellschaftlich-politische Geschehen von dem durch unbewußte Gesetze gesteuerten Prozeß der Evolution: Der mechanische Fortschritt der unbewußten Natur muß durch selbstbewußte menschliche Tat zur Vollendung, d. h. zum gesicherten Selbstbesitz, gebracht werden. Die unbewußten Übergänge in der Natur, die Umschläge der Quantität in die nächsthöhere Form der Qualität, müssen auf der Ebene gesellschaftlicher Prozesse durch menschliche Revolutionen bewußt vollzogen werden!

Es gilt, wie Marx Feuerbach gegenüber feststellt, die Bedeutung der »*revolutionären, praktisch-kritischen Tätigkeit*«[90] zu erkennen! Die Krise der kapitalistischen Produktionsweise meint Marx, mit dialektischen Begriffen erklären und mit Darwinschen Naturgesetzen überwinden zu können! Wenn erkannt ist, daß das gesellschaftliche Geschehen ausschließlich ökonomischen Gesetzmäßigkeiten, d. h. Produktionsformen, unterliegt, muß »*Kritik der Religion*« als »*Voraussetzung aller Kritik*«[91] betrieben werden.

Religion muß als »*Ersatzprodukt*« entlarvt werden, damit der reale Gegenstand der Selbsterzeugung des Menschen eingeklagt werden kann! Das vorenthaltene Produkt der Arbeit kann nur durch den »*Sturz des Bestehenden*«, durch »*Revolution*« der Herrschaft des Kapitals entrissen werden. Die Revolution muß einerseits bewußt gemacht werden, sofern erkannt wird, daß die höhere Qualität, die gesellschaftliche Produktionsweise, nur durch Aufhebung der privatwirtschaftlichen möglich wird. Andererseits muß aber respektiert werden, daß der »*Übergang*« mit naturgesetzlicher Notwendigkeit erfolgen wird, wenn eine Häufung der Quantität den Umschlag in eine andere Qualität erfordert bzw. die Produktivkräfte der Gesellschaft in Widerspruch mit den vorhandenen Produktions- und Eigentumsverhältnissen geraten.

Eine Analyse der kapitalistischen Produktionsweise macht die Revolution als geschichtliche Tat für Marx notwendig. Der Widerspruch zwischen der Produktivkraft und den Produktionsverhältnissen, der Aneignung der Produktionsgüter, hat sich nach seiner Auffassung so zugespitzt, daß die »*revolutionäre, praktisch-kritische Tätigkeit*« des Menschen sich nur noch als das bewußt gewordene Vollzugsorgan der »*Subjektivität der Natur*« erweisen wird!
Als Arbeitsorgan am Gesamtarbeiter Natur hat der Mensch den revolutionären Akt der Selbstaneignung der Natur durch Aufgebung ihrer Teile zu leisten.

---

[90] Marx: Frühschriften (1971), 340.
[91] ebd. 207.

3. Revolution das Gebot der Stunde

Wenn die Aufgabe der Gesellschaft die bewußte Reproduktion der Evolution ist, muß durch Negation der Negation, durch Aufhebung einseitig fixierter Produktionsformen der Natur, der »*Umschlag*« in die Position erfolgen. Natur, deren Wesen als Selbsterzeugung proklamiert wird, kommt erst in einer umfassenden, d. h. gesellschaftlichen Produktionsform zu sich selbst. Private Produktion, die den Menschen mit einer Ansammlung von Waren bisher verdinglichte, muß in eine gesamtgesellschaftliche aufgehoben werden, wenn das »*Große der Hegelschen Dialektik*«, »*den Menschen als das Resultat seiner eigenen Arbeit zu begreifen*«, gelingen soll! »*Die Negation als das bewegende und erzeugende Prinzip*« sowohl der unbewußten Evolutionsvorgänge wie auch der gesellschaftlichen Fortschritte zu erkennen – macht für Marx die Revolution zur notwendigen Aufgabe der Stunde.

»*Die positive Aufhebung des Privateigentums ist daher die einzig mögliche Form der Aneignung menschlichen Lebens*«[92]. Aufhebung, ein Grundbegriff der Hegelschen Dialektik, die durch Negation zur Position gelangt, bedeutet im ersten Schritt Vernichtung des Bestehenden. Vernichtung der realen Macht des etablierten Besitzes kann für Marx nur durch »*Kritik der Waffen*« geschehen. Das Privateigentum ist, nach seiner Auffassung, nicht mehr ein bloß äußerer, vom Eigentümer unterschiedener Besitzstand, vielmehr hat sich in der Geschichte »*das Privateigentum im Menschen selbst inkorporiert und ist zu seinem Wesen geworden*«. Negation des Privateigentums bedeutet also für Marx Vernichtung des Privateigentümers. Dieses Gericht wird vom Proletariat vollstreckt. Das Proletariat läßt durch seinen entäußerten Leib das Werk der »*Auferstehung der Natur*« geschehen. Mit naturgesetzlicher Notwendigkeit soll sich an seinem Leib der entspannende Ausgleich der Gegensätze von Kapital einerseits und ausgebeuteter Arbeitskraft andererseits ereignen. Als »*wahres Opferlamm*« der Geschichte soll der Arbeiterstand die Mensch gewordene

---

[92] ebd. 236.

Natur vom Tode ihrer Vereinzelung erlösen. »*Aufhebung*« bedeutet nur im ersten Schritt Vernichtung. Die Negation des bestehenden angehäuften Kapitals soll nur die Voraussetzung bilden für den endgültigen Fortbestand der Materie in einem ausgeglichenen, d. h. gleichmäßig verteilten Zustand, der die unmittelbare Einheit von Produktion und Konsumtion erlauben soll.

Diese versöhnende Synthesis von Arbeit und Kapital vollzieht sich als Revolution. Sie ist »*der mystische Ort*« der Verwandlung, des Umschlags der Gegensätze in ihre zugrunde liegende Einheit. Die Weltgeschichte soll durch Revolution erlöst werden! Revolutionäre »*Aufhebung des Privateigentums*« ist für Marx, »*die positive Aufhebung aller Entfremdung, also die Rückkehr des Menschen aus Religion, Staat etc. in sein menschliches, d. h. gesellschaftliches Dasein! Die religiöse Entfremdung als solche geht nur im Gebiet des Bewußtseins, dem menschlichen Innern vor, aber die ökonomische Entfremdung ist die des wirklichen Lebens, ihre Aufhebung umfaßt daher beide Seiten*«[93].

Der »*Akt der Aufhebung des Privateigentums*« soll sich im dialektisch verstandenen Geschichtsprozeß zugleich als Weise der endgültigen und uneingeschränkten Verwirklichung der Mensch gewordenen Natur erweisen! Materie, als Prinzip der Selbstherstellung, soll endgültig zu sich selbst gelangen, sofern sie die auf dem Wege ihrer Selbstentfaltung notwendig gewordenen Gegensatzpaare, Arbeit und Kapital, Sein und Werden, unmittelbar mit sich vereinigt. Dem Produzent Natur soll nicht länger seine Existenz, sein bewußtes »*Dasein*«, vorenthalten bleiben. Im gemeinschaftlich erarbeiteten Produkt soll sich die Natur endlich selbstbewußt gegenständlich werden können. Diese aus aller Entfremdung und Entgegensetzung wieder hergestellte unmittelbare Einheit von Natur und Mensch erweist sich für Marx als »*das aufgelöste Rätsel der Geschichte und weiß sich als diese Lösung*«[94].

---

[93] ebd. 236.
[94] ebd. 235.

Durch die Aufhebung der für sich gesetzten Seinweisen: das objektive Haben (Kapitalherren) und die subjektive Arbeit (Proletariat) soll die Vorgeschichte, die Geschichte der Notwendigkeit, den Übergang in die eigentliche Geschichte der Freiheit vollziehen. In der klassenlos vergesellschafteten Menschheit wird der Natur ihre vollendete Menschwerdung verheißen. Eine Zeitlang der notwendigen Entwicklungsgesetzmäßigkeit unterworfen, mußte sie, sich entäußernd, ihre Glieder, die verschiedenen Menschengruppen für sich setzen, sie dem Artikulationsprozeß der Weltgeschichte aussetzen, um sie jetzt im Status äußerster Entgegensetzung bzw. Entfremdung heimholen zu können. Jetzt durch »*Aufhebung des Privateigentums*« soll Natur ihren »*Auferstehungsleib*«[95] endgültig herstellen, sofern sie sich alle – bis zur Entgegensetzung unterschiedenen Glieder – unterordnet. Durch Negation der Negation, durch Negation des Für-sich-Seins menschlicher Klassen, soll Natur zur Position der unmittelbaren Selbsterfassung in allen Gliedern gelangen.

Auch der menschliche Leib soll in dieser Einordnung in den Gesamtorganismus Natur seine endgültige Gestalt finden. Er ist »*Werkzeug*«, »*Arbeitsorgan am Gesamtarbeiter Natur*«. Der Proletarier ist nicht länger Arbeiter des Kapitalherren, der ihm den erarbeiteten Lohn vorenthält, vielmehr eingegliedert in den Gesamtprozeß der vergesellschafteten Natur, ist die »*Natur sein Leib*«, den er nicht nur als Gegenstand der Selbstartikulation erarbeitet, sondern zugleich konsumiert.

Die in der klassenlosen Gesellschaft erreichte unmittelbare Einheit Natur–Mensch soll wechselseitig befriedigen: die Natur wird durch den vergesellschafteten Arbeitsakt des Menschen in ihrer Totalität reproduziert. An die Stelle ihrer naiven, evolutiven Entwicklung tritt die theoretische Praxis naturwissenschaftlicher Technik, durch die sie sich selbstbewußt setzt, um so sich und den sie erarbeitenden Menschen den Beweis ihrer Göttlichkeit, ihres Durch-sich-selber-Seins zu erbringen!

»*Für den sozialistischen Menschen ist die ganze sogenannte Weltgeschichte nichts anderes als der Prozeß der Erzeugung des*

---

[95] ebd. 237.

Menschen durch menschliche Arbeit.« Als Vollendung der Weltgeschichte fordert Karl Marx die Selbstherstellung des Menschen und seiner Natur. Der Mensch ist erst wahrhaft Mensch *»sofern er sein Dasein sich selbst verdankt«*[96]. Die umfassendste Arbeit aber – die Aneignung des menschlichen Wesens – steht noch aus: das Gelingen der Revolution.

Wir stehen vor der Entscheidung: die Natur des Menschen, uns selbst, als reproduzierbares Endprodukt der Natur zu begreifen oder als Gnadengeschenk des sich entäußernden göttlichen Geistes, Religion als Ersatzprodukt für die fehlende Möglichkeit der Selbstverwirklichung zu halten oder die Begegnung mit Gott als das Ziel menschlicher Existenz anzusehen.

Ist *»der Angelpunkt der Weltgeschichte«* die Inkarnation des Geistes oder die Entwicklungsgeschichte des Geistes aus der Natur? Die Alternative erweist sich als dialektische Umkehrposition. Artikuliert der Widerspruch den Prozeß der Selbstobjektivation der Natur oder drückt er das Paradox der freien Selbstentäußerung des Geistes aus?

Erweist sich die Materie als Prinzip der Selbstherstellung der menschlichen Natur oder offenbart sie uns die Geschichte der Schenkung des göttlichen Geistes?

Läßt sich der Widerspruch, Materie nicht als Weise der Selbstentäußerung, sondern als Akt der Selbstgewinnung zu interpretieren, wirklich durchführen? Der *»totale«*, *»allseitig«* entwickelte Mensch wird uns versprochen, nicht jenseits in einem unzugänglichen Licht, sondern hier und jetzt, erreichbar durch Revolution. Revolution soll als Schlußstrich, als Einsammlung aller vorausgegangenen Arbeitsakte der menschgewordenen Natur, verstanden werden. Durch Negation der Negation soll der *»neue Mensch«* entstehen. Durch *»Aufhebung«* aller Einzelakte soll das umfassende Ganze sich herstellen. Im *»Übergang«* in den eigentlichen Akt der Geschichte der Freiheit zu sich selbst sollen alle Einzelleistungen der Vorgeschichte aufgehoben werden. Alle bisherigen Gestalten der Entwicklungsge-

---

[96] ebd. 246.

schichte Natur sollen als Material der endgültigen, klassenlosen Einigung von Mensch und Natur dienen. Alle Ideen der Geistesgeschichte, alle sittlichen Normen menschlichen Miteinanderseins, alle Formen der Familientradition werden als bloße Hilfskonstruktionen einer entfremdeten Wirklichkeit eingeschmolzen in den Akt revolutionärer Umwälzung. Durch den revolutionären Umschlag sollen alle isolierten Elemente der Vorgeschichte ihre Einigung auf der höchsten Ebene der Selbstverwirklichung der Natur finden.

4. Revolution erweist sich nicht als Resurrectio, sondern als Vernichtung der Natur

Schon dieser, durch den totalen Umschlag der Revolution vermittelte Übergang in das klassenlose Paradies, erweist sich als »*phantastische Illusion*«. Ebensowenig wie es Hegels absolutem Geist gelingt, ein von ihm unterschiedenes wirkliches Ding zu setzen, genausowenig gelingt es Marx, mittels desselben Prinzips: »*der Negativität, als dem bewegenden und erzeugenden Prinzip*«[97] eine neue Wirklichkeit, die Wirklichkeit des befreiten Menschen, zu erzeugen. Durch Vernichtung von Teilen gewinne ich nur dann die den Teilen zugrunde liegende Ganzheit, wenn Vernichtung Zurückstellung eben dieser isolierten Teilmomente in ihre vorgängige Ganzheit bedeuten würde. Tötung aber als »*Erlösung*«, als Heimholung der für sich gesetzten Elemente auszugeben, gelingt nur im Rückgriff auf eine andere »*phantastische Illusion*«: das Darwinistische Konzept der Evolution, das Marx als Vorbild seiner gesellschaftlichen Entwicklungstheorie angibt. Auch hier wird so getan, als wenn durch Vernichtung des einen die Höherentwicklung des Ganzen ermöglicht würde. Es hat sich aber gezeigt, daß z. B. durch Vernichtung der jüdischen Rasse die nordische nicht gestärkt, nicht als eigentliche Führungsmacht, als fortschreitende Stufe der Evolution bestätigt wurde! Im Gegenteil: der Kampf ums Dasein – die Aggression als Prinzip der Selektion – führt, wie Konrad Lorenz zu Recht zeigt, mit Notwendigkeit an

---

[97] ebd. 269.

jenen Punkt, an dem nicht nur einzelne gegen einzelne, der Stärkere gegen den Schwächern, sondern alle gegen alle mit alles vernichtenden Waffen zu Felde ziehen. Die Hegelsche Verheißung, daß eben aus diesem Endkampf der allgemeinen Weltkatastrophe, die Natur verjüngt wie der Phönix aus der Asche emporstiege, wird gröblich Lügen gestraft. Aus nichts wird nichts! Wir haben keinerlei reale Hoffnung, daß etwa die sich abzeichnende atomare Katastrophe der reale Übergang ins klassenlose Paradies bedeuten könnte. Die Negativität, die Vernichtung kann nur dann als »*erzeugendes und bewegendes Prinzip*« verstanden werden, wenn das Nichtsein prinzipiell – wie bei Hegel und Marx – als Differenzierungsmoment von Sein ausgegeben wird. Sein, das »*Identität der Nichtidentität*« genannt wird, weil es die als »*Werden*« begriffene Differenzierungseinheit von Sein und Nichts darstellt, entwickelt sich durch seine Elemente, nicht aber durch Setzung und Aufhebung dieser Momente, sondern durch Zusammensetzung dieser Teile. Ein Ganzes von Teilen besteht gerade in der Einigung mit seinen Teilen und resultiert nicht etwa aus der Auflösung seiner Teile, es sei denn, man hätte eine Mischung von Stoffen im Auge, die durch intensiven Druck oder Stoß zu einer unterschiedslosen Menge zusammengepreßt würde.

Wie der Teil aber erstens notwendiges Differenzierungsmoment des Ganzen sein soll und zu diesem Zwecke einen Augenblick als Teilmoment dem Ganzen gegenübergestellt wird, um dann zweitens unterschiedslos wieder in diesem Ganzen zu verschwinden, kann die Hegelsche bzw. Marxsche Dialektik am Vorgang des Lebens gerade nicht demonstrieren. Wenn ich aber die amorphe Mischung anorganischer Elemente zum Leitbild der klassenlosen Gesellschaft heranziehen muß, wird deutlich, welche »*Freiheit*« der totalen Selbstverwirklichung hier angezielt wird. Der einzelne Mensch dient nicht einmal als »*Organ*« der Selbstverwirklichung des »*Gesamtarbeiters Natur*«. Ein Organ – daran läßt die Naturwissenschaft keinen Zweifel – erweist sich als eine eigenständige Einheit, die auf ihre Weise das Ganze des Organismus ausdrückt. Nicht durch »*Aufhebung*«, bzw. Negation der Einzelorgane, bzw. der Vernichtung ereignet sich das Leben, sondern umgekehrt: Kraft der Ermächtigung durch den Gesamtorganismus kann der »*Teil*« das Ganze auf seine Weise darstellen. Nicht im Durchlaufen einzelner Phasenabschnitte der Evolution, des Fisches- bzw. Landtierstadiums entwickelt sich, wie Haeckel zur Unterstützung der Darwinschen Deszendenztheorie zu beweisen meinte, der typisch menschliche Organismus. Nicht durch Aufhebung dieser dem menschlichen Leben vorausliegenden Lebensformen gewinne ich das Material der neuen Lebensweise Mensch. Der Mensch besteht nicht aus dem getöteten, nicht aus dem aufgehäuften Material der tierischen bzw. pflanzlichen Entwicklungen. Er erweist sich gerade in seiner typisch menschlichen Embryonalgeschichte nicht, wie Erich Blechschmidt zeigt, als jene Position, die durch Negation der Negation, aus der Tötung von vorausgegangenen Teilabschnitten der Evolution resultiert. Im Gegenteil: Erich Blechschmidt weist empirisch anhand einer lückenlosen Rekonstruktion der Ontogenese des Menschen nach, daß es sich an keiner Stelle, wie das Haeckelsche Biogenetische Grundgesetz verlangte, um Rekapitulation der Phylogenese handelt. Vielmehr erweisen sich die Organe als typisch menschlich vom ersten Eistadium an und lassen sich in keinem Entwicklungsstadium als »*Glieder phylogenetischer Reihen*« interpretieren.

Der Mensch ist ein unableitbares Individuum in einem doppelten Sinn: erstens läßt er sich nicht als eine Stufe, wenn auch bei Darwin und Marx als Endstufe, der allgemeinen Entwicklungsgeschichte Leben verstehen. Er ist nicht End- oder gar Zwischenprodukt im Prozeß der »*Selbstorganisation der Materie*«, das als Übergangsform legitimerweise in den fortgeschrittenen Zustand der allgemeinen Weiterentwicklung von Natur überhaupt aufgehoben wird. Vielmehr erweist sich die Menschheit als eine selbständige, unverrechenbare Gattung. Dementsprechend stellt nun auch der einzelne Mensch eine unverwechselbare einzigartige Person dieser Gattung dar. Der einzelne Mensch ist Person auf Grund seiner eigenen, einzigartigen Wesensgestalt des Geistes, die sich auch im Leib unvertauschbar ausdrückt. »*Seine Totalität oder Universalität*« erhält der Mensch nicht durch Partizipation an der Gesellschaft. Er besitzt sie kraft seiner Geistnatur schon als einzelner. Gesellschaft kann deshalb aus dem freien Zusammenschluß eigenständiger Personen entstehen und muß nicht als Resultat einer

Naturentwicklung betrachtet werden, die notwendigerweise ihre Teilmomente nur als »*aufgehobene*« zur Ganzheit der Gesellschaft versammeln kann. Wenn der einzelne Mensch nur als Teilmoment der Entwicklungsgeschichte Natur angesehen wird, wenn er als notwendiges Glied einer Gesellschaft betrachtet werden soll, deren Wesensnatur sich in der Reproduktion und Konsumtion der Natur vollzieht, ist der Tod nicht nur des einzelnen, sondern mit ihm auch der ganzen Gesellschaft notwendig. Der Tod des einzelnen ist nicht in der Weise auf das Ganze zu verrechnen, daß durch seine »*Aufhebung*« der Fortschritt als solcher möglich würde. Durch den von Marx proklamierten Auferstehungsakt der Natur in der klassenlosen Gesellschaft wird niemand erlöst. Weder der einzelne, durch dessen Tod hindurch die Natur zu sich selbst gelangen soll, noch diese Natur selbst, die mit der Aufhebung des einzelnen sich selbst aufhebt.

Nur wenn der menschliche, bzw. pflanzliche, bzw. tierische Organismus von Marx als ein bloßes Artikulationsmoment der vorgängigen Ganzheit Natur betrachtet würde, dem nicht einmal die Realität eines abgetrennten Teilstückes zukäme, wäre einsichtig, daß mit Aufhebung der Differenzierung auch die ungeschiedene Einheit weiterbestehen könnte. Der Mensch als bloßes Gedankenspiel einer sich selbst differenzierenden Natur wäre praktisch immer schon getötet. Wäre der Mensch mehr als bloßes Moment der Selbstdurchdringung der Natur, bestünde er mindestens als real unterschiedenes Sein im Sinne der abgetrennten Existenz eines Teiles, müßte man doch ehrlicherweise aus der Aufhebung der Teile auch die Aufhebung des Ganzen folgern! In Wahrheit erweist sich also die allseitige Entwicklung des »*totalen Menschen*«, die durch seine Rückführung in sein gesellschaftliches Dasein ermöglicht werden soll, als unterschiedslose Aufhebung in die »*Subjektivität der Natur*«.

An die Stelle der Subjektivität des absoluten Geistes bei Hegel ist die Subjektivität der Natur getreten. Der Hegelsche Geist hebt den Menschen als Moment der Selbstreflexion auf. Die Natur hebt den Menschen als »*Gegenstand*« der Selbstproduktion bzw. Konsumtion auf.

Wer ist aber »*die Subjektivität der Natur*« – in deren Namen der revolutionäre Akt der Aufhebung alles Bestehenden als totale Verwirklichung der Geschichte gefordert wird?

Kann es diese »*göttliche Natur*«, die Weiterentwicklung durch Tod und Tötung, durch die »*Negativität als dem erzeugenden und bewegenden Prinzip*« ermöglichen will, überhaupt geben? Materie, die als Prinzip der Selbstherstellung proklamiert wird, erweist sich vor unseren Augen in ihrer Nichtigkeit. Nur scheinbar gelingt ihr der Prozeß der Selbsterzeugung aus dem Nichts. Nicht »*creatio ex nihilo*« vollbringt sie, sondern in genauer Perversion zur Schöpfungsmächtigkeit Gottes glaubt sie, durch Vernichtung des Vorhandenen, durch Anhäufung von getötetem Material, Leben erwecken zu können! Die Gleichverteilung von Materie, die durch Aufhebung des Privateigentums herbeigeführt werden soll, erweist sich aber nicht als Akt ausgleichender Gerechtigkeit, sondern als allgemeine Vernichtung. Nur solange Leben durch Leben erzeugt wird und damit als Material zur Tötung dienen kann, kann die Täuschung gelingen, durch Tötung, durch »*Selektion*« des einzelnen, das Leben insgesamt zu steigern. Durch den Tod aller einzelnen, durch die unterschiedslose Rückführung aller Differenzierungsmomente in die zugrunde liegende Ganzheit erwarten wir aber nicht die Auferstehung der Natur. Mit der Vernichtung aller Einzelheiten des Lebens ist auch das Leben selbst ausgelöscht. Natur existiert nicht als jenes »*Gattungswesen*«, in das das »*bestimmte Gattungswesen*«, das »*Individuum*«, unterschiedslos zurückkehren könnte. In Wahrheit muß dieses »*Gattungswesen der Natur*«, in das jeder durch den Tod versammelt werden soll, als pures Nichts entlarvt werden!

Noch einmal: wenn die Natur uns als Ganzes von Teilen beschrieben wird, kann sie nicht durch den Tod ihrer Teile zu sich selbst kommen. Wenn der Teil als ein nicht real vom Ganzen unterschiedenes Differenzierungsmoment charakterisiert wird, gibt es den Teil als selbständiges Leben überhaupt nicht. Ein Sein, das sich durch unterschiedslose Momente artikulieren will – widerspricht sich selbst und kann sich bestenfalls als unterschiedslose Nacht begreifen. Tod bzw. Tötung setzt ein sich selbst besitzendes Leben voraus. Den objektiv in der Natur vorkommenden Tod durch bewußte, revolutionär geplante Tötung subjektiv in die Hand nehmen, heißt die Aufhebung des einzelnen mit dem Verweis auf seine prinzipielle Nichtigkeit als bloßes Teilstück legitimieren. Selbst diese, den Tod als »*Naturgesetz*« Rechnung tragende Entwicklungstheorie muß noch zur Kenntnis nehmen, daß der einzelne Organismus, Pflanze, Tier oder Mensch, mehr ist, als ein notwendiger Teil des Ganzen. Wäre das einzelne naturhaft Seiende wirklich nicht mehr als ein Teil, so wäre Tötung als Rückführung des Teiles in das zugrunde liegende Ganze nicht notwendig. Ein Teil besteht nicht unabhängig vom Ganzen für sich. Das Für-sich-Sein der lebendigen Ganzheit des einzelnen Menschen als illegitimes Unterschiedensein eines Teiles von seiner gesellschaftlichen Gattungsnatur zu erklären, um damit die Rechtfertigung für seine Tötung als notwendige Rückführung in das angestammte Ganze zu erreichen, verrät die ganze Infamie! Der Mensch ist nicht an sich sterbliches, d. h. zu durchlaufendes Teilstück der Entwicklungsgeschichte Natur. Er wird gesaltsam dazu degradiert, um damit seine »*Aufhebung*« zu rechtfertigen.

Ein Sein, das durch Nichtigung des Bestehenden, und sei es nur des angeblich nichtigen Teiles, sich und den anderen zu entwickeln vorgibt – hebt in Wahrheit sich und den anderen auf. Als Einheit selbständiger Einheiten hebt die Natur in dem Maße sich selber auf, als sie diese Einheiten vernichtet. Allein das Phänomen des Todes macht deutlich, daß die Natur tatsächlich als Einheit von selbständigen Einheiten, die als für sich seiende Ganzheiten auch getötet werden können, zu betrachten ist, und eben nicht als Ganzheit von Teilen, die nie losgelöst von dem Ganzen bestehen können und damit auch dem Tod nicht unterliegen.

Ein Sein, das vernichtet, das vorhandene Differenzen, lebendiges Leben, nivelliert, erweist sich als der alles verschlingende Widerspruch zum Leben. Die Erlösung der Weltgeschichte vom Tod als herrschendem »*Naturgesetz*« kann nicht durch Aufhebung der Einzelsterblichkeit in den Gesamttod geschehen, sondern allein durch den Herrn des Lebens, der der geschaffenen Individualität die unbegrenzte Verwirklichung ihrer Einzigartigkeit in unaufhebbarer Begegnung mit allen anderen Personen gewährt!

Wenn Tod und Leben sich tatsächlich, im Sinne der klassischen Metaphysik, einander absolut ausschließen, und der Tod eben nicht als Entwicklungsgesetz des Lebens proklamiert werden kann, wie kam er dann in die Geschichte des Lebens?
Vielleicht erweist sich gerade die von Marx behauptete Seinsweise der Materie als grundsätzliche Wiederholung jener Urschuld, durch die der Tod in die Welt kam.

5. Materie als Prinzip der Selbstherstellung oder Selbstverschenkung?

Wir stehen als Menschen aus Geist und Materie vor der Alternative: die Einheit dieser beiden uns bestimmenden Prinzipien entweder als notwendige Ergänzungseinheit zu betrachten oder aber als Synthesis der Freiheit. Wenn die Materie in Freiheit dem Geiste geeint ist – analog zur Inkarnation des göttlichen Logos, der aus Liebe zu dem, dem er sich anverwandeln will, leibliche Gestalt angenommen hat – dann drückt sie den Akt der Selbstverschenkung des Geistes an den anderen Geist aus. Verschenkung aber meint: in Freiheit vollzogene Selbstmitteilung an den anderen, bzw. Entgegennahme des anderen in seiner Andersheit. Der Leib als Erstreckung auf den anderen hin, als Einräumung für den anderen, kann als Weise der Einigung mit dem anderen entgegengenommen oder aber gerade in dieser Öffnung für den anderen mißbraucht werden bis zur Tötung.

Dient mir die Verleiblichung des anderen als Material meiner Selbstwerdung? Ist der andere in seiner leiblichen Selbstentäußerung für mich das Objekt der Produktion und Konsumtion der menschwerdenden Natur? Ist der andere das Mittel der allgemeinen Bedürfnisbefriedigung der in mir herrschenden Naturtriebe? Wird das Du zum Gegenstand der Weiterentwicklung von Natur überhaupt?

Oder leuchtet im anderen die vollendete Gestalt dessen auf, der in der Verschenkung seines perfekten Selbstbesitzes den anderen als einzigartige Individualität schafft? Entweder ist der andere in seiner leiblichen Erscheinung das Objekt der Selbstherstellung der Natur oder das unvertauschbare Du, dessen leibliches Entgegenkommen für mich nur durch liebende Hingabe beantwortet werden kann. Entweder ist das Resultat leiblicher Begegnung von Mensch und Mensch zeugende Liebe oder verzehrender Todestrieb.

Der Tod kam durch die Freiheit des Menschen, durch Tötung der sich ihm schenkenden Liebe, in seine Welt.

Von Gott her gesehen ist er ein letztes Angebot an die menschliche Freiheit, der durch ein begrenztes irdisches Dasein einerseits nur eine begrenzte Zeit der Versklavung des anderen gewährt ist, zum anderen aber auch durch das Erleiden der Todesmacht die Möglichkeit zur Umkehr, zur Verwandlung des zerstörerischen Mißbrauchs der Verleiblichung des personalen Geistes in schenkende Liebe einräumt.

Marx glaubt, den Mißbrauch des Kapitals, die Ausbeutung der Arbeiterklasse, als entwicklungsbedingten notwendigen Akt der dialektischen Selbstentgegensetzung der Natur erklären und aufheben zu können. Er leugnet die menschliche Freiheit. Er hebt die Freiheit in den Prozeß der Freiwerdung der Natur auf, an der der Mensch als Teil, als »*Zwischenstück*«, partizipieren soll. Der Mensch kann nicht frei werden durch etwas, was ihn selbst zur Freiwerdung beansprucht. Der Mensch besitzt die Freiheit immer schon als wesentliche Eigenschaft seiner von Gott verliehenen Geistnatur, die nicht erst der zu entwickelnden Gesellschaft insgesamt, sondern jedem einzelnen wesenhaft zukommt. Deshalb kann das Privateigentum auch nicht als ein vorübergehend notwendiger Gegenstand der Selbstwerdung der Natur bzw. des ihr angehörenden Teilstückes verstanden werden. »*Eigentum ist*« nicht »*das Dasein der Persönlichkeit*« (Hegel, Rechtsphilosophie), sondern der Modus der freien Selbstmitteilung. Der Mensch ist nicht derart in sein »*Eigentum inkorporiert*«, daß er unterschiedslos mit dieser seiner Entäußerungsform »*aufgehoben*« werden müßte.

Nur wenn Materie, mit Marx, als Prinzip der Selbstherstellung des Menschen begriffen wird, muß das Gericht des Proletariats bedingungslos beide, den Privateigentümer und das Privateigentum, »*aufheben*«.

Wird Materie aber umgekehrt als Weise der Selbstmitteilung der Freiheit verstanden, dann ist sie zu verantwortender Besitz, der beim Besitzer eingeklagt werden müßte! Die gewaltsame Verteilung des Besitzes, die die Aufhebung des Privateigentümers zur Voraussetzung hat, führt nur tiefer in das Grundübel: Materie, an sich Weise der Selbstverschenkung, als Modus der Selbstherstellung zu mißbrauchen. Diese Perversion verwandelt Liebe in Tod. An die Stelle der Verleiblichung des Geistes, seiner freien Hinspannung auf den anderen, tritt die Illusion, durch Anhäufung von Material Geist zu entwickeln. Nicht zufällig soll die Erlösung der Weltgeschichte durch die Weltrevolution geschehen. Wenn Marx glaubt, mit der Materie das Prinzip der Selbsterzeugung freizulegen, dann gewinnt er das lebensspendende Material aus der Negation der Negation anstatt durch Rückgriff auf den Schöpfergott. Die Negation erweist sich aber, wie wir gesehen haben, nur scheinbar als »*das bewegende und erzeugende Prinzip*«.

Fassen wir zusammen: Wer ist der neue Mensch, der sich selbst als »*Produkt seiner eigenen Arbeit begreift?*«[98]

Da der Mensch, der sein Dasein sich selbst verdankt, »*nicht mehr von der Gnade eines anderen lebt*«[99], hat er Liebe in Arbeit pervertiert. Die Liebe ist nicht aus sich selbst. Sie empfängt sich vom anderen. Ihre Freude ist es, dem Geliebten das Dasein zu verdanken.

Auch Arbeit verweist den Menschen zwar nicht auf diesen einzelnen – das geliebte Du – wohl aber an den gesellschaftlichen Prozeß der Reproduktion der Natur als Material der Selbstherstellung. Als »*Organ am Gesamtarbeiter Natur*« verschwindet der einzelne als Teilstück in den Prozeß der Evolu-

---

[98] ebd. 269.
[99] ebd. 246.

tion. Aufgehoben in die »*Subjektivität der Natur*« wird der Mensch das »*Werkzeug*« der Selbsterarbeitung der Natur. Der menschliche Leib, nicht länger Weise der freien Selbstmitteilung des sich selbst besitzenden Geistes, wird das Mittel der allgemeinen Bedürfnisbefriedigung der Natur.

Selbsterarbeitung der Natur erweist sich aber nicht als »*creatio ex nihilo*«, wie wir sahen, sondern als Revolution:

> »*Jede Entwicklungsstufe im Prozeß der Selbstherstellung der Natur bringt sich durch harte, unwillige Arbeit und unendlichen Kampf durch Umarbeitung der vorigen, niederen Stufe hervor; die Übergänge von niederen zu höheren Stufen, in denen gleichzeitig die Auflösung des Alten, die Erhebung oder das Hervorgehen des Neuen erfolgt, sind verknüpft mit Zertrümmerung und Zerstörung, mit großen Kollisionen*«[100].

Revolution nimmt nun »*die Stellung eines anthropologischen, universellen Prinzips ein*«[101].

Wenn aber Arbeit als »*Inkarnation des Absoluten*« im Grunde Revolution bedeutet, dann erweist sich der Prozeß der proklamierten Emanzipation der Menschheit als Vernichtung des Menschen.

Die Perversion der Prinzipien, die Vertauschung von Geist und Materie, führt zu nichts! Der Versuch, Geist als Entwicklungsprodukt der sich selbst erarbeitenden Materie zu erweisen, mißlingt! Dieses Bewußtsein könnte nur das Wissen um den notwendigen Untergang sein, wenn es nicht, der Materie notwendig inkorporiert, im »*Übergang*« mit ihr unterginge! Selbst dieses Wissen um die Notwendigkeit der Revolution setzt noch das voraus, wogegen sie sich wendet, die Inkarnation des göttlichen Geistes, Entäußerung der Liebe, die in ihrer Hingabe an den anderen, sich selbst der tötenden Perversion aussetzt.

---

[100] Hegel, Philosophie der Geschichte, I, 132, 134, 153.
[101] Rohrmoser, Günther: Marxismus und Menschlichkeit, Freiburg 1974, 104.

Schlußbetrachtung

Der Weg vom Mythos über den fleischgewordenen Logos zu den Evolutionskonzepten unserer Tage verweist auf eine innige Verknüpfung von Weltgeschichte und Heilsgeschichte. Die getroffenen Entscheidungen sind nicht nur Ausdruck menschlicher Freiheit, sondern wunderbarerweise primär Offenbarung göttlichen Heilshandelns. Der Angelpunkt der Weltgeschichte ist die Inkarnation des Logos. Das Paradox der Verknüpfung von Geist und Materie, als den Prinzipien allen Seins und Werdens, wird allein durch dieses Ereignis verstehbar: es bedeutet göttliche Liebe, die sich auf den Weg macht zu anderen. Göttlicher Geist, der seine Allmacht einfaltet in die begrenzte Gestalt materieller Einzelheit, macht sich nicht nur faßbar für die Begegnung mit dem Menschen, sondern bezeugt, daß Grenze, materielle Gestalt als Akt der entäußernden Selbsteingrenzung des Geistes zu verstehen ist. Die jetzige Sterblichkeit der Materie wird damit als Mißbrauch schenkender Liebe deutlich. Selbsteingrenzung als Material der Selbstabgrenzung vom anderen zu pervertieren ist nicht schwer. Selbstabgrenzung aber unterwirft sich schamlos unter die ausgestreckte Hand des anderen als getötetes Material eigener Höherentwicklung. Der Tod ist nicht Schöpfungsprinzip! Im Gegenteil, er zerstört das Ziel aller Geschichte: das Miteinandersein von Gott und Mensch.

Christus hat in der Hingabe seines Leibes am Kreuze den Grundstein für das neue Jerusalem gelegt – für ein Leben entschiedener Liebe, die sich mit dem verklärten Leib als Vermögen uneingeschränkter Selbsthingabe auf den Weg zum Anderen macht. Erlösung vom Tod, vom Widersinn aller Geschichte, ist geschehen. Was der Mythos erhofft, die Befreiung von der Übermacht des Bösen, ist geschenkt. Der Widerspruch von Endlichkeit und Unendlichkeit, Geist und Materie, den die griechische Metaphysik in der äußersten Schärfe logischer Entgegensetzung ausgetragen hat, ist gelöst. Endlichkeit erweist sich in der Inkarnation Christi als Möglichkeit schenkender Selbstentfaltung des selbstbewußten Geistes. Die Vielfältigkeit der individuellen Personen, sogar die Mannifaltigkeit kosmischer Lebensformen, erhalten von Kant, als dem Interpreten der Newtonschen Physik, ihren unvertauschbaren Selbstzweck. Gegen alle Versuchung, die Vielfalt der Organismen als Material der Selbstherstellung der Einheit zu verrechnen, verweist Kant auf die »*übersinnliche Handlungsart*« Gottes, die nur versteckt in der »*Naturzeit des Todes*« die Einzigartigkeit seiner Zielsetzung aufleuchten läßt.

Erlösung ist das Gnadengeschenk an unsere persönliche Freiheit, wie an die der Geschichte insgesamt. Nicht nur die göttliche Schöpfungsordnung kann durch den pervertierenden Eingriff unserer Freiheit durchkreuzt werden, weitaus verletzbarer ist der Erlösungsakt. Die Selbsterniedrigung des Höchsten am Kreuze kann aufs Schändlichste pervertiert werden. Dialektische Philosophie und Evolutionstheorie haben die Erlösung vom Tode vertauscht mit dem Tod als erlösendem Geschehen. Der Tod wird damit zum ersten Mal in der Geschichte nicht mehr als ein zu beklagendes Übel, als der Sünde Sold, als ein dunkles Schicksal, sondern umgekehrt als das schöpferische, Leben entwickelnde Prinzip verstanden. Die Negation soll nicht mehr negativ als das zerstörende Prinzip verstanden werden, sondern im Gegenteil als das Leben erzeugende Prinzip! Der Tod Christi wird nicht mehr als ein Gnadengeschenk des transzendenten Schöpfergottes betrachtet, sondern umgekehrt zu einem innerweltlichen Prinzip erhoben. Wohin diese Perversion führt, haben wir gesehen – nicht zur Höherentwicklung von Leben, sondern in den Abgrund des Nichts! Aus dem Tode Leben gewinnen kann nur ein Gott, der sich als der Schöpfer aus dem Nichts geoffenbart hat. Den Evolutionsprozeß, der durch das Selektionsprinzip des Todes Leben zu entwickeln vorgibt, gleichzusetzen mit der Schöpfertätigkeit Gottes, heißt Gott dialektisch mit Luzifer identifzieren, bzw. das Böse, die Tötung als das Gute ausgeben! Gründlicher als mit der Evolutionstheorie kann das Schöpfungs- und Erlösungswerk Gottes nicht verraten werden! Nicht nur der Sinn aller Geschichte, die liebende Vereinigung von Gott und Mensch, wird in das Gegenteil, den Prozeß der Selbstvermittlung des Ganzen durch seine Teile, pervertiert. Auch der Revolutionsakt selbst, der Aufstand gegen Gott als den Herrn der Geschichte, wird in ein alle Gegensätze verschleierndes

Gewand gesteckt. »*Entwicklung heißt das Zauberwort, durch das wir alle uns umgebenden Rätsel lösen*« wollen (Haeckel).

Entwicklung nicht als Fortschritt, als Aufhebung anfänglichen Mangels, sondern als Perversion schenkender Selbstentäußerung zu verstehen, gelingt nur der Liebe, die Begegnung mit dem anderen nicht als Akt der notwendigen Selbstbefriedigung verkauft, sondern als Geschenk der Freiheit dankbar entgegennimmt.

Unter dem Anspruch der wirklichen Vereinigung alles Lebendigen unterwirft die Geschichte der Evolution alle selbständigen, einzigartigen Einheiten, die nur in Gott geeint werden können, dem Selbstherstellungsakt der Natur. Die Einigung, die die Natur allein vollziehen kann, ist die Gleichrichtung des Einzigartigen im Tode.

Die abendländische Geschichte, die durch Metaphysik und Offenbarung vom mythischen Schicksal der verhängnisvollen Verschlingung aller Gegensätze, Leben und Tod, Gut und Böse, Gott und Mensch befreit wurde, tritt mit der Evolutionstheorie bewußt den Rückschritt in den Mythos an – nur mit dem Unterschied, daß sie die Verknüpfung der Gegensätze nicht beklagt, sondern als Schlüssel zur Selbstorganisation der Materie preist. Was der mythische Kult überwinden wollte, die Übermacht des Bösen, den Tod, wird dialektisch als Prinzip der Selbsterlösung gesetzhaft festgelegt.

Welche Hoffnung können wir auf eine Wissenschaft setzen, die den Logos an den Mythos verrät?

Wie steht es aber mit dem Neodarwinismus, der seine Grundlagen nicht in der dialektischen Philosophie, sondern in objektiv gültigen Gesetzen der Physik und Chemie hat?

In einem zweiten Band möchte ich die naturwissenschaftlichen Ergebnisse der Hauptvertreter der Molekularbiologie, J. Monod und Manfred Eigen, unterschieden von den daraus gezogenen philosophischen bzw. weltanschaulichen Konsequenzen betrachten.

Auch der Ansatz der Verhaltensforschung von Konrad Lorenz und seiner Schule muß reflektiert werden, bevor eine endgültige Stellungnahme zur Evolutionstheorie unserer Tage möglich ist.

Für die Bewertung dieser Theorie ist natürlich die Entsprechung von Forschungsergebnis und der angewandten evolutionären Erkenntnistheorien, wie sie von Gerhard Vollmert, Rupert Riedl bzw. umfassend von Karl Popper vorgelegt wird, entscheidend.

Um den Versuch, Schöpfungstheologie mit Evolutionstheorie zu identifizieren, zu prüfen, ist eine Auseinandersetzung mit Teilhard de Chardin und Karl Rahner, dem theologischen Interpreten der Chardinschen Naturphilosophie unabdingbar.

Letztlich ist nach der Natur des Menschen zu fragen. Sinn und Aufgabe des Menschen in der Geschichte sind durch sein Wesen bedingt. Voraussetzung für alle gesellschaftspolitischen Überlegungen, wie sie etwa von Habermas vorgelegt worden sind, ist seiner eigenen Darlegung entsprechend, eine Anthropologie, die auf den Ergebnissen der modernen Naturwissenschaft aufbaut. Ob die menschliche Natur allerdings primär aus ihrer leiblichen Entwicklungsgeschichte zu erklären ist, und nicht umgekehrt der Leib nur als Entäußerung der perfekten Geistseele zu verstehen ist, müssen wir in der Besprechung der Entwürfe Arnold Gehlens und Helmut Plessners, wie auch der Studien Piagets zur Entwicklungsgeschichte des Denkens sehen.

Sicher ist die Evolutionstheorie nicht ein beschränktes, im Fachbereich der Biologie angesiedeltes Problem. Die Frage nach der Entstehungsgeschichte der menschlichen Natur ist universal, weil das Woher, der Entstehungsgrund entscheidend ist für die Wesensbestimmung. Eine Wirkung wird in dem Maße einsichtig, als sie auf ihre zureichende Ursache zurückführbar ist. Solange die »*Selbsterzeugung des Menschen durch menschliche Arbeit*« nicht gelingt, müssen wir nach der uns erschaffenden Ursache fragen.

Wenn es der Naturwissenschaft gelingen sollte, die Natur des Menschen, seinen Leib und seinen Geist als Wissen um die Gesetzhaftigkeit seiner eigenen Entstehungsgeschichte aus den Eigenschaften der Materie herzuleiten, müßte sie als die eine absolute Wissenschaft an die Stelle von Theologie und Philosophie treten. Psychologie, Soziologie wären entsprechend als Hilfswissenschaften der Biologie zu verstehen, die ihrerseits die Verknüpfung von mathematischer Physik und Chemie darstellt. Auch Geschichte könnte nur als naturgesetzlich bestimmter Entwicklungsprozeß verstanden werden. Daß die Gliederung der Wissenschaften heute bereits von der Biologie her bestimmt ist und nicht mehr an Theologie und Philosophie orientiert ist, wissen wir.

Ob wir der Revolution, die im Namen des *»umgekehrten Gottes«* der Natur geführt wird, endgültig anheimfallen, hängt von der kritischen Durchdringung der Ergebnisse der Evolutionstheorie ab.

Glossar

Apperzeption: reine oder transzendentale: Das Vermögen des Bewußtseins überhaupt, aus dem die allgemeingültige und notwendige Einheit aller Begriffe entspringt.

Artlogos: Unveränderliche Wesensnatur der Organismen.

Causa sui: Die letzte Ursache, die sich selbst verursacht = Gott.

Generatio aequivoca: Urzeugung.

Generatio homonyma oder univoca: Das Erzeugte ist vom Erzeugenden individuell aber nicht spezifisch verschieden.

Haecceitas: Bei Duns Scotus die Einzigartigkeit der Individualität.

Hypostase: Individuelle Substanz = griechischer Name für Person.

Hypostatische Union: Die Einheit der göttlichen und menschlichen Natur in der Person Jesu Christi. Christus als Person besitzt diese beiden Naturen als freie Wirkweisen.

Incommunicabilis: Unvertauschbar.

Intellectus archetypos: Bei Kant das göttlich anschauende bzw. hervorbringende Denken gegenüber dem diskursiven menschlichen Denken.

Intellectualis: Geist, in der Scholastik bezogen auf die Wesensnatur Gottes bzw. des Engels.

Kenosis: Entäußerung oder Entleerung.

Metaphysik: Erklärung des von Aristoteles eingeführten Begriffs für Aussagen, die den Bereich der Physik im Sinne der Naturerfahrung überschreiten; die Wissenschaft der ersten Prinzipien, die nach dem Wesen des Seins, also nach Gott fragt.

Monophysiten: Vertreter der Ein-Natur-Lehre. Die Einheit von Gottheit und Menschheit in Christus wird nach dem Schema der Leib-Seele-Einheit vorgestellt.

Monotheleten: Ein-Willen-Lehre. In Christus wird allein der göttliche Wille als herrschend gedacht.

Nestorianer: Anhänger des Nestorius von Konstantinopel (gest. 431 n. Chr.). Er leugnet die hypostatische Union. Nach seiner Meinung existieren Gottheit und Menschheit in Christus getrennt.

Offenbarung: Gemeint ist die Selbstmitteilung Gottes in AT und NT.
Potentia virtualis: Bei Duns Scotus eine wirkmächtige, vermögende Potenz im Unterschied zu der bloßen Potenz.
Rationale Natur: Vernünftige Natur.
Rezeptio: Das aktive Vermögen der Empfänglichkeit.
Substanz: Das Selbständige, das sich auf Grund seines Wesens bzw. Artlogos selbst besitzt.
Subsistenz: Das Bestehen durch sich selbst.

Bisher sind in der Reihe **WORT UND WISSEN** folgende Bände erschienen:

Bd.1: *H. W. Beck:* BIOLOGIE UND WELTAN-
SCHAUUNG – Gott der Schöpfer. und Vollender und
die Evolutionskonzepte des Menschen.
Best.-Nr. 82900. 64 Seiten. DM/sfr. 3,80.

Bd. 2: *J. Scheven:* DATEN ZUR EVOLUTIONSLEHRE IM
BIOLOGIEUNTERRICHT – Kritische Bilddokumentation, 128 vierfarbige Fotos.
Best.-Nr. 82901. 128 Seiten. DM/sfr. 12,80.

Bd. 3: *D. Bierlein:* ENTSCHEIDUNG UND VERANT-
WORTUNG IN KYBERNETISCHER SICHT.
Best.-Nr. 82902. 64 Seiten. DM/sfr. 3,80.

Bd. 5: *W. Gitt:* LGOS ODER CHAOS – Aussagen und
Einwände zur Evolutionslehre, sowie eine tragfähige
Alternative.
Best.-Nr. 82904. 192 Seiten. DM/sfr. 9,80.

Bd. 6: *H. W. Beck:* SCHRITTE ÜBER GRENZEN ZWI-
SCHEN TECHNIK UND THEOLOGIE
Teil 1: Der Mensch im System – Perspektiven einer
kybernetischen Kultur.
Best.-Nr. 82905. 256 Seiten. DM/sfr. 12,80.

Teil 2: Schöpfung und Vollendung – Perspektiven einer
Theologie der Natur.
Best.-Nr. 82906. 256 Seiten. DM/sfr. 12,80.

Bd. 8: *H. W. Beck, H. Hörnicke, H. Schneider:* DIE
DEBATTE UM BIBEL UND WISSENSCHAFT IN
AMERIKA – Begegnungen und Eindrücke von San
Diego bis Vancouver.
Best.-Nr. 82908. 128 Seiten. DM/sfr. 6,80.

Bd. 9: *E. Düsing, H. W. Beck:* MENSCHENWÜRDE UND
EMANZIPATION – Entfremdung und Konzepte ihrer
Aufhebung – Kritischer Traktat.
Bes.-Nr. 82909. 128 Seiten. DM/sfr. 6,80.